SCOTT KELBYS

GLORREICHE 7
FÜR PHOTOSHOP

7 Techniken, die alle Bilder zum Leuchten bringen

 ADDISON-WESLEY

Bibliografische Information der Deutschen Bibliothek

Die Deutsche Bibliothek verzeichnet diese Publikation in der Deutschen Nationalbibliographie; detaillierte bibliografische Daten sind im Internet über http://dnb.ddb.de abrufbar.

© der deutschen Ausgabe 2011 Addison-Wesley Verlag,
ein Imprint der PEARSON EDUCATION DEUTSCHAND GmbH;
Martin-Kollar-Str. 10-12, 81829 München/Germany

10 9 8 7 6 5 4 3 2 1

13 12 11

ISBN 978-3-8273-3069-7

Übersetzung: Claudia Koch, Ilmenau und Kathleen Aermes, Hamburg
Satz: Tilly Mersin, Großerlach
Lektorat: Kristine Kamm, kkamm@pearson.de
Korrektorat: Petra Kienle, München
Herstellung: Claudia Bäurle, cbauerle@pearson.de
Einbandgestaltung: Marco Lindenbeck, webwo GmbH, mlindenbeck@webwo.de
Druck und Verarbeitung: Print Consult GmbH
Printed in Slovak Republic

Scott Kelby

Scott Kelby ist Redakteur, Herausgeber und Mitbegründer des *Photoshop User* Magazins, Chefredakteur des *Layers* Magazins (das Tipps und Artikel für alle Adobe-Produkte anbietet) und Gastgeber des hochkarätigen wöchentlichen Video-Podcasts *Photoshop User TV*. Er ist Präsident der National Association of Photoshop Professionals (NAPP), der Berufsvereinigung für Adobe® Photoshop®-Anwender und Präsident der Software-Training, Bildungs- und Publishing-Firma Kelby Media Group, Inc.

Scott Kelby ist Fotograf, Designer und preisgekrönter Autor von über 50 Büchern, darunter *Photoshop CS5 für digitale Fotografie, Lightroom 3 für digitale Fotografie, Photoshop Classic Effects, Das iPhone-Buch, Das iPod-Buch* und *Digitale Fotografie – Das Buch (Band 1 bis 3)*.

Seit Jahren ist Kelby einer der meistverkauften Computer- und Technikautoren weltweit. Seine Bücher wurden in viele Sprachen übersetzt, darunter Chinesisch, Russisch, Spanisch, Koreanisch, Polnisch, Taiwanesisch, Französisch, Italienisch, Japanisch, Holländisch, Schwedisch, Türkisch und Portugiesisch und natürlich Deutsch, wie Sie unschwer erkennen können. Er wurde mit dem prestigeträchtigen Benjamin-Franklin-Award ausgezeichnet.

Außerdem ist er Ausbildungsleiter der Adobe Photoshop Seminar Tour und Conference Technical Chair für die Photoshop World Conference & Expo. Er hat an einer Reihe von Adobe Photoshop Training-DVDs mitgearbeitet und unterrichtet Photoshop-Anwender seit 1993.

Weitere Informationen finden Sie in seinem Blog unter www.scottkelby.com.

INHALTSVERZEICHNIS www.kelbytraining.com

ADOBE CAMERA RAW

GRADATIONSKURVEN

TIEFEN/LICHTER

MIT LICHT MALEN

KANÄLE ANPASSEN

FÜLLMETHODEN & EBENENMASKEN

SCHARFZEICHNUNGSTECHNIKEN

Die Glorreichen 7 werden hier entschlüsselt!

So funktionieren die Glorreichen 7

'Tschuldigung, dass ich hier mit einem solchen Aufmacher ins Haus falle und ich weiß, Sie wollen eigentlich gleich mit Lektion 1 beginnen und Fotos reparieren, aber wenn Sie das tun (dorthin springen und diese Einleitung über die Glorreichen 7 auslassen), werden Sie sich bald ärgern (jetzt noch nicht, aber zur Hälfte von Kapitel 2 schon, dann fragen Sie sich »Warte mal, …« und »Wie denn nun wieder … « und anderes mit drei Punkten danach). Nehmen Sie sich lieber die zwei Minuten Zeit und lassen Sie mich das System erklären, so dass Sie das meiste aus dem Buch herausholen können. Sie werden verstehen, was wir damit bezwecken, dann wird das System für Sie zum Erfolg.

Wieder das gewohnte Frage-Antwort-Spiel, das für Leute mit einem Gedächtnis wie ein Hamster bestens geeignet ist (nicht Sie natürlich, ich meine andere Leute). Also los:

F. Also, wie soll mir dieses komische 7-Punkte-System helfen?

A. Können wir bitte erst mal diese negative Einstellung ablegen?

F. Oh – Entschuldigung. Es war ein langer Tag.

A. Schon gut. Also, in diesem Buch geht es um die drei größten Probleme, die die Leute beim Bearbeiten von Fotos in Photoshop haben:

(1) Sie öffnen ein Foto, merken, dass es schlecht aussieht, haben aber keinen Plan, wo sie mit der Reparatur beginnen sollen. Sie wissen nicht, was sie zuerst reparieren sollen, was dann kommt und auch nicht, wie es geht.

(2) Wenn sie bereits ein Buch über Photoshop besitzen (auch eines von meinen) und von Dingen wie Gradationskurven oder Camera Raw lesen, können sie ihre Fotos etwas verbessern, während das Buch aufgeschlagen vor ihnen liegt. Sobald sie aber nach dem nächsten Shooting zu Photoshop zurückkehren (also vielleicht drei Tage oder auch drei Wochen später), haben sie so ziemlich alles vergessen und müssen erneut im Buch nachschlagen. Alles geht also ziemlich langsam und ist recht frustrierend. Das Gelernte bleibt nicht »hängen«.

(3) Sie wissen, dass Photoshop ihr Problem lösen kann – Photoshop kann die Fotos nicht nur genauso gut wie das Original aussehen lassen, sondern noch besser – sie wissen nur nicht, mit welchen Buttons und Reglern sie dorthin kommen.

F. Dieses Buch löst also alle drei Probleme auf einmal?

A. Genau. Wir beginnen mit dem ersten Problem (wissen, dass es doof aussieht, aber nicht, wie man das ändert). Sie werden 21 Lektionen absolvieren (die aussehen wie Kapitel, aber keine Kapitelüberschriften haben, weil sie alle vom selben Thema handeln). Jede Lektion beginnt mit dem Originalbild – langweilig, flach, leblos – wie es aus der Kamera kam. Sie laden genau dieselben Fotos herunter, die ich für dieses Buch verwendet habe (sogar die Raw-Dateien), so dass Sie jeden meiner Schritte in diesem Prozess nachverfolgen können und nichts auslassen – innerhalb von Minuten haben Sie ein fantastisches Bild vor sich.

F. Und was ist daran anders?

A. Denken Sie mal nach. Die meisten Photoshop-Bücher zeigen Ihnen in jedem Kapitel oder in einem Abschnitt, wie Sie ein Problem lösen. Zum Beispiel gibt es da ein Kapitel über das Scharfzeichnen oder über Gradationskurven, also öffnen Sie ein Foto, wenden Gradationskurven an und das war's. Das ist toll, aber der Haken ist: Es ist nicht wie im realen Leben. Sie öffnen nämlich normalerweise kein Foto, wenden einmal Gradationskurven an und speichern dann das Bild, weil es so toll aussieht. In Wirklichkeit korrigieren die Gradationskurven nur eines von zehn Problemen, die Ihr Bild hat. Und wieder hängen Sie fest.

Dabei will ich nicht auf anderen Autoren herumhacken – meine eigenen Bücher sind ja auch nicht anders. In meinem Buch Photoshop CS5 für Fotografen gibt es ein Kapitel zur Farbkorrektur, in dem Sie Schritt für Schritt lernen, wie Sie ein Foto mit Gradationskurven, Tonwertkorrektur, Farbton/Sättigung und einer Handvoll weiterer Werkzeuge reparieren. Aber welches davon löst das Problem, vor dem Sie gerade stehen? Welches verwenden Sie zuerst? Als Zweites? Zum Schluss? Welches ist am wirkungsvollsten? Welches sollten Sie bei Ihrem Bild vermeiden? Welche Reihenfolge ist die richtige? Irgendwie fehlt etwas an der Art und Weise, wie wir Photoshop lehren – darum hängen Sie manchmal fest. Deshalb wollte ich dieses Buch schreiben und eine neue Lehrmethode einführen.

F. War das Ihre Idee? Ehrlich?!

A. Nein, meine Idee war das gar nicht – sondern die meines Bruders. Ich zeigte ihm eine Diashow eines Shootings und ein Foto weckte seine Aufmerksamkeit. Als ich ihm das dazugehörige Originalbild in Photoshop zeigte, blieb sein Mund offen stehen. Das Original war flach, leblos – eine Aufnahme für den Papierkorb. Aber nach einigen Tricks in Photoshop sah das fertige Bild in meiner Diashow ziemlich klasse aus. (Zumindest war er der Meinung; aber immerhin ist er mein Bruder und als solcher ein wenig kritischer Betrachter. Aber er ist auch Fotograf und deshalb meist recht streng mit meinen Fotos. Und dann noch die Rivalität zwischen Geschwistern … Ich war überrascht, dass er sich die Diashow bis zum Schluss angeschaut hat. Vor allem, weil er immer Mamas Liebling war. Aber ich glaube, ich schweife ab.)

Er bat mich, ihm zu zeigen, wie ich das hinbekommen habe. Also schaute er mir zu, wie ich aus diesem langweiligen Bild in ein paar Schritten ein richtig gut aussehendes Foto machte. Er weiß ja, dass ich Photoshop seit Jahren benutze, trotzdem war er begeistert. Er benutzt Photoshop auch hin und wieder, leidet aber unter denselben drei Problemen, die ich anfangs vorgestellt habe. Dann sagte er etwas, was schließlich zu diesem Buch führte: »Du solltest so ein Buch schreiben – wo Du mit einem Bild anfängst, das richtig scheußlich aussieht (seine Worte), und den Leuten dann genau die Schritte zeigst, die sie dann dahin bringen (er zeigte auf das fertige Bild auf meinem Bildschirm).«

Ich entgegnete, dass ich das bereits in meinen Büchern beschrieben hätte, aber je länger wir uns unterhielten, desto mehr merkte ich, dass das nicht stimmte. Alle meine Bücher enthalten verständliche, schrittweise Erklärungen, aber ich begleite ein Bild nie vom hässlichen Original bis zum fertigen Foto. Stattdessen öffne ich ein korrigiertes Bild und zeige, wie man es scharfzeichnet. Oder ich öffne ein flaches Bild und zeige, wie mehr Kontrast ins Bild kommt. Oder ein Bild wird vom Rotstich befreit. Noch nie ging es um die gesamte Bearbeitung von vorn bis hinten – außer jetzt, in diesem Buch. 21 Mal hintereinander. Sie finden hier 21 schlechte Bilder, die zu 21 fertigen Fotos werden. Und Sie schauen mir von Anfang bis Ende einfach über die Schulter.

F. Wann kamen nun die Glorreichen 7 ins Spiel?

A. Ungefähr vor einem Jahr begann ich, schlechte Fotos für dieses Buch zu sammeln (meist meine eigenen, nur ein paar von meinen Freunden, die mich baten, ihre Bilder zu korrigieren). Ich erledigte daran alles Nötige in Photoshop, um aus Langweilern Schönheiten zu machen, und zeichnete meine Schritte auf. Es dauerte nicht lange, bis ich feststellte, dass ich immer dieselben Schritte ausführte, dieselben Werkzeuge benutzte und dieselben Techniken einsetzte. Außerdem fiel mir auf, dass ich nicht das gesamte Photoshop-Arsenal brauchte, ich benutzte immer wieder dieselben sieben Techniken, egal, welches Bild ich reparieren wollte. Nicht 70 – nur sieben Sachen. Und dazu meist noch in einer bestimmten Reihenfolge.

Ich stellte zwei Dinge fest: (1) Wenn ich das alles wirklich mit nur sieben Techniken erarbeiten kann, diesen »Glorreichen 7«, dann kann das jeder lernen. (Schließlich ist es recht schwer, alles über Photoshop zu lernen. Aber sieben Dinge sind ok.) (2) Wenn es nur sieben Techniken sind, kann man sie immer wiederholen lassen. Bis man sie sich wirklich merkt. Denn die Wiederholung fehlte bisher immer. Deshalb konnten Sie sich auch ein paar Wochen später nicht mehr erinnern, was Sie zuerst tun sollten. (»Wie war das noch mal – Tonwertkorrektur zuerst? Nein, Moment, erst Lab-Farbe, dann scharfzeichnen? Oder musste ich doch erst eine neue Ebene erstellen, bevor ich damit anfange?«) Kommt Ihnen das bekannt vor? Falls ja, ist dieses Buch etwas für Sie. (Übrigens, falls Ihnen das nicht bekannt vorkommt, ist das Buch natürlich auch etwas für Sie. Fragen Sie mal meinen Verleger.)

F. Ich mache also immer wieder dasselbe?

A. Hm, na ja – ja. Aber das ist ja gerade das Schöne an diesem Buch, Sie werden richtig, richtig gut, denn Sie wiederholen alles immer und immer wieder. Zum Glück ist jedes Projekt anders – denn jedes Bild ist anders – dennoch benutzen Sie immer dieselben Einstellungen in ähnlicher Art und Weise und ähnlicher Reihenfolge. Irgendwann, weiter hinten im Buch, werden Sie auf einen der sieben Punkte treffen und sagen: »Oh, das schon wieder? Das kenn' ich doch … Das habe ich schon x-mal gemacht.« Bingo! Genau so funktioniert das Buch. Nur darum geht es. Die Idee dahinter ist, dass Sie alles wieder und wieder tun, bis Photoshop zu Ihrer zweiten Heimat wird. Sie tun das so lange, bis mein Workflow zu Ihrem wird und die sieben Punkte alle hinreichend bekannt sind, so dass Sie sich immer öfter sagen hören: »Das kenn' ich!« Dazu brauchen Sie dieses wissende Lächeln. Sie verstehen also, was ich mit diesem Buch will. Das Coole daran ist – es funktioniert. Innerhalb kürzester Zeit beherrschen Sie Photoshop wie aus dem Effeff, denn es es gibt kein Bild, das sich nicht mit den Glorreichen 7 reparieren lassen könnte. Okay, theoretisch könnten Sie irgendeinem furchtbaren Bild begegnen, das damit auch nicht zu retten ist, aber normalerweise funktioniert es immer (vor allem bei den Bildern, die Sie selbst aufgenommen haben).

F. Na gut, so langsam verstehe ich. Kann ich vielleicht mal einen Blick auf die Glorreichen 7 werfen, bevor ich vor Neugier platze?

A. Okay, Sie haben lange genug gewartet. Vorher müssen Sie aber noch Folgendes wissen: Sie werden staunen, wenn ich sie hier auflíste. (Schließlich sind es alles Funktionen aus Photoshop, wahrscheinlich haben Sie sie auch schon benutzt. Ich decke hier keine Geheimnisse auf oder enthülle irgendeinen Geheimcode.) Das Geheimnis des Systems ist nicht der Name der Techniken, es ist die Art und Weise, wie Sie sie einsetzen. Das lernen Sie in jeder Lektion – wie es funktioniert, in welcher Reihenfolge und was Sie dazu wissen müssen. Nun also zu den Glorreichen 7 – wir beginnen mit Punkt 1:

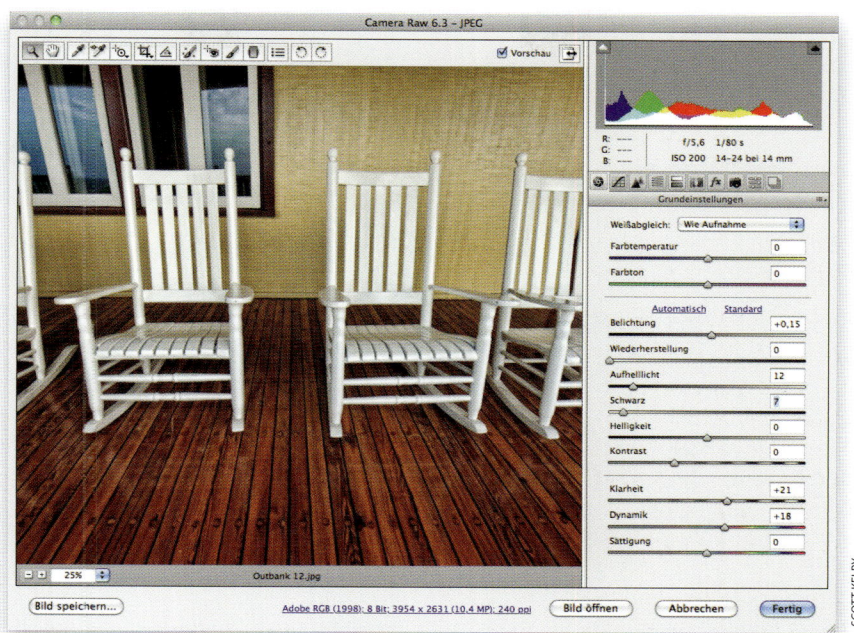

① Adobe Camera Raw

Wir beginnen die Bearbeitung unserer Fotos (JPEGs, TIFFs oder Raw-Bilder) immer direkt im Adobe Camera Raw-Zusatzmodul (ACR). Wie in der Abbildung haben wir ein JPEG-Bild geöffnet (JPEGs und TIFFs können in Photoshop/Bridge CS5 in Camera Raw geöffnet werden). Die Bearbeitung in ACR ist einer der wichtigsten Punkte unter den Glorreichen 7, denn die Farbton- und Farbkorrektur erfolgt in Camera Raw viel schneller und einfacher als in Photoshop selbst, dort ist es komplexer und dauert deutlich länger.

Wir konzentrieren uns hier nur auf die wichtigsten Teile von Adobe Camera Raw und obwohl es in Camera Raw acht Bedienfelder gibt (und eine eigene Werkzeugleiste), arbeiten wir nur mit drei davon, also nutzen wir nur ein Drittel der Funktionen – den Rest brauchen wir für unsere Arbeit nicht und das macht es nur einfacher. Um also diesen Punkt zusammenzufassen: Camera Raw bringt viel Schnickschnack und spezielle Funktionen mit, die Sie nicht erlernen müssen, um mit den Glorreichen 7 erfolgreich zu sein.

IN ADOBE LIGHTROOM: Wenn Sie in Ihrem digitalen Workflow mit Lightroom arbeiten, können Sie genau dieselben Schritte ausführen, die ich hier für Camera Raw zeige – Sie führen sie allerdings im Entwickeln-Modul in Lightroom aus. Das Entwickeln-Modul von Lightroom basiert auf Camera Raw, es besitzt dementsprechend dieselben Regler in derselben Reihenfolge. Wenn ich hier also schreibe: »Öffnen Sie Ihr Bild in Camera Raw«, klicken Sie stattdessen auf das Foto im Bibliothek-Modul, wechseln zum Entwickeln-Modul und arbeiten da weiter.

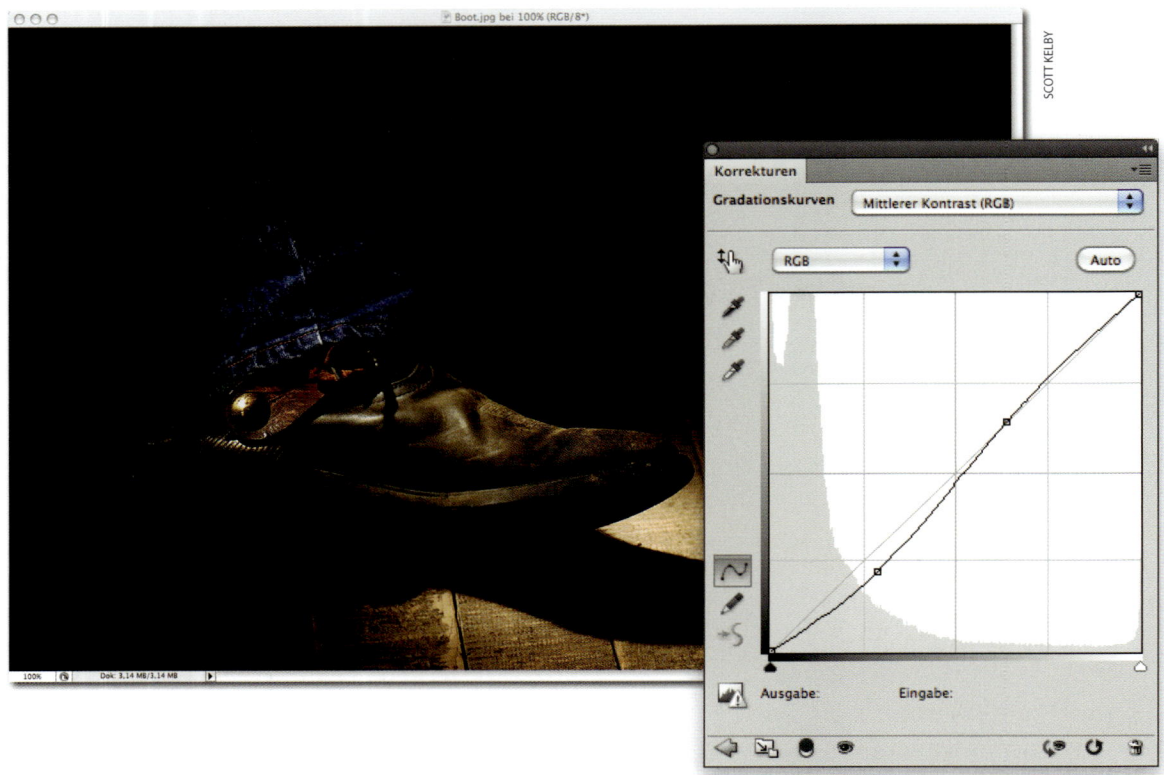

2 Gradationskurven

Da wir den meisten Kontrast und die hauptsächliche Farbkorrektur in Camera Raw vornehmen, bleibt in den GRADATIONSKURVEN nicht mehr viel übrig (ansonsten, also ohne Camera Raw, müssen Sie quasi zum Gradations- kurvenexperten werden, was vielen die Tränen in die Augen treibt). Aber keine Sorge – wenn Sie die GRADATIONS- KURVEN schon einmal geöffnet haben, werden Ihnen die einfachen hier nötigen Schritte leicht von der Hand gehen – gleich beim ersten Mal. Sie müssen sich nicht zum Kurvenprofi mausern, sie sollen einfach ein paar Dinge fließend lernen, die wir mit GRADATIONSKURVEN erledigen. Aber glauben Sie mir, nach 21 Lektionen und etlichen Wiederholungen vergessen Sie das nie wieder.

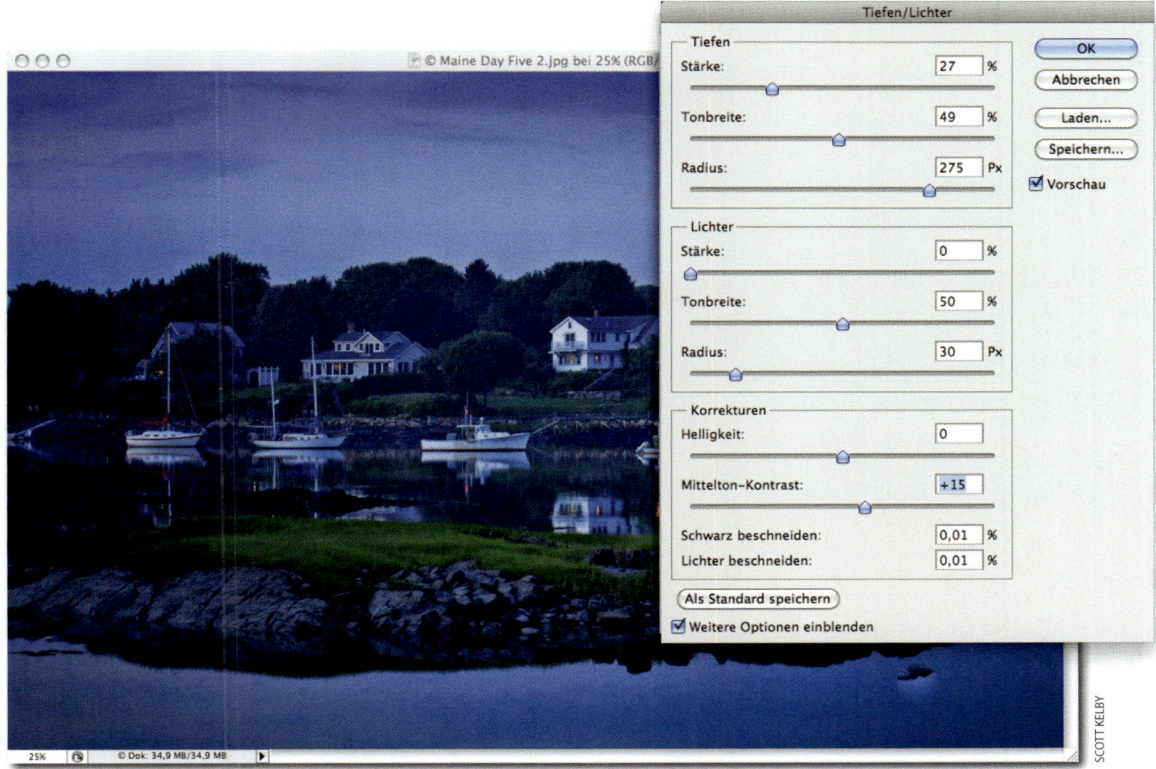

3 Tiefen/Lichter

Wir wollen die Probleme in der Lichterbeschneidung in Camera Raw loswerden (dem ersten Punkt der Glorreichen 7), aber falls Sie hinterher noch Probleme mit den Farbtönen in Ihrem Bild haben, treten diese wahrscheinlich in den Tiefen auf. Hier kommt TIEFEN/LICHTER ins Spiel, wir verwenden es aber auf anspruchsvollere Art und
Weise, um bessere Ergebnisse zu erzielen. Lassen Sie sich dabei von dem Begriff »anspruchsvoll« nicht abschre-
cken, immerhin habe ich nicht gesagt: »Wir benutzen ihn in einer komplexen bzw. schwer nachvollziehbaren Art
und Weise.« Im Grunde ist diese Methode recht einfach. Wir brauchen nur eben bessere Ergebnisse, als mit den
Standardeinstellungen zu erreichen sind. Weiter hinten im Buch werden Sie merken, warum das so ist.

④ Mit Licht malen

Die Fähigkeit, das Licht in Ihrem Bild zu kontrollieren, gibt Ihnen immense Kontrolle. Anstatt das aber als Spezial-
effekt einzusetzen (was sich die meisten sicherlich unter »Malen mit Licht« vorstellen), benutzen wir diese
Methode, um Belichtungsprobleme zu beheben und Details in Bereichen freizulegen, die ansonsten verloren
gewesen wären.

Das ist eine der einfachsten und gleichzeitig leistungsstärksten Möglichkeiten, Ihre Fotos so aussehen zu lassen,
wie Sie es sich vorgestellt haben. Und wenn Sie das einige Male getan haben (Licht dort platzieren, wo es gewünscht wird, allerdings viel einfacher als mit Abwedeln und Nachbelichten), wird Ihnen auch ein Licht aufgehen
und die Art und Weise ändern, wie Sie ab jetzt Ihre Bilder bearbeiten.

⑤ **Kanäle anpassen**

Das klingt kompliziert, ist es aber nicht. Es ist im Grunde so einfach, dass Sie es sofort können, wenn Sie es zum ersten Mal tun. Und immer wieder, ohne in Schweiß auszubrechen. Wir verwenden Lab-Farbkanäle als kreatives Werkzeug und ich glaube, Sie werden sich sofort in diese Technik verlieben. Schließlich müssen Sie nur zwischen drei verschiedenen Versionen des Bilds (mit unterschiedlicher Lebendigkeit der Farben und Farbkontrast) wählen, welche Ihnen am besten gefällt. Viel einfacher geht es wirklich nicht.

6 Füllmethoden und Ebenenmasken

Teile dieser Technik kennen Sie bereits aus »Mit Licht malen«. Wieder ist dies eine der total einfachen, dennoch überraschend leistungsstarken Techniken, zumindest wenn Sie sie so einsetzen, wie ich es in diesem Buch beschreibe. Das Beste daran ist, dass sie mir immer riesigen Spaß bereitet – und Ihnen vermutlich auch.

7 Scharfzeichnungstechniken

Wir zeichnen jedes Bild scharf, meist zweimal: einmal am Anfang in Camera Raw und einmal, bevor wir die Datei speichern. Wie wir zum Schluss scharfzeichnen, hängt davon ab, ob das Foto ins Web gestellt oder gedruckt werden soll (die Stärke ändert sich je nach Motiv). Wir verwenden zum Scharfzeichnen den Photoshop-Filter UNSCHARF MASKIEREN, fügen jedoch noch einen kleinen Extraschritt hinzu, um das Bild stärker scharfzuzeichnen, ohne es zu beschädigen. Abgesehen davon erlernen Sie, wie Sie Automatisierungen vornehmen, um mit einem Klick Ihr Bild scharfzuzeichnen. Klasse!

So, das also sind meine Techniken, die Glorreichen 7. Lassen Sie sich aber von den Namen nicht täuschen, das ist wirklich starker Tobak. Wenn Sie alles so anwenden, wie ich Ihnen das hier zeige, auch in der demonstrierten Reihenfolge, ergibt sich ein richtiger Plan – ein echter Workflow, so dass Sie wissen, wo Sie beginnen müssen, was dann kommt und was Sie am Ende mit den Bildern tun, damit sie wie gewünscht aussehen.

F. Wenden wir also alle sieben Techniken auf jedes Bild an?

A. Nein. Zum Glück sieht nicht jedes Foto so furchtbar aus, dass jedes Mal alle sieben Punkte nötig sind. Die meisten brauchen so um die vier bis fünf, aber keine Sorge – Sie werden das ausreichend üben. Verschiedene Fotos verwenden auch unterschiedliche Punkte – hier werden Sie ebenfalls hinreichend üben, welche Fotos was benötigen. Am Beginn jeder Lektion sehen Sie in der linken oberen Ecke eine Liste, welche der Glorreichen 7 in dieser speziellen Lektion verwendet werden. Aber auch wenn Sie sich bereits mit den sieben Punkten gut zurechtfinden, müssen Sie jede einzelne Lektion absolvieren.

F. Wieso das?

A. Ich habe zwischendurch alle möglichen kleinen Branchentricks eingeflochten, die nicht unbedingt zu den Glorreichen 7 gehören, für das jeweilige Foto aber von Vorteil sind. Wenn Sie also jede Lektion durcharbeiten, nehmen Sie mehr mit als nur die Glorreichen 7 – einige clevere Bonustricks sind auch dabei.

F. Ich mag clevere Bonustricks!

A. Das tun wir alle. Das unterscheidet uns von Tieren. Das und Satellitenradio.

F. Muss ich bei Lektion 1 beginnen?

A. Ich fürchte ja. Am besten beginnen Sie mit Lektion 1, denn hier habe ich einige Scharfzeichnenaktionen erstellt, die Sie in den anderen Lektionen benutzen und außerdem in Ihre Arbeit einbinden können, wenn Sie mit dem Buch fertig sind.

F. Ist das Buch eigentlich von vorn bis hinten gleich?

A. Zum Ende hin verändert es sich, so wie Sie sich auch verändern. Bis Sie zu den letzten vier oder fünf Lektionen kommen, kennen Sie sich ja schon gut aus. Ich werde dann also nicht mehr alles haarklein erklären, wie ich das zu Beginn getan habe. Wenn Sie zum Beispiel in Lektion 6 eine neue Ebene anlegen sollen, könnte da stehen »Erstellen Sie eine neue Ebene, indem Sie auf den Button NEUE EBENE ERSTELLEN unten im Ebenen-Bedienfeld klicken – das ist der zweite von rechts.« Ich denke, dass Sie gegen Ende des Buchs wissen, wie Sie eine neue Ebene anlegen, also spreche ich mit Ihnen eher wie mit einem Kollegen. Dann könnte da also stehen: »Erstellen Sie eine neue Ebene.« Mehr nicht. Ich glaube, wenn Sie in Lektion 18 oder 19 noch immer nicht wissen, wie Sie eine neue Ebene erstellen, müssen Sie ohnehin noch mal von vorn anfangen – dann haben Sie einfach nicht zugehört (oder vielleicht zu viel getrunken?).

F. Gibt es etwas, was die Glorreichen 7 nicht lösen können?

A. Natürlich. Schlecht fotografierte Fotos. Das meine ich so: Bei einem guten Foto (es ist einigermaßen scharf und gut komprimiert) können Sie mit den Glorreichen 7 aus diesem guten ein ausgezeichnetes Bild machen. Aber eine an sich scheußliche Aufnahme wird damit nicht gut. Ich kenne mich da aus, glauben Sie mir. Die Glorreichen 7 helfen da auch nichts. Ein einigermaßen gutes Bild wird besser, ein gutes wird toll und ein sehr gutes wird fantastisch, aber eine schlechte Komposition, ein unscharfes Bild oder ein schlechtes Konzept werden dadurch nicht besser. Am besten ist es immer noch, gleich in der Kamera alles richtig zu machen. So sparen Sie Zeit bei der Korrektur in Photoshop und Sie haben mehr Zeit, ihm mit Photoshop den letzten Schliff zu verpassen, und das macht viel mehr Spaß. (Viele meiner liebsten Feinschlifftechniken finden Sie auch hier im Buch, also steht dem nichts im Wege.)

F. Was ist das mit dem Auffrischungskurs am Ende?

A. Die Idee hatte ein Freund von mir, denn bei ihm liegen manchmal Wochen oder sogar Monate zwischen den Aufnahmen, und er sagte, er möchte nicht jedes Mal das gesamte Buch lesen müssen, um wieder reinzukommen. Er bat mich, doch eine Art Auffrischungslektion einzubauen, die alles wieder ins Gedächtnis zurückholt. Kapitel 21 ist also genau das – eine Auffrischung, wenn Sie nach längerer Photoshop-Abstinenz einen kleinen Kick brauchen (ich habe sie zwar »Mikes Auffrischungskurs« genannt, aber hier können Sie ja Ihren Namen einsetzen). Damit müssen Sie nicht alles neu lernen, denn ein bisschen Gehirnjogging reicht aus, um Sie wieder auf Trab zu bringen.

F. Von wo kann ich die Fotos herunterladen?

A. Sie können dieselben Fotos, die ich in diesem Buch verwendet habe, von der Webseite des Buchs herunterladen. Natürlich sollen Sie, wenn Sie mit dem Buch fertig sind, meine Glorreichen 7 auf Ihre eigenen Fotos anwenden. Vorerst üben Sie aber mit mir. Sehen Sie, ich mache mir so meine Gedanken.

F. Manche Originalfotos in den Lektionen sehen ziemlich … nun ja, scheußlich aus (um Ihren Bruder zu zitieren).

A. Ja, ich weiß. Als ich das Buch zusammenstellte, fiel mir plötzlich auf, warum das andere Fotografen noch nie getan haben – diesen Original-bis-Idealbild-Ablauf. Meistens bekommen Sie nur die besten fertigen Arbeiten eines Fotografen zu Gesicht, die Fehlschüsse oder aussortierten Bilder erblicken ja nie das Tageslicht. Um aber ein Buch wie dieses zu schreiben, muss man die Leute mit einigen richtigen Sch...-Aufnahmen konfrontieren, sonst würde das Buch nicht funktionieren. Das ist nicht schön, wirklich nicht. Aber ich musste. (Zurückblickend hätte ich natür- lich einige falsche Namen für Fotografen angeben können, statt immer wieder meinen hinzuschreiben. Daran hätte ich aber eher denken müssen, bevor ich irgendwelche Lektionen an den Verlag geschickt habe. Habe ich das eben alles laut ausgesprochen?)

F. Sonst noch etwas – Schlussbemerkungen oder Hinweise?

A. Denken Sie eben immer daran, dass der Trick bei den Glorreichen 7 in der Wiederholung liegt – es gibt wirklich Hunderte von Photoshop-Büchern, die Ihnen jede einzelne Funktion des Programms erklären. Das tut dieses Buch nicht. Hier lernen Sie nur die wichtigsten Teile von nur sieben Funktionen und müssen sie immer wieder anwenden, bis Sie sie im Schlaf beherrschen. Bis sie zu Ihrem Workflow werden. Bis Sie ein Photoshop-Experte sind, das heißt, sich vor keinem Foto mehr fürchten. Wenn Sie ein Foto in Photoshop öffnen und sofort wissen, welche Einstellung Sie wann benutzen müssen, welche Werte einzutragen sind und wie Sie aus dem Bild in Nullkommanichts eine geniale Aufnahme machen.

Ich hoffe wirklich, dass Sie hinterher einen Plan haben – einen Fahrplan, dem Sie folgen können – und dass Sie endlich genau die Ergebnisse erhalten, die Sie schon immer mit Ihren Fotos und Photoshop erhalten wollten. Meine Hoffnung ist, dass diese Lernmethode mit ihrer Einfachheit und Wiederholung Ihnen hilft, weniger Zeit mit Photoshop verbringen zu müssen. So können Sie sich mehr dem widmen, was Sie ohnehin am liebsten tun: foto- grafieren und sich über fertige Abzüge freuen. Also gut, beginnen wir mit Lektion 1.

ADOBE CAMERA RAW

GRADATIONSKURVEN

TIEFEN/LICHTER

MIT LICHT MALEN

KANÄLE ANPASSEN

FÜLLMETHODEN & EBENENMASKEN

SCHARFZEICHNUNGSTECHNIKEN

LEKTION 1

Bevor Sie diese Lektion in Angriff nehmen, sollten Sie den Abschnitt »Die Glorreichen 7 werden hier entschlüsselt« vor dieser Lektion lesen (Sie brauchen das zum Weitermachen). In der ersten Lektion werden alle sieben Punkte der Glorreichen 7 eingesetzt, so dass Sie ein Gefühl dafür bekommen, wie das alles funktioniert. Aber keine Bange, nicht alle Fotos brauchen alle sieben Techniken (wenn das bei all Ihren Fotos der Fall ist, haben Sie ein anderes Problem). Die erste Aufnahme entstand am nebligen Strand von Los Osos, Kalifornien.

Schritt 1:
Öffnen Sie das unbearbeitete Foto in Camera Raw (wie hier zu sehen).

SCOTT KELBY

Schritt 2:

Ich beginne immer mit dem Weiß-abgleich (die Farbe des Lichts im Bild). In diesem Fall ist das Foto sehr grau. Um es also aufzuwärmen, ziehen Sie den Temperatur-Regler nach rechts in Richtung Gelb (wie hier zu sehen, ich habe ihn auf 7100 gezogen).

Schritt 3:

Nun wollen wir die Lichter im Foto aufhellen, indem wir den Belichtung-Regler nach rechts ziehen. In diesem Fall war das Bild sehr unterbelich-tet, also zog ich den Regler, bis die Belichtung +1,30 betrug. Sie könnten ihn auch noch weiter nach rechts ziehen, ohne die Lichter zu beschnei-den (sogar so weit, dass die hellsten Bereiche des Bilds weiß würden und alle Details verlören). Derzeit sieht das Foto jedoch bereits recht ausgewa-schen aus, anstelle sich also auf das Histogramm oben rechts zu beziehen, verlassen Sie sich lieber auf Ihre Augen. Und wenn Sie noch weiter ziehen, wird das Bild immer schlechter (probieren Sie es aus, ziehen Sie weiter nach rechts, dann wissen Sie, was ich meine).

Schritt 4:

Wenn ein Foto ausgewaschen aussieht wie dieses, können Sie Sättigung und Farbdichte meist zurückholen, indem Sie die Tiefen verstärken. Ziehen Sie also den Schwarz-Regler nach rechts, bis Ihnen das Ergebnis gefällt (hier zog ich ihn auf 39). Nun könnten wir hier in Camera Raw fleißig weiter Regler schieben, aber in diesem Fall lösen wir das Problem in dem Gradationskurven-Dialogfeld. Immerhin haben wir ja schon einen Fortschritt erzielt, wenn Sie das Bild bis hierher mit dem Original vergleichen. Klicken Sie also auf BILD ÖFFNEN unten in dem Dialogfeld, um das Bild im Arbeitsbereich von Photoshop zu öffnen.

Schritt 5:

Sobald das Bild in Photoshop offen ist, klicken Sie auf die Schaltfläche NEUE FÜLL- ODER EINSTELLUNGSEBENE ERSTELLEN unten im Ebenen-Bedienfeld und wählen Sie GRADATIONSKURVEN aus dem Popup-Menü. Im Korrekturen-Bedienfeld können Sie aus dem Pop-up-Menü GRADATIONSKURVEN verschiedene Vorgaben wählen. Die Effektvorgaben ignorieren wir in diesem Buch weitgehend, aber auch für den Kontrast stehen welche zur Verfügung. Wählen Sie STARKER KONTRAST (RGB) aus dem Menü, Sie sehen, dass das Bild sofort kontrastreicher und heller wird, aber immer noch nicht gut aussieht. Mit den Pipetten aus dem Bedienfeld lassen sich jedoch weitere Verbesserungen erzielen. Die werden's bringen, ich bin mir sicher.

Schritt 6:

Im Korrekturen-Bedienfeld GRADATIONSKURVEN gibt es links neben dem Kurvenraster drei Pipetten (Schwarzpunkt, Mitteltöne und Weißpunkt). Diese Pipetten stellen wir nun ein. Wählen Sie aus dem Bedienfeldmenü den Eintrag OPTIONEN und klicken Sie auf das Tiefen-Farbfeld. Nun erscheint das Dialogfeld ZIELTIEFENFARBE AUSWÄHLEN. Sie ändern die Werte für R, G und B, indem Sie Werte eingeben. Doppelklicken Sie ins R-Feld, um es zu markieren, tippen Sie eine 7 und drücken Sie die ⬆-Taste, um zum G-Feld zu gelangen. Geben Sie eine 7 ein und drücken Sie die ⬆-Taste, um auch in B eine 7 eintragen zu können (sodass für R, G und B jeweils 7 steht). Klicken Sie auf OK. Bei den meisten Inkjet-Druckern funktioniert 7 für die Tiefen. Falls die Tiefen in Ihren Ausdrucken etwas zu dunkel sind, probieren Sie stattdessen 10, 10 und 10 aus.

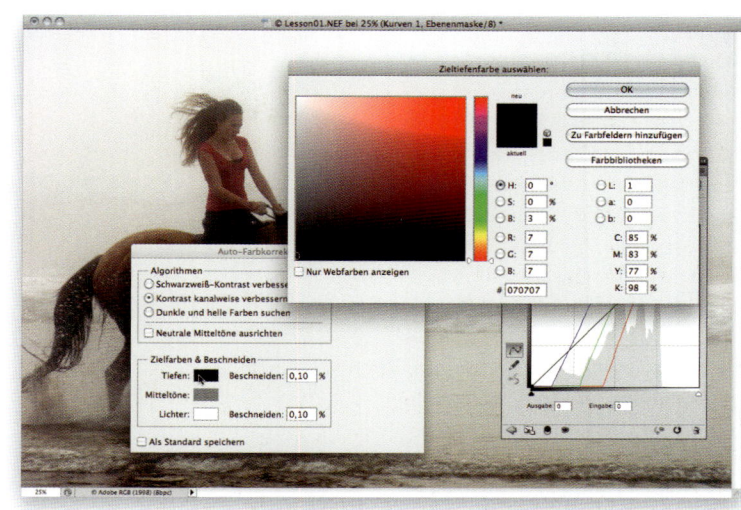

Schritt 7:

Klicken Sie nun auf das Lichter-Farbfeld. Geben Sie in dem Dialogfeld ZIELLICHTERFARBE AUSWÄHLEN R: 245, G: 245 und B: 245 ein. Diese Werte funktionieren, um die Details in den Lichtern zu behalten, wenn Sie das Bild auf einem Inkjet drucken. Klicken Sie nun auf OK. Bei den Mitteltönen (mittlere Pipette) behalten Sie die Standardwerte R: 128, G: 128 und B: 128. Falls Sie hellere Mitteltöne wünschen, probieren Sie R: 133, G: 133 und B: 133. Ich verwende 133 und wenn Sie das auch probieren wollen, klicken Sie auf das Mitteltöne-Farbfeld und geben Sie die Werte ein. Klicken Sie dann auf OK.

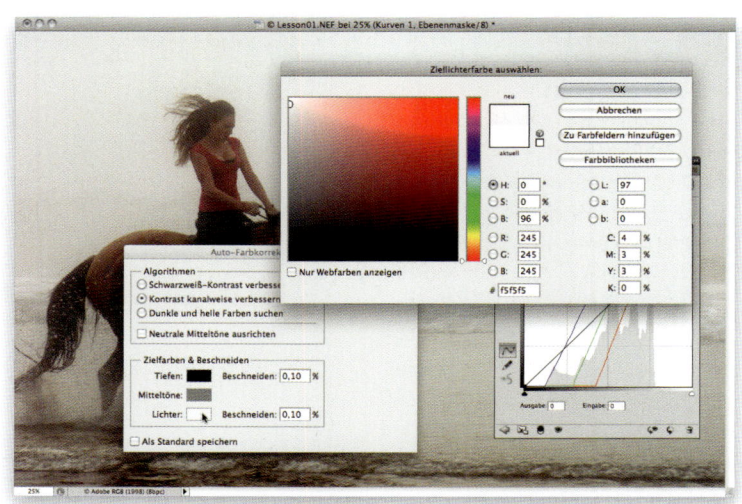

Schritt 8:

Nun haben Sie die Voreinstellungen für die Pipetten vorgenommen und diese Werte bleiben erhalten (bis Sie sie ändern, Photoshop neu installieren, die Vorgaben-Datei ersetzen etc.). Also an die Arbeit. Klicken Sie auf die Schwarzpunkt-Pipette und ins Bild an eine Stelle, die schwarz sein soll – also einfach auf dem dunkelsten Punkt im Foto. In diesem Fall war das ziemlich einfach, klicken Sie mit der Pipette auf die Hosen der Frau (wie hier zu sehen), dann werden die Tiefenbereiche neutral. Sie sehen, welchen Unterschied diese kleine Einstellung bereits ausmacht (und warum wir Kurven auf diese Weise anwenden – statt damit nur den Kontrast zu erhöhen).

Schritt 9:

Um den Weißpunkt zu setzen, suchen Sie eine Stelle im Bild, die möglichst weiß ist. Wenn Sie keine finden, suchen Sie die hellste Stelle im Bild. Meist ist das recht einfach – meist finden Sie leicht irgendeinen weißen Fleck – dieses Bild hier ist jedoch noch immer so düster und grau (und neblig), dass man den hellsten Punkt schwer findet. In einer solchen Situation zeigt Ihnen Photoshop die hellste Stelle. Wählen Sie im Ebenen-Bedienfeld aus dem Popup-Menü NEUE FÜLL- ODER EINSTELLUNGSEBENE ERSTELLEN die Option SCHWELLENWERT. Ziehen Sie im Schwellenwert-Korrekturenbedienfeld den unteren Regler ganz nach rechts (das Bild wird schwarz). Ziehen Sie nun langsam nach links. Die Stelle, die als erste weiß aussieht, ist die hellste im Bild. Merken Sie sich diese.

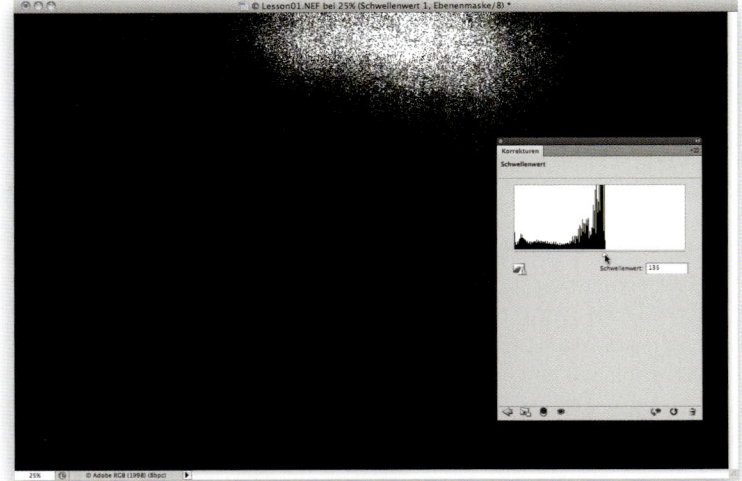

Schritt 10:

Da Sie jetzt die hellste Stelle im Bild kennen, ziehen Sie die Schwellen-wert-Einstellungsebene auf das Papierkorb-Symbol unten in dem Ebenen-Bedienfeld, um sie zu löschen. Klicken Sie auf die Miniatur der Gradationskurven-Einstellungsebene im Ebenen-Bedienfeld, um wieder zum Dialog GRADATIONSKURVEN zu gelangen. Klicken Sie auf die Weißpunkt-Pipette, dann auf den hellsten Bereich im Bild (wie hier zu sehen), dann neutrali-sieren Sie die Lichter. Reduzieren Sie diese Ebenen, indem Sie den Befehl AUF HINTERGRUNDEBENE REDUZIEREN wählen. Sie finden ihn im Bedienfeldmenü des Ebenen-Bedienfelds (Klick auf kleines, nach unten zeigendes Dreieck rechts oben).

Schritt 11:

Reiterin und Pferd sind von hinten beleuchtet, Sie wollen also bestimmt die dunklen Bereiche etwas öffnen und einige Details im Pferd wieder einblenden. Verwenden Sie dazu TIEFEN/LICHTER. Wir werden diesen Befehl wie eine Einstellungsebene einsetzen, wenden aber einen kleinen CS5-Trick an: Wir benutzen ihn als Smartfilter-Ebene. Klicken Sie zuerst auf die Hintergrundebene im Ebenen-Bedienfeld und drücken Sie dann Strg/⌘+J, um sie zu duplizieren. Wählen Sie dann FILTER/FÜR SMARTFILTER KONVERTIEREN. Klicken Sie in der erschei-nenden Warnmeldung auf OK.

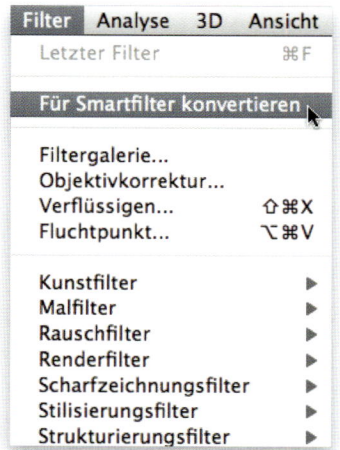

Schritt 12:

Wählen Sie BILD/KORREKTUREN/TIEFEN/ LICHTER (das ist einer der zwei Befehle in diesem Menü, der nicht gedimmt ist). Die Standardeinstellung für diesen Dialog ist, Ihre Tiefen auf 35% anzuheben, ich halte das aber in den meisten Fällen für zu viel. Ziehen Sie also den Regler für die Tiefenstärke nach links bis ungefähr auf 16% (wie hier zu sehen) und klicken Sie auf OK. Dadurch werden alle Tiefenbereiche im Bild um 16% aufgehellt. Allerdings wollen wir ja nicht alle Tiefen anheben, sondern nur die von Pferd und Reiterin. Das werden wir im nächsten Schritt tun und dank Smartfilter-Ebene ist es auch nicht schwer.

Schritt 13:

Im Ebenen-Bedienfeld sehen Sie, dass unter der Duplikat-Ebene eine Ebenenmaske für die Tiefen/Lichter-Einstellung angelegt wurde. Die Maske ist weiß, das heißt, die Tiefen/Lichter-Einstellung kann ungehindert auf das gesamte Bild wirken. Das wollen wir ändern. Klicken Sie auf die Miniatur der Ebenenmaske, um sie auszuwählen, und drücken Sie Strg/ ⌘+I, um die Miniatur in Schwarz umzukehren und die Tiefen/Lichter-Einstellung auszublenden. Drücken Sie die Taste B, um den Pinsel zu aktivieren. Klicken Sie auf die Pinselminiatur in der Optionsleiste und wählen Sie eine mittelgroße, weiche Pinselspitze. Malen Sie damit über Pferd und Reiterin, nun werden nur die Tiefen in genau diesen Bereichen korrigiert. Wählen Sie dann AUF HINTERGRUNDEBENE REDUZIEREN aus dem Bedienfeldmenü des Ebenen-Bedienfelds.

Schritt 14:

Wenn Sie sich das Bild genauer ansehen, werden Sie feststellen, dass das obere Drittel des Bilds heller aussieht als der Rest. Um das obere Drittel auszubalancieren, verwenden wir einen Trick, mit dem man normalerweise den Himmel abdunkelt (den man auch erhält, wenn man einen Grauverlaufsfilter auf dem Kameraobjektiv einsetzt). Drücken Sie D, um Schwarz als Vordergrundfarbe einzustellen, und wählen Sie VERLAUF aus dem Neue-Einstellungsebene-Popup-Menü unten im Ebenen-Bedienfeld. Wenn das Dialogfeld erscheint, liegt der dunkle Bereich des Verlaufs unten im Bild (und wir brauchen ihn oben). Schalten Sie also die Kontrollkästchen UMKEHREN ein (wie hier zu sehen).

Schritt 15:

Standardmäßig deckt der Verlauf das gesamte Bild von oben bis unten ab, Sie können aber steuern, wie weit sich der Verlauf ausdehnt. Klicken Sie dazu auf die Verlaufsminiatur im Dialogfeld, um das Dialogfeld VERLÄUFE BEARBEITEN zu erhalten. Unten im Dialog sehen Sie einen großen horizontalen Streifen mit dem Verlauf. Klicken Sie auf die obere rechte Deckkraftunterbrechung (mit weiß gefüllt) und ziehen Sie sie nach links. Lassen Sie die Maustaste los und schauen Sie zu, wie sich Ihr Verlauf nach oben bewegt. Ziehen Sie bis knapp über die Verlaufsmitte und klicken Sie in VERLÄUFE BEARBEITEN und VERLAUFSFÜLLUNG auf OK.

Schritt 16:

Um unseren Verlauf ins Foto zu über-
blenden (so dass er nicht einfach von
Schwarz nach transparent verläuft),
wählen Sie im Ebenen-Bedienfeld für
diese Ebene die Füllmethode WEICHES
LICHT. Damit wird der Verlauf in den
Rest des Fotos überblendet, in diesem
Fall ergibt das eine perfekte Balance
des oberen Fotodrittels mit dem
unteren Bereich. Vergleichen Sie das
Bild jetzt mit dem in Schritt 13, als das
obere Drittel etwas zu hell war. Wählen
Sie wieder AUF HINTERGRUNDEBENE REDU-
ZIEREN aus dem Bedienfeldmenü des
Ebenen-Bedienfelds.

Hinweis: Dieselbe Technik werden Sie
in diesem Buch noch häufiger anwenden, dann jedoch meistens, um den
oberen Bereich des Himmels in einem
Landschaftsfoto abzudunkeln und ihn
dann langsam in den Rest des Bilds
auslaufen zu lassen.

Schritt 17:

Zwar haben wir den Weißabgleich in
Camera Raw bereits etwas aufgewärmt,
dennoch sieht das Foto noch immer
ziemlich grau aus. Deshalb fügen
wir Photoshops Äquivalent eines traditionellen Warmfilters hinzu – den
FOTOFILTER. Klicken Sie unten im Ebenen-
Bedienfeld auf das Symbol „Neue Füll-
oder Einstellungsebene erstellen" und
wählen Sie die Option FOTOFILTER. Lassen
Sie den Filter in dem Dialogfeld auf
dem Standard WARMFILTER (85), erhöhen
Sie jedoch die DICHTE auf 40% (stellen
Sie sich diesen Regler als Stärke vor).
Reduzieren Sie nun die Ebenen.

Schritt 18:

Nun verwenden wir eine meiner Lieblingstechniken, um die Farbe etwas aufzubessern – einen Ausflug in die Lab-Farbe (dies ist die vereinfachte Version einer Technik, die ich vom Vater der Photoshop-Farbe, Dan Margulis, erlernt habe). Wählen Sie zuerst Bild/Modus/Lab-Farbe. Bei der Umwandlung in den Lab-Modus (die keine Änderung an den Pixeln vornimmt) bleibt das Bild unverändert, aber es besteht jetzt nicht mehr aus einem roten, grünen und blauen Kanal (RGB). Vielmehr setzt es sich aus einem Helligkeitskanal (der die Details enthält), einem »a«-Kanal (mit der Hälfte der Farben) und einem »b«-Kanal (mit dem Rest der Farben) zusammen.

Schritt 19:

Wählen Sie nun Bild/Bildberechnungen (damit können Sie einen Kanal auf das gesamte Bild anwenden und dabei dieselben Füllmethoden wie im Ebenen-Bedienfeld verwenden). Wählen Sie in dem Dialogfeld die Füllmethode Weiches Licht. Wählen Sie dann einen der Kanäle (den zusammengesetzten Kanal Lab, die Helligkeit, den »a«-Kanal oder den »b«-Kanal). Jeder verleiht Ihrem Bild ein anderes Aussehen bzw. eine andere Farbe und Sie können alle aus dem Popup-Menü Kanal wählen und ausprobieren. Lab ist standardmäßig ausgewählt, Sie sehen ihn in der Abbildung. Das sieht zwar nicht schlecht aus, richtig gut aber auch noch nicht.

Schritt 20:

Wählen Sie nun zuerst den »a«-Kanal aus, dann den »b«-Kanal. In diesem Fall finde ich den »b«-Kanal am besten (diese Entscheidung hängt eigentlich ganz von Ihnen ab, Sie müssen entscheiden, welcher der Kanäle Ihnen am besten gefällt). Um des Projekts Willen wählen Sie jetzt bitte jedoch »b«, wie ich das getan habe. Falls er Ihnen zu intensiv erscheint, reduzieren Sie wie ich hier die Deckkraft auf 70 Prozent. Klicken Sie nun auf OK, um Ihre Veränderungen umzusetzen. Vergleichen Sie dieses Bild mit dem aus Schritt 17. Sie sehen, wie viel wärmer, gesättigter und farbiger das Bild aussieht. Bevor Sie weitermachen, wählen Sie BILD/MODUS/RGB-FARBE.

Schritt 21:

Nun wird es Zeit, das Bild scharfzuzeichnen. Wir versuchen immer, das zuletzt zu tun, bevor wir die Datei speichern. (In Camera Raw können wir es schon einmal tun, wie das geht, erfahren Sie später, dann ein zweites Mal vor dem Speichern in Photoshop, das sogenannte Scharfzeichnen zum Druck.) Da Sie die Scharfzeichnung ohnehin als letzten Schritt vornehmen, können Sie genauso gut eine Aktion erstellen, die das automatisch für Sie erledigt. Aktivieren Sie also das Aktionen-Bedienfeld (FENSTER/AKTIONEN), klicken Sie auf das Symbol NEUE AKTION ERSTELLEN unten im Bedienfeld und benennen Sie die Aktion SCHARF-ZEICHNEN MITTEL in dem erscheinenden Dialogfeld. Weisen Sie die Scharfzeichnung einer Funktionstaste zu (so dass Sie sie jederzeit mit nur einem Tastendruck auslösen können). Klicken Sie auf die Schaltfläche AUFZEICHNEN.

Schritt 22:

Wählen Sie FILTER/SCHARFZEICHNUNGSFILTER/ UNSCHARF MASKIEREN. In dem Dialogfeld UNSCHARF MASKIEREN wählen wir eine mittlere STÄRKE (hier 85%), einen RADIUS von 1,0 und einen SCHWELLENWERT von 4. Klicken Sie dann auf OK.

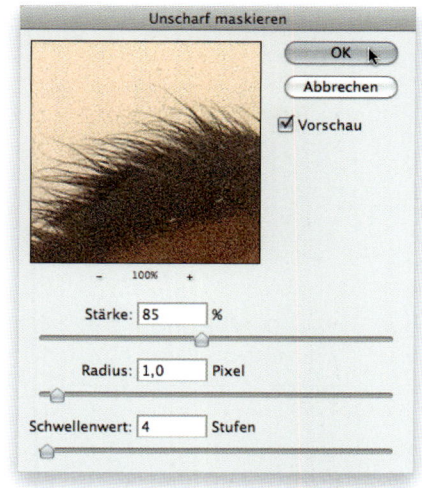

Schritt 23:

Wenn man eine Scharfzeichnung direkt auf ein Foto anwendet, kann das zu Auren, Farbartefakten oder anderen Farbproblemen führen. Wählen Sie also sofort, nachdem Sie in UNSCHARF MASKIE-REN auf OK geklickt haben, BEARBEITEN/ VERBLASSEN: UNSCHARF MASKIEREN. Nun erscheint der Verblassen-Dialog, wo Sie aus dem Menü MODUS die Option LUMINANZ wählen. Klicken Sie auf OK. Damit wird die Scharfzeichnung auf die Luminanz (also die Details) des Fotos angewendet, die Farbkanäle werden vermieden und somit auch Probleme durch die Farbscharfzeichnung. Das tun Sie jetzt jedes Mal, wenn Sie den Filter UNSCHARF MASKIEREN bei einem Farbfoto anwenden, und das ist auch der Grund, warum sich an dieser Stelle eine Aktion lohnt. Dabei klicken Sie im Aktionen-Bedienfeld nur noch auf die Aktion und dann auf die Schaltfläche AUSWAHL AUSFÜHREN unten in dem Bedienfeld. Wo wir gerade dabei sind: Klicken Sie auf die Schaltfläche ganz links im Aktionen-Bedienfeld (AUFZEICHNUNG BEENDEN).

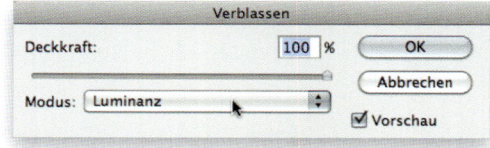

Schritt 24:

Im Aktionen-Bedienfeld finden Sie nun Ihre neue Aktion (Sie haben sie »Scharfzeichnen mittel« genannt), darunter eine Liste dessen, was die Aktion ausführt (den Filter Unscharf maskieren, dann Verblassen). Wenn Sie eine Aktion anlegen, merkt sie sich alle in die Dialoge eingegebenen Einstellungen, sie wendet also immer dieselben Werte an wie bei der Aufzeichnung (Sie sehen die Werte, wenn Sie auf das nach rechts zeigende Dreieck links vom Aktionsschritt klicken).

Schritt 25:

Wo wir gerade dabei sind, wollen wir noch zwei weitere Aktionen aufzeichnen (damit sparen wir später viel Zeit). Eine wird Bilder mit gut erkennbaren Kanten richtig stark scharfzeichnen (z.B. Gebäude, Autos, architektonische Elemente, Objekte mit viel Metall), die andere zeichnet nur sehr leicht scharf (für Bilder mit weicheren Objekten, wie z.B. Personen, Blumen, Tiere). Speichern Sie Ihr aktuelles Dokument zunächst jedoch mit Datei/Speichern, wie hier zu sehen. Denn wenn wir auf dieses Bild zwei weitere Scharfzeichnungen anwenden, wird es hinterher ziemlich … mies aussehen.

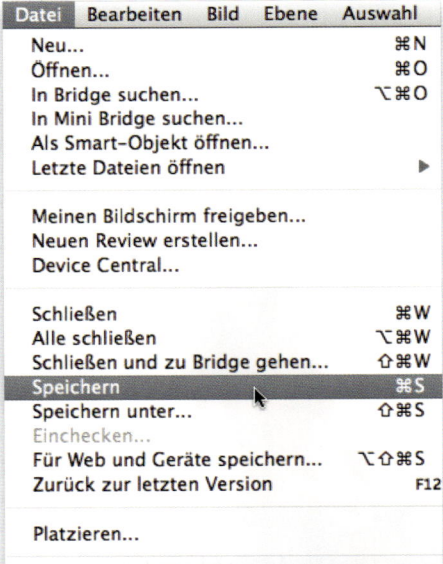

Schritt 26:

Kehren Sie zum Aktionen-Bedienfeld zurück und klicken Sie auf das Symbol NEUE AKTION ERSTELLEN. Benennen Sie diese als »Scharfzeichnen stark« (wie hier zu sehen). Weisen Sie dieser Aktion eine andere Funktionstaste zu und klicken Sie auf AUFZEICHNEN.

Schritt 27:

Öffnen Sie den Unscharf-maskieren-Dialog erneut (FILTER/SCHARFZEICHNUNGS-FILTER/UNSCHARF MASKIEREN), geben Sie jetzt jedoch eine Stärke von 120%, einen Radius von 1,0 und einen Schwellenwert von 3 ein. Klicken Sie dann auf OK. Wählen Sie BEARBEITEN/VERBLASSEN: UNSCHARF MASKIEREN und LUMINANZ als Modus und klicken Sie auf OK. Kehren Sie dann zum Aktionen-Bedienfeld zurück und klicken Sie auf das Symbol AUFZEICHNUNG BEENDEN. Dieses war der zweite Streich und der dritte folgt sogleich …

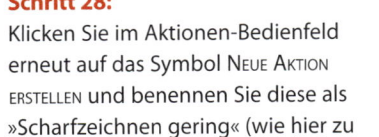

LEKTION 1

Schritt 28:
Klicken Sie im Aktionen-Bedienfeld erneut auf das Symbol NEUE AKTION ERSTELLEN und benennen Sie diese als »Scharfzeichnen gering« (wie hier zu sehen). Wählen Sie für diese Aktion eine andere Funktionstaste und klicken Sie auf AUFZEICHNEN.

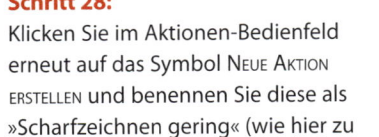

Schritt 29:
Öffnen Sie den Unscharf-maskieren-Dialog noch einmal. Tragen Sie folgende Werte ein: STÄRKE: 100%, RADIUS: 1,0, SCHWELLENWERT: 10. Klicken Sie auf OK. Wählen Sie dann BEARBEITEN/ VERBLASSEN: UNSCHARF MASKIEREN. Ändern Sie den MODUS in LUMINANZ. Klicken Sie auf OK und anschließend im Aktionen-Bedienfeld auf das Symbol AUFZEICHNUNG BEENDEN.

Schritt 30:

Im Aktionen-Bedienfeld finden Sie nun drei verschiedene Aktionen (wie hier zu sehen). Durch einfaches Ziehen können Sie sie der gewünschten Reihenfolge nach sortieren (wie Sie auch Ebenen im Ebenen-Bedienfeld umsortieren können). Wählen Sie DATEI/ZURÜCK ZUR LETZTEN VERSION. Damit wird der Zustand wiederhergestellt, den die Datei beim letzten Speichern hatte (also vor den beiden letzten Scharfzeichnungen). Das Bild in der Vorder-Nachher-Version sehen Sie unten.

Vorher

Nachher

LEKTION 2

Dieses Foto wurde auf Marin Headlands gegenüber der Golden Gate Bridge geschossen. Es sieht gestellt aus, ist es aber nicht (wir fuhren da hin und dann stand das Auto einfach da). Das Licht auf dem Auto sah schön aus, aber es wurde von hinten beleuchtet, die der Kamera zugewandte Seite ist zu dunkel. Und der Himmel ist heller als bei Sonnenuntergang. Wir werden das Foto mit (fast) allen Punkten ins Leben zurückholen und dabei auf die ultra-coolen Camera-Raw-Smart Objekte zurückgreifen. Das ist einfacher, als es klingt.

LEKTION 2

Schritt 1:

Hier sehen Sie das Originalbild, ohne dass es in Camera Raw bereits bearbeitet wurde. Wenn Sie ein Foto, das im Raw-Modus Ihrer Kamera aufgenommen wurde, öffnen, öffnet sich das Camera-Raw-Fenster von Adobe Photoshop.

Hinweis: Wenn Sie das Bild aus Adobe Bridge CS5 öffnen, gelangen Sie zum selben Camera-Raw-Fenster, allerdings in der Bridge-Version von Camera Raw.

SCOTT KELBY

Schritt 2:

Wir beginnen im Bedienfeld GRUND-EINSTELLUNGEN mit dem Weißabgleich (ich habe hier etwas eingezoomt, damit die Regler besser zu sehen sind). Jetzt sind wir nicht auf der Suche nach einem Tageslicht-Weißabgleich, sondern verwenden die Weißabgleich-Regler als kreatives Werkzeug, um den Sonnenuntergang wärmer und eher wie einen Sonnenuntergang wirken zu lassen. Klicken Sie auf den Farbtemperatur-Regler und ziehen Sie ihn nach links auf 5000. Dadurch sieht das Bild gelber und wärmer aus (eben wie ein Sonnenuntergang). Ziehen Sie den Farbton-Regler nach rechts (in Richtung Magenta) auf −18, um die Farbe etwas ins Rötliche zu verschieben.

Schritt 3:

In diesem Bild geht die Sonne gerade unter, der Bereich um die Sonne ist sehr hell und ausgewaschen. Im Histogramm des Camera-Raw-Fensters aus Schritt 2 sehen Sie in der rechten oberen Ecke ein weißes Dreieck. Das ist eine Warnung, dass Details in diesem Bild beschnitten wurden (das Bild ist also teilweise zu hell, so dass in diesen Bereichen keine Details mehr zu erkennen sind). Um so viele Details wie möglich zu retten, ziehen Sie zuerst den Belichtung-Regler etwas nach links, dann den Wiederherstellung-Regler nach rechts (wie hier zu sehen), bis das Warndreieck schwarz ist. Das heißt, dass alle Details gerettet sind. Wenn Sie dieses Foto nun mit dem im vorherigen Schritt vergleichen, sehen Sie, dass der Bereich um die Sonne und die Wolken nun dunkler und detailreicher ist als vorher.

Schritt 4:

Jetzt haben wir für den Moment eigentlich alle Anpassungen vorgenommen (im Grunde war es ja nicht viel – wir haben die allgemeine Stimmung etwas angepasst und das Bild wärmer gefärbt, außerdem haben wir den Himmel abgedunkelt, um beschnittene Details zurückzuholen). Nun werden wir das Foto in Photoshop öffnen, aber klicken Sie noch nicht auf die Öffnen-Schaltfläche. Halten Sie zuerst die ⇧-Taste gedrückt, dann ändert sich die Schaltfläche in Objekt öffnen (wie hier zu sehen). Wenn Sie nun darauf klicken, wird das Bild in Photoshop als Smart Objekt geöffnet. (In ein oder zwei Minuten werden Sie sehen, warum das so wichtig ist – und auch echt cool. Zuerst halten Sie aber schön die ⇧-Taste und klicken auf Objekt öffnen.)

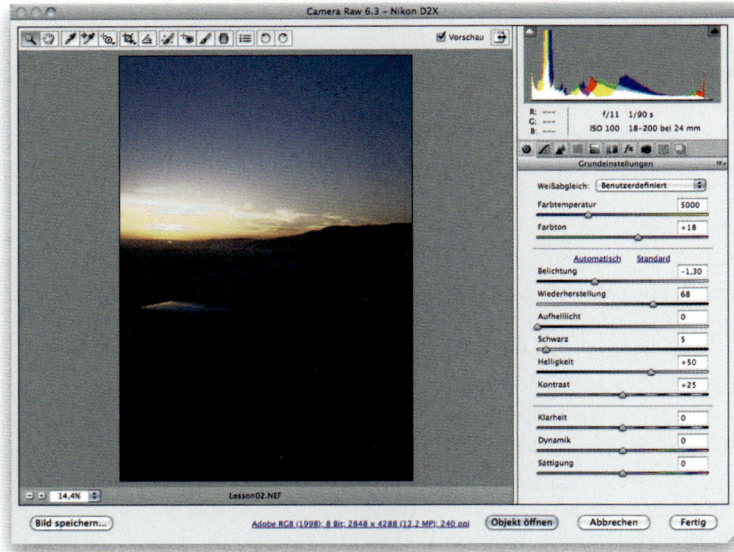

Schritt 5:

Wenn das Foto in Photoshop geöffnet ist, gibt es mehrere Möglichkeiten zu erkennen, dass es als Smart Objekt importiert wurde: zum Beispiel die Miniatur im Ebenen-Bedienfeld. Sie enthält rechts unten ein kleines Symbol, das ein Smart Objekt kennzeichnet. Wenn Sie das kleine Symbol nicht sehen, heißt das, dass Sie vergessen haben, im letzten Schritt die ⇧-Taste gedrückt zu halten. Falls also das Symbol fehlt, holen Sie tief Luft, öffnen Sie dann das Bild erneut in Camera Raw (alle Änderungen sind noch immer da), halten Sie die ⇧-Taste gedrückt und klicken Sie auf Objekt öffnen. Suchen Sie jetzt im Ebenen-Bedienfeld nach dem kleinen Symbol. Falls es noch immer nicht da ist, sollten Sie sich vielleicht mit etwas anderem beschäftigen als mit Photoshop ... (Nur Spaß! Obwohl ...)

Schritt 6:

Jetzt brauchen wir eine Kopie der Ebene, aber wenn wir eine Smart-Objekt-Ebene auf das Symbol NEUE EBENE ERSTELLEN ziehen (wodurch eine Kopie der Ebene entsteht), werden die beiden Ebenen automatisch miteinander verbunden. Jede Farbanpassung an der einen Ebene würde also auch auf die andere wirken. Manchmal ist das sicher gewollt, aber jetzt wollen wir jede Ebene einzeln bearbeiten. Um also die Ebene zu kopieren und trotzdem die Unzertrennlichkeit zwischen Original und Kopie aufzuheben, klicken Sie mit der rechten Maustaste auf den Namen der Ebene und wählen Sie NEUES SMART OBJEKT DURCH KOPIE aus dem Kontextmenü.

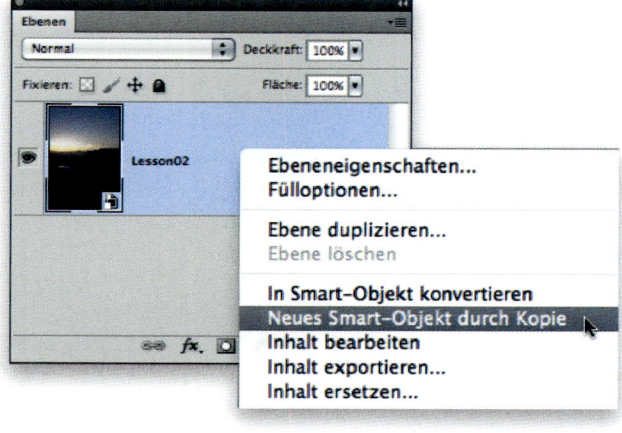

Schritt 7:

Jetzt gibt es zwei Smart-Objekt-Ebenen; sie sind identisch, können aber unabhängig voneinander bearbeitet werden. Öffnen Sie die kopierte Ebene erneut in Camera Raw, indem Sie direkt auf deren Miniatur doppelklicken (wie hier zu sehen).

Schritt 8:

Im Originalfoto sah der Himmel ziemlich gut aus, nachdem wir den Wiederherstellung-Filter verwendet hatten, das Auto war aber noch zu dunkel. Nun wollen wir also die Belichtung des Autos korrigieren, ohne dabei auf den Himmel zu achten, denn in Photoshop wartet ja bereits eine exakt gleiche Version mit idealem Himmel auf uns. Ziehen Sie im Bedienfeld GRUNDEINSTELLUNGEN den Belichtung-Regler auf +1,45, um die gesamte Szene aufzuhellen. (Dabei wird der Himmel fast weiß, aber das muss Sie nicht kümmern. Machen Sie weiter!) Schieben Sie den Wiederherstellung-Regler zurück auf 0, um auf dem Auto selbst so viele Lichter wie möglich zurückzuholen. Erhöhen Sie den Regler AUFHELLLICHT auf 13, denn das öffnet die Tiefenbereiche und macht mehr Details sichtbar (wie hier zu erkennen).

Schritt 9:

Sobald Ihnen das Auto gefällt, klicken Sie auf OK, dann wird Ihre Photoshop-Ebene automatisch aktualisiert. Bei einem Blick in das Ebenen-Bedienfeld sehen Sie jetzt zwei Ebenen – die obere mit dem gut belichteten Auto, die untere mit einem schönen Himmel. Die Elemente, die Sie brauchen, sind also alle da: ein perfekter Himmel und ein perfektes Auto. Nun müssen Sie nur noch »mit Licht malen«, um die beiden Fotos in einem Bild mit schönem Auto und romantischem Himmel zu kombinieren. (Keine Sorge, das geht einfacher, als Sie denken.)

Schritt 10:

Mit Licht malen wir mithilfe einer Ebenenmaske, denn diese verzeiht ziemlich viel. Wenn Sie einen Fehler machen, können Sie ihn sofort weg-malen und die Änderungen sind so lange nicht von Dauer, wie Sie die Ebenenmaske behalten. Kann sein, dass Ihnen das jetzt noch nicht viel sagt – in drei Minuten sind Sie schlau-er. Um eine Ebenenmaske zur aktuell ausgewählten Ebene hinzuzufügen (hier zur oberen), klicken Sie auf das Symbol EBENENMASKE HINZUFÜGEN unten im Ebenen-Bedienfeld. Ihre Maske erscheint als weiße Miniatur rechts neben der Miniatur des Fotos im Ebenen-Bedienfeld.

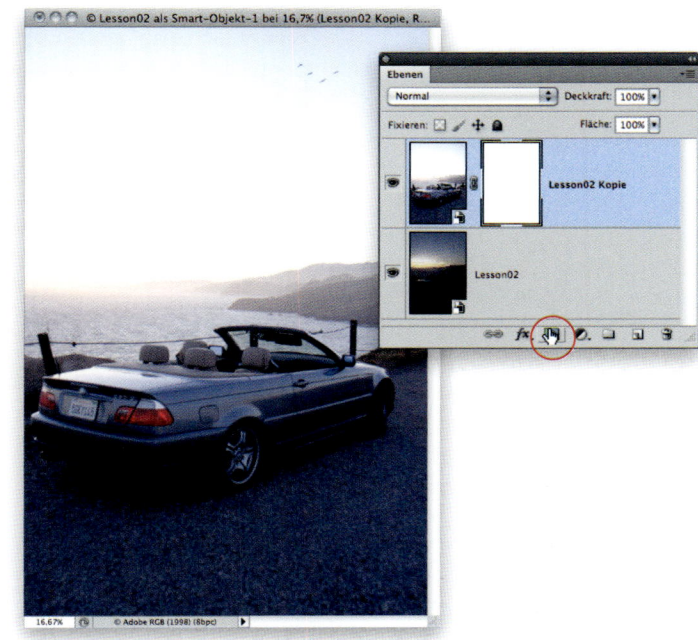

Schritt 11:

Auf die weiße Ebenenmaske malen Sie mit der entgegengesetzten Farbe: Schwarz. Wählen Sie also Schwarz als Vordergrundfarbe, indem Sie zuerst die Taste ⌧ drücken, die die Hinter- und Vordergrundfarbe tauscht. Drücken Sie dann Ⓑ, um den Pinsel zu aktivieren. Klicken Sie in der Optionsleiste auf die Miniatur des Pinsels und wählen Sie eine mittelgroße, weiche Pinselspitze. Malen Sie über den Himmel. Dabei legen Sie den dunkleren Himmel der darunter liegenden Ebene frei (wie hier zu sehen). Im Grunde malen Sie also mit Licht, während Sie einen dunkleren, angenehmeren Himmel ins Bild malen.

Schritt 12:

Malen Sie mit dem Pinsel weiter, bis der dunkle Himmel, das dunklere Wasser und die Berge im Hintergrund wieder ins Bild gemalt sind (wie hier), halten Sie jedoch an, bevor Sie über das Auto malen. Ihre Pinselspitze ist nämlich zu groß. Wenn Sie in die Nähe des Autos gelangen, sollten Sie eine deutlich kleinere Spitze verwenden, um genau an den Kanten entlang zu malen, nicht jedoch über das Auto selbst. Damit würde nämlich wieder die dunklere Autoversion von der unteren Ebene ins Bild kommen und die wollen wir eigentlich vermeiden.

Schritt 13:

Wählen Sie also entweder aus der Optionsleiste eine kleinere Pinselspitze oder Sie machen es wie ich: Ändern Sie die Pinselgröße mit den Tasten ⓐ und ⌗. Mit ⓐ verringern Sie die Pinselgröße, mit ⌗ vergrößern Sie sie. Machen Sie Ihren Pinsel also schön klein, seien Sie geduldig und malen Sie sorgfältig entlang der Kopfstützen des Autos, dann inner- halb der Windschutzscheibe und auch sonst überall, wo der dunklere Himmel benötigt wird. Wenn Sie einen Fehler machen, wählen Sie einfach Weiß als Vordergrundfarbe (drücken Sie erneut die Taste ⓧ) und malen Sie über den Fehler (damit wird dieser abgedeckt – das ist eines der Wunder einer Ebenenmaske). Wechseln Sie dann wieder zu Schwarz und malen Sie weiter.

Schritt 14:

Nun ist es Zeit für eine künstlerische Entscheidung. Wenn Sie den neuen Himmel ins Bild gemalt haben und der Meinung sind, dass das Auto zu hell ist, um im Bild realistisch zu wirken (mir kommt das so vor), können Sie selbst die richtige Lichtmenge festlegen. Ziehen Sie im Ebenen-Bedienfeld den Deckkraft-Regler dieser oberen, helleren Ebene nach links (hier auf 70%). Diese kreative Entscheidung müssen Sie, der Fotograf bzw. Retuscheur, treffen, entscheiden Sie also bei jedem Bild wieder neu. Wenn es Ihnen bei 100% gefällt, lassen Sie es so. (Sie werden trotzdem ruhig schlafen können – Ehrenwort!)

Schritt 15:

Im Fokus dieses Fotos steht eindeutig das Auto und das Auge des Betrachters lenkt man am besten mit Helligkeit (die hellsten und schärfsten Objekte in einem Bild fallen zuerst auf). Um das Auto also etwas hervorzuheben, könnten Sie den Boden um das Auto herum ein bisschen abdunkeln (wie beim Himmel). Sie nehmen den Pinsel mit einer mittelgroßen, weichen Spitze und malen bei aktiver Ebenenmaske über den Boden. Beim Malen wird der dunklere Boden aus der darunterliegenden Ebene freigelegt. Wenn Sie einen Fehler machen (zum Beispiel aus Versehen über ein Rad malen und es wird viel zu dunkel), drücken Sie einfach X, um Weiß als Vordergrundfarbe einzustellen. Malen Sie dann über das Rad, um die dunklere Farbe zu entfernen, wechseln Sie zurück zu Schwarz und malen Sie weiter auf dem Boden. Sie können auch mit der Deckkraft des Pinsels experimentieren, um mit Grau statt Schwarz zu malen, falls der Boden zu dunkel wird.

Schritt 16:

So sieht das Bild jetzt aus, der dunklere Boden wurde um das Bild herum ein-gemalt. Sehen Sie, wie das Auto jetzt die Aufmerksamkeit auf sich zieht? Das ist, als hätten Sie einige Blitzgeräte mit großen Softboxen eingesetzt, um etwas mehr Licht aufs Auto zu lenken. Und nur darum geht es beim Malen mit Licht und nun wissen Sie auch, warum dazu sieben Schritte not-wendig sind. Treten Sie etwas zurück, betrachten Sie das Bild und fragen Sie sich – mit dem Wissen, welche Macht Sie über das Licht haben: »Was möchte ich an diesem Foto ändern?«

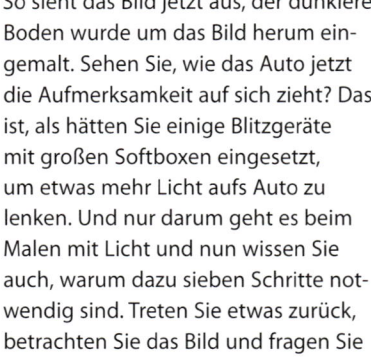

Schritt 17:

Wenn ich mir das Bild anschaue, möchte ich, dass die Räder, die Reifen und … na ja – das ganze Auto soll etwas heller werden. Dazu erstellen wir noch eine Kopie der Originalebene, hellen diese auf und malen mit Licht. Klicken Sie mit der rechten Maustaste im Ebenen-Bedienfeld jetzt auf die unterste Ebene und wählen Sie aus dem Kontextmenü die Option NEUES SMART-OBJEKT DURCH KOPIE. Ziehen Sie diese Kopie im Ebenenstapel nach oben und doppelklicken Sie dann auf deren Miniatur, um die Ebene in Camera Raw zu öffnen. Um die Lichter aufzuhellen, ziehen Sie den Belichtung-Regler recht weit nach rechts (hier auf +2,55) und den Kontrast-Regler nach rechts auf +41, um die Lichter aufzuhellen und die Tiefen zu verstärken. Klicken Sie nun auf OK.

Schritt 18:

Nun werden wir die hellere Ebene hinter einer Maske verbergen, halten Sie also die [Alt]-Taste gedrückt und klicken Sie auf das Symbol EBENENMASKE HINZUFÜGEN unten im Ebenen-Bedienfeld.

Schritt 19:

Drücken Sie die Taste [X], um Weiß als Vordergrundfarbe einzustellen. Nehmen Sie den Pinsel mit einer kleinen, weichen Spitze und malen Sie mit Licht über die Räder und Reifen (wie hier zu sehen), um diese Bereiche aufzuhellen. Falls sie zu hell sind (wie ich finde), reduzieren Sie einfach die Deckkraft der Ebene, bis es passt (hier gefielen sie mir, als ich die Deckkraft auf 40% reduziert hatte).

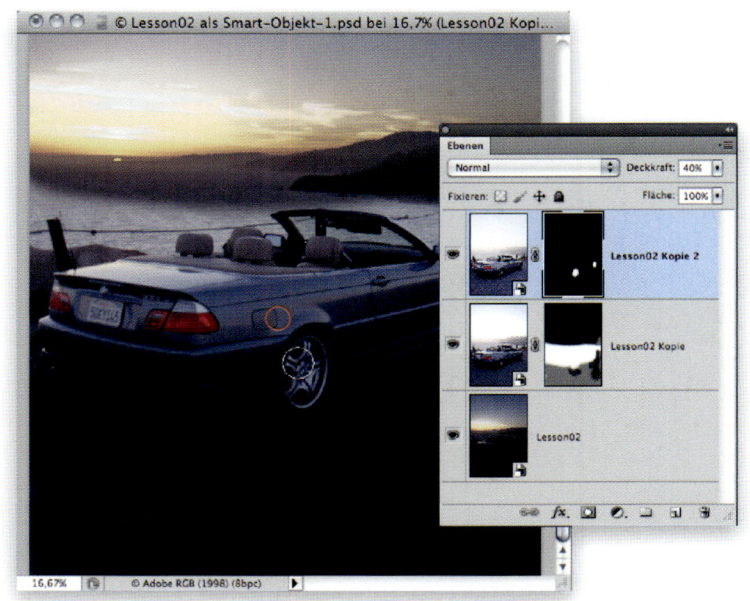

Schritt 20:

Jetzt gibt es eine kleine Komplikation: Sie haben die Deckkraft dieser hellen Ebene auf 40% verringert. Nun wollen Sie aber mit Licht über die Seite des Autos malen und wenn Sie das tun, wird diese zu hell. In solchen Situationen müssen Sie die Deckkraft des Pinsels reduzieren. Hier verringerte ich in der Optionsleiste des Pinsels die Deckkraft auf 35% der Stärke der übrigen Ebene (die bereits auf 40% reduziert war). Das ist recht praktisch, denn so können Sie die Lichtstärke variieren, mit der Sie in verschiedenen Bereichen derselben Ebene arbeiten.

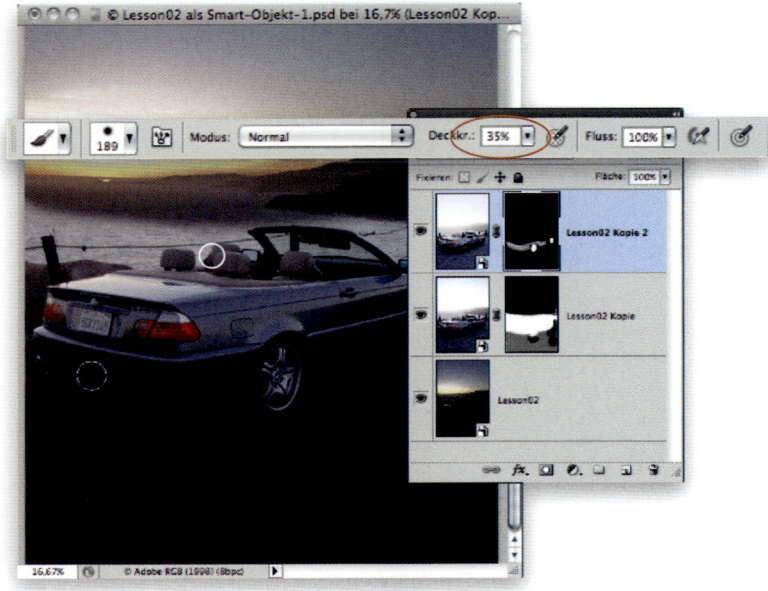

Schritt 21:

Wenn Sie die Seite des Autos fertig gemalt haben, schätzen Sie wieder die Helligkeit ein und schauen Sie, ob sie Ihnen gefällt. Hier sieht es aus, als wäre das Auto generell etwas zu hell, also können Sie die Deckkraft der hellen Ebene noch weiter reduzieren – auf 20% (wie hier zu sehen). Nun sieht alles viel natürlicher aus. Indem Sie auf das Augen-Symbol vor der Ebene im Ebenen-Bedienfeld klicken, schalten Sie deren Sichtbarkeit ein und aus. Beim Aus- und Einblenden der Ebene sehen Sie, welchen deutlichen Unterschied dieses bisschen Malen mit Licht ausmacht.

Schritt 22:

Zwar passt das Auto jetzt optisch ziemlich gut in die Szene, dennoch haben wir ein anderes Problem – das ganze Foto ist etwas zu hell. Drücken Sie ⌃Strg/⌘+⎇Alt+⇧+E, um eine neue Ebene zu erzeugen, die eine reduzierte Kopie des gesamten Bilds enthält (schauen Sie sich diese neue Ebene im Ebenen-Bedienfeld an – sie sieht aus, als hätten Sie das Bild auf eine Ebene reduziert). Um das gesamte Bild abzudunkeln, ändern Sie einfach die Füllmethode dieser neuen Ebene in MULTIPLIZIEREN (wie hier). Um nun genau die richtige Abdunkeln-Stärke zu finden, reduzieren Sie die Deckkraft der Multiplizieren-Ebene, bis alles stimmt (hier wählte ich 30%).

Schritt 23:

Nachdem Ihr Bild nun allgemein etwas dunkler ist, wollen wir mit einem kleinen Violettstich den Tag anbrechen lassen. Klicken Sie dazu auf das Symbol NEUE FÜLL- ODER EINSTELLUNGSEBENE ERSTELLEN unten im Ebenen-Bedienfeld (das mit dem schwarzweißen Kreis) und wählen Sie FOTOFILTER. Wählen Sie im Korrekturen-Bedienfeld die Option VIOLETT aus dem Popup-Menü FILTER und klicken Sie auf OK. Das war's schon. Nun ist das Bild leicht violett eingefärbt. **Hinweis:** Wir verwenden den Fotofilter eigentlich immer, um ein Foto aufzuwärmen (mit einem gelben oder orangefarbenen Filter wie bei einem traditionellen Warmfilter) oder es abzukühlen (Kaltfilter). Da wir bereits in Camera Raw eine violett-ähnliche Weißbalance eingesetzt haben, erscheint mehr Violett hier sinnvoll, aber die Farbe des Lichts ist eine kreative Entscheidung. Und wir werden jetzt sehr kreativ!

Schritt 24:

Wenn Ihnen dieser Violett-Look zu weit geht, können Sie mit einem Klick zur Normalität zurückkehren – Sie verändern damit sowohl den Weißabgleich als auch den Fotofilter. Das geht so: Klicken Sie auf das Symbol NEUE FÜLL- ODER EINSTELLUNGSEBENE ERSTELLEN unten im Ebenen-Bedienfeld und wählen Sie GRADATIONSKURVEN. Aktivieren Sie im Korrekturen-Bedienfeld die mittleren Pipette und klicken Sie damit in Ihrem Bild auf eine Stelle, die neutral grau sein soll (wie der Kotflügel des Autos, wie hier zu sehen). So wird die Farbe ausgeglichen und das Bild wirkt eher wie ein Sonnenuntergang. Noch einfacher geht es wohl nicht. Sie können nun wählen, welches der Bilder Ihnen besser gefällt – der violette Sonnenaufgang aus Schritt 23 oder der wärmere Sonnenaufgang, wie Sie ihn hier sehen. Wir nehmen an, Sie haben sich für Letzteren entschieden.

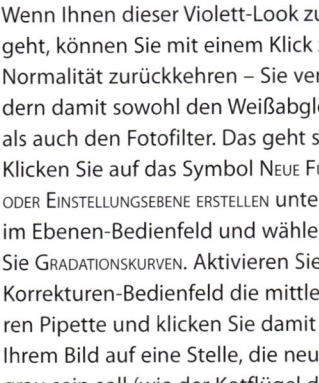

Schritt 25:

Jedes Foto wird in Photoshop scharfgezeichnet, und zwar wie immer am Ende der Bearbeitung. Hier verwenden wir das Bild in einer gedruckten Anzeige für einen Autohändler, also wollen wir es »für den Druck scharfzeichnen«. Das heißt, auf dem Bildschirm muss es etwas zu scharf aussehen. Wenn es auf dem Monitor etwas zu scharf aussieht, ist es für den Druck gerade richtig, denn bei der Übertragung der digitalen Datei auf das Papier geht etwas Scharfzeichnung verloren. Wählen Sie zuerst AUF HINTERGRUNDEBENE REDUZIEREN aus dem Bedienfeldmenü des Ebenen-Bedienfelds. Wählen Sie dann FILTER/ SCHARFZEICHNUNGSFILTER/UNSCHARF MASKIEREN mit den hier gezeigten Einstellungen.

Schritt 26:

Starkes Scharfzeichnen kann auch zu Problemen führen. Wenn Sie es nicht richtig machen, können Auren an den Rändern entstehen und die Bildqualität leidet. Deshalb wählen Sie sofort nach dem Scharfzeichnungsfilter BILD/VERBLASSEN: UNSCHARF MASKIEREN. Im Verblassen-Dialog wählen Sie den Modus LUMINANZ (um das Bild in Problembereichen nicht scharfzuzeichnen). Mithilfe der Deckkraft regulieren Sie dann die Scharfzeichnung.

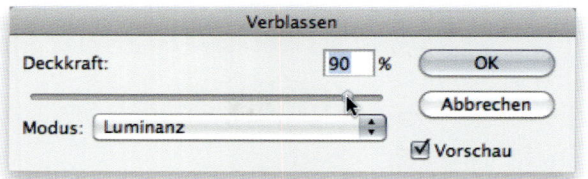

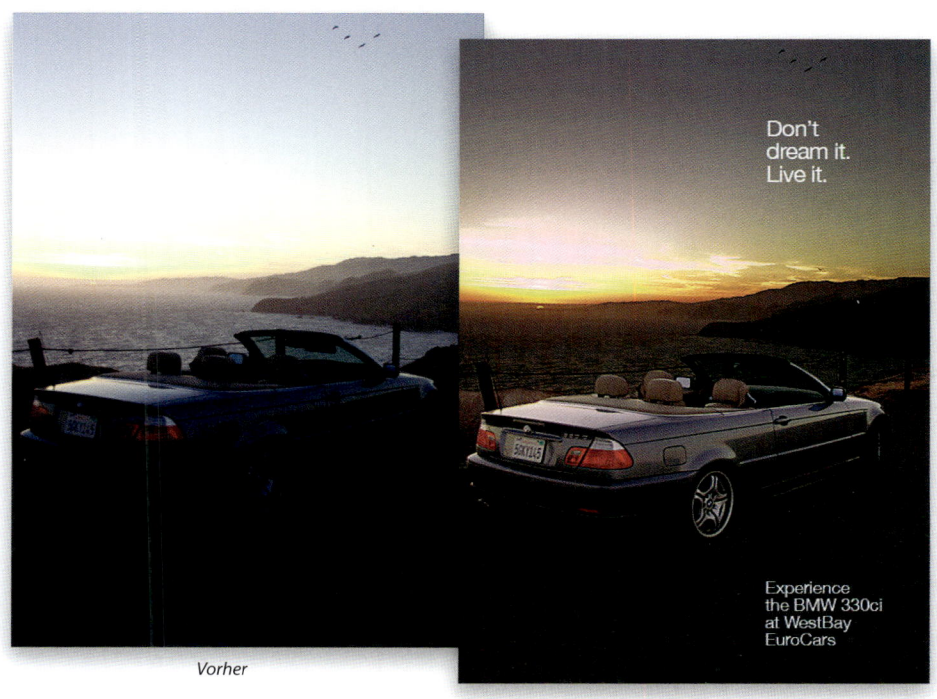

Vorher

Nachher

Schritt 27:

Hier sehen Sie das Vorher-Bild (links) und das Nachher-Bild (rechts). Für die Anzeige fügte ich mit dem Horizontalen Text-Werkzeug (T) etwas Text hinzu. Ich verwendete die Schriftart Helvetica Regular und reduzierte den Abstand zwischen den Buchstaben, um den Text etwas professioneller, wie von einer Agentur, aussehen zu lassen. (Das tun Sie in dem Zeichen-Bedienfeld, das Sie über FENSTER/ZEICHEN einblenden. Geben Sie für die Laufweite einen negativen Wert ein, z.B. -15 oder -25.)

LEKTION 3

Dieses Foto hat mein Freund Dave Moser bei einem Fotoworkshop in Lake Tahoe, Nevada, aufgenommen. Dave hatte die alte Tankstelle bereits etwas früher am Tag gesehen, allerdings war zu diesem Zeitpunkt das Licht noch nicht so schön. Als er sich das Foto später ansah, wünschte er sich, es mit f/2,8 oder f/4 aufgenommen zu haben, um den Hintergrund etwas unscharf zu machen; außerdem hätte er sich wärmeres Licht und gesättigtere Farben gewünscht – beides war vorhanden, als er das Motiv ganz früh am Morgen das erste Mal sah.

LEKTION 3

Schritt 1:

Hier sehen Sie das Original-JPEG, von dem ich eben gesprochen habe. Dave hatte bei seiner Kamera den Weißabgleich TAGESLICHT eingestellt, deshalb weist das Foto insgesamt einen leichten Blaustich auf. Das Foto ist außerdem unterbelichtet und Dave wünschte sich, eine größere Blende benutzt zu haben, um den Hintergrund etwas unscharf zu machen und die Zapfsäule besser hervorzuheben. Wir werden all diese Probleme mithilfe von Photoshop korrigieren.

© Lesson03.jpg bei 16,7% (RGB/8)

16,67%   © sRGB IEC61966-2.1 (8bpc)

DAVE MOSER

Schritt 2:

Wir öffnen das JPEG zunächst in Camera Raw, um Belichtung und Weißabgleich zu korrigieren. Wählen Sie dazu in Photoshop DATEI/ÖFFNEN (Windows: ÖFFNEN ALS), navigieren Sie zur gewünschten Datei und wählen Sie diese aus. Stellen Sie dann das Format CAMERA RAW ein – unten in dem Dialogfeld (in der Abbildung gekennzeichnet) und klicken Sie auf ÖFFNEN.

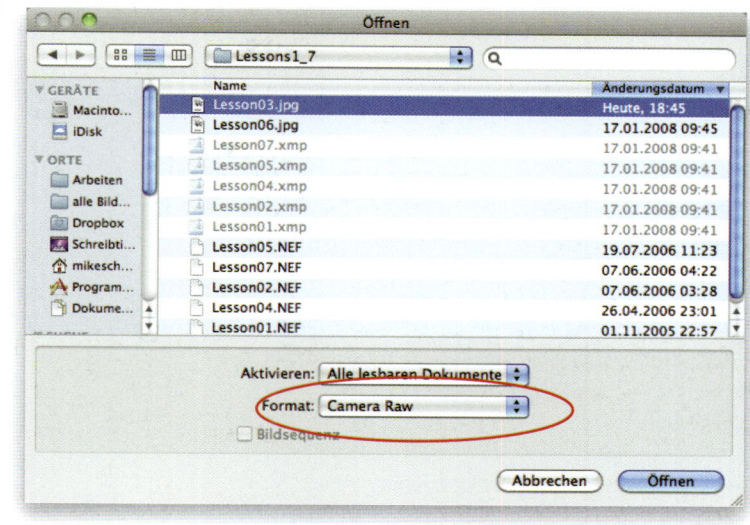

Schritt 3:

Hier sehen Sie das Foto in Camera Raw. Ich passe, wenn es sein muss, immer zuerst den Weißabgleich an. Um das Foto aufzuwärmen, klicken Sie im Bedienfeld GRUNDEINSTELLUNGEN auf den Temperaturregler und ziehen Sie diesen nach rechts in Richtung Gelb (hier auf +19), um den blauen Farbstich zu entfernen (wie in der Abbildung zu sehen).

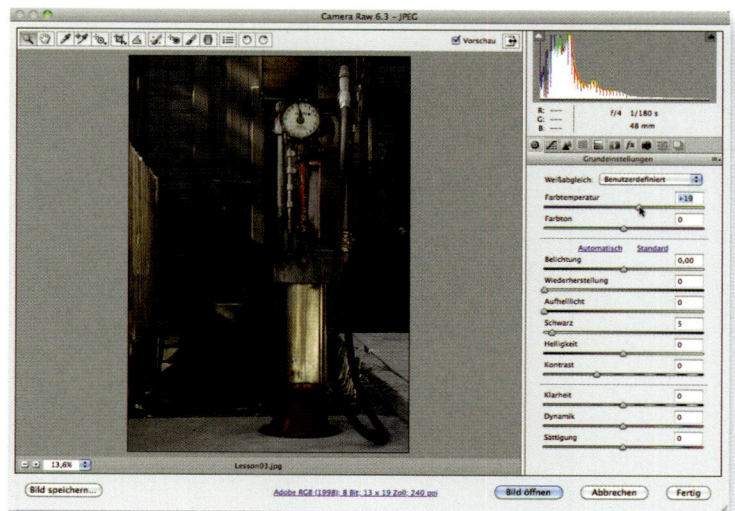

Schritt 4:

Ziehen Sie als Nächstes den Belichtungsregler nach rechts, bis die Belichtung besser aussieht (hier zog ich ihn bis auf einen Wert von +0,65). Um wieder etwas Farbsättigung ins Bild zurückzubringen, zog ich den Schwarzregler nach rechts auf 13. Wenn Sie einen Blick in das Histogramm in der rechten oberen Ecke werfen, sehen Sie, dass die Tiefenbereiche deutlich beschnitten wurden. Klicken Sie jedoch auf das weiße Dreieck oben links, sehen Sie, dass keine kritischen Bildbereiche beschnitten werden und keine wichtigen Details verloren gehen. Wir brauchen uns also keine Sorgen zu machen, wichtig ist, dass das Gesamtbild gut aussieht.

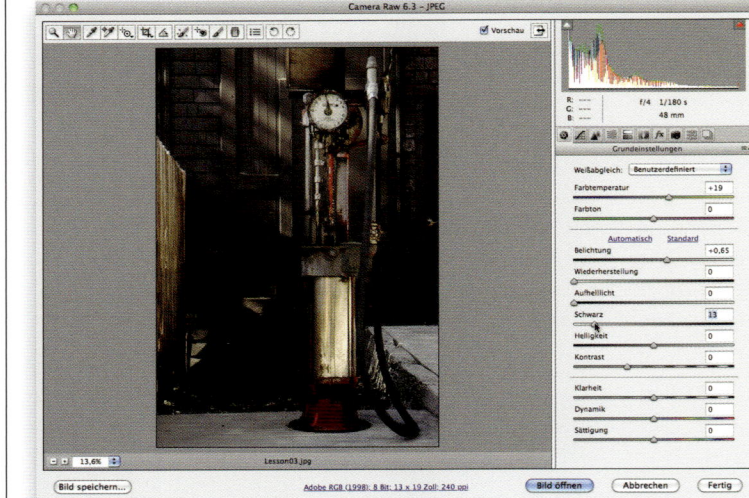

Schritt 5:

Auch die Lichter werden etwas beschnitten, aber das lässt sich leicht korrigieren – ziehen Sie einfach den Wiederherstellungsregler etwas nach rechts (hier auf 6), um diese Lichter wiederherzustellen. (Sehen Sie sich das rechte Ende des Histogramms an, dort sehen Sie eine Lücke zwischen rechtem Rand und Histogramm. Da das Histogramm nicht auf den Rand trifft, werden auch keine Lichter beschnitten. In Schritt 4 sehen Sie eine Berührung.)

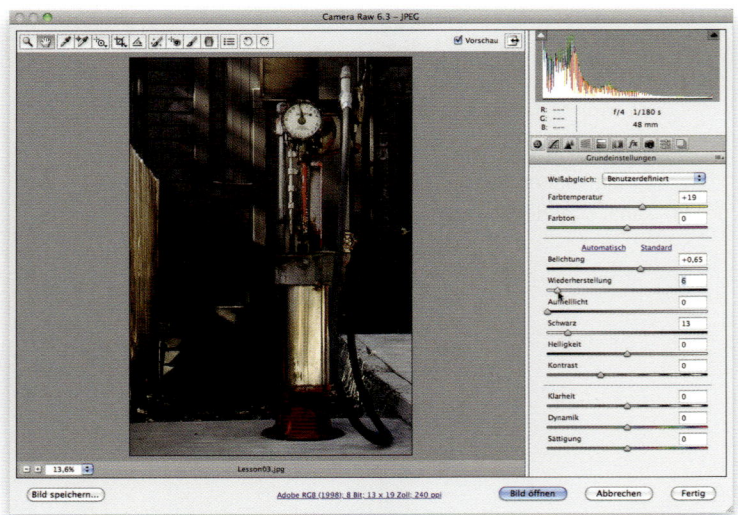

Schritt 6:

Mehr Einstellungen müssen wir in Camera Raw nicht vornehmen. Klicken Sie jetzt also auf die Schaltfläche BILD ÖFFNEN, um das Foto in Photoshop zu öffnen. Sie sehen, dass das Foto aufgrund des neuen Weißabgleichs deutlich wärmer ist, die Belichtung ist besser und auch die Farben sind stärker gesättigt.

Schritt 7:

Um die Farben richtig leuchten zu lassen, wenden wir einen Lab-Farbe-Trick an, den mir Dan Margulis beigebracht hat. Wählen Sie BILD/MODUS/LAB-FARBE (wie hier zu sehen). Es handelt sich hierbei um eine nicht destruktive Methode – die Pixel werden also nicht beschädigt.

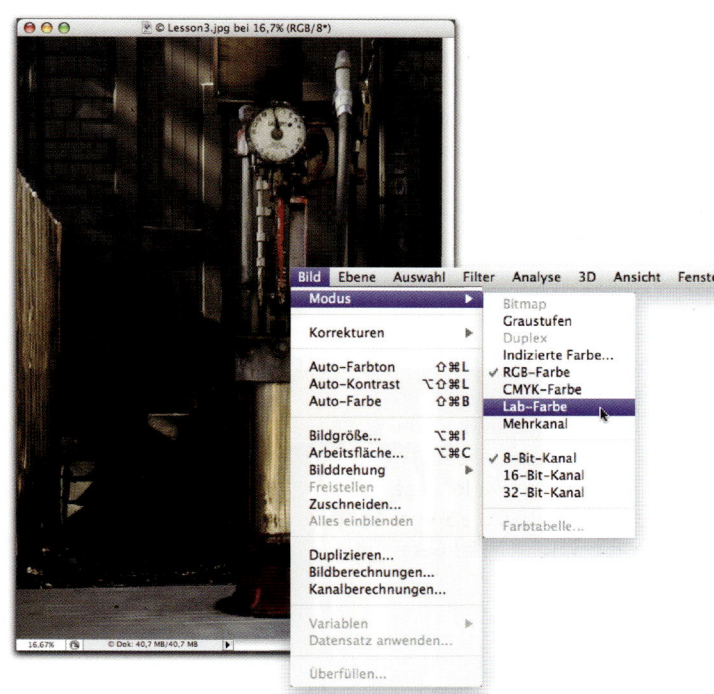

Schritt 8:

Im Anschluss wählen Sie BILD/BILD-BERECHNUNGEN. In dem Dialogfeld ändern Sie die Füllmethode in WEICHES LICHT (wie hier zu sehen) und probieren im Kanal-Popup-Menü aus, welcher Kanal sich am besten eignet: der Lab-Kanal, der »a«-Kanal oder der »b«-Kanal (der Helligkeitskanal sieht selten gut aus, deshalb können Sie ihn ruhig ignorieren). Entscheiden Sie, welcher Kanal Ihnen am besten gefällt. (Ich finde den »b«-Kanal für dieses Bild am besten, weil er wärmer wirkt und die Farben besser gesättigt sind. Das tun eigentlich alle drei Kanäle, aber »b« gefällt mir trotzdem am besten.) Wenn Sie sich entschieden haben (Nehmen Sie b! Nehmen Sie b!), klicken Sie auf OK.

Schritt 9:

Nun zeichnen wir den Hintergrund weich. Drücken Sie `Strg`/`⌘`+`J`, um die Hintergrundebene zu duplizieren. Sie können auf diese Ebene den Gaußschen Weichzeichner anwenden oder stattdessen (was ich Ihnen empfehlen würde) den Filter TIEFENSCHÄRFE ABMILDERN, weil der eher wie eine traditionelle Weichzeichnung aussieht. Wählen Sie also FILTER/WEICHZEICHNUNGS-FILTER/TIEFENSCHÄRFE ABMILDERN. Erhöhen Sie in dem Dialogfeld den Radius (die Stärke der Weichzeichnung), bis der Hintergrund unscharf erscheint (ich wählte hier 60), und klicken Sie dann auf OK. Dieser Filter ist nicht gerade der schnellste, haben Sie also etwas Geduld.

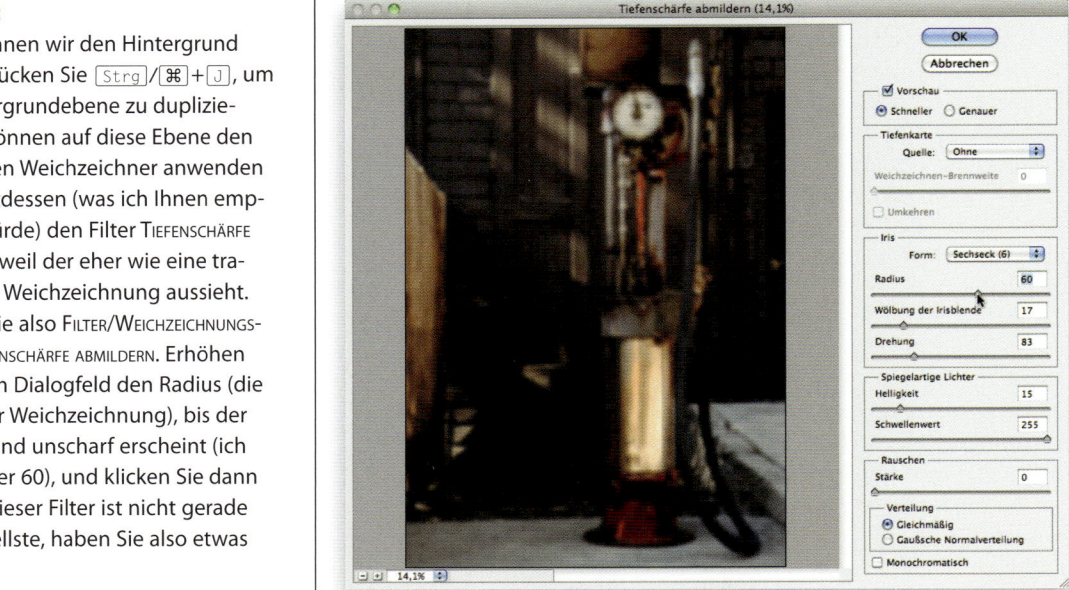

Schritt 10:

Blenden Sie die weichgezeichnete Ebene mit einer schwarzen Maske (wie beim Malen mit Licht) nur in den Hintergrundbereichen aus. Klicken Sie dazu mit gedrückter `Alt`-Taste und klicken Sie unten im Ebenen-Bedienfeld auf die Schaltfläche EBENENMASKE HINZUFÜGEN (wie hier zu sehen). Eine schwarze Maske wird erstellt, die die weichgezeichnete Ebene ausblendet.

Schritt 11:

Drücken Sie die Taste D für Weiß als Vordergrundfarbe, aktivieren Sie den Pinsel B mit einer mittleren, weichen Pinselspitze und malen Sie über die Hintergrundbereiche (wie in der Abbildung zu sehen, wo ich links über den Hintergrund male). Beim Malen blenden Sie die weichgezeichnete Ebene wieder ein – es handelt sich um exakt dieselbe Technik wie beim »Malen mit Licht«, nur dass Sie eben mit einer »Weichzeichnung malen«.

Schritt 12:

Zwei Dinge sollten Sie beachten, wenn Sie über den Hintergrund malen: (1) Passen Sie an den Kanten der Tanksäule die Größe der Werkzeugspitze an, um nicht versehentlich darüber zu malen. Falls Sie einen Fehler machen, drücken Sie die Taste X, um die Vordergrundfarbe in Schwarz zu ändern, und malen Sie über den Fehler (der Bereich wird wieder scharf). Aktivieren Sie anschließend wieder Weiß als Vordergrundfarbe und fahren Sie fort. (2) Je weiter Sie sich im Vordergrund befinden, desto weniger darf das Foto weichgezeichnet sein, richtig? Verringern Sie deshalb in diesen Bereichen die Deckkraft des Pinsels (in der Optionsleiste), um die Weichzeichnung weniger stark ins Bild zu malen. (Ich wählte 50% bzw. in den Bereichen ganz vorn 20%.)

Schritt 13:

Malen Sie so lange, bis der Hintergrund vollständig unscharf ist (wie hier zu sehen). Sollte der Hintergrund im Anschluss zu weich aussehen, verringern Sie einfach die Ebenendeckkraft (oben rechts im Ebenen-Bedienfeld). Reduzieren Sie dann die Ebenen auf den Hintergrund, denn es wird Zeit, das Bild scharfzuzeichnen. Klicken Sie also auf das kleine Dreieck oben rechts im Ebenen-Bedienfeld und wählen Sie AUF HINTERGRUNDEBENE REDUZIEREN.

Schritt 14:

Wählen Sie FILTER/SCHARFZEICHNUNGSFILTER/UNSCHARF MASKIEREN. Wir können hier einen höheren Wert für die Stärke wählen, weil es sich um ein Objekt aus Metall handelt, das deutliche Kanten aufweist. Mit anderen Worten: Das Foto ruft förmlich danach, scharfgezeichnet zu werden – seien Sie nicht so scheu. Ich wählte hier folgende Werte: Stärke 120%, Radius: 1,0 und Schwellenwert: 3. Ich wende den Filter mit exakt denselben Einstellungen bei diesem Bild zweimal hintereinander an. Vor dem zweiten Durchgang sollten Sie jedoch BEARBEITEN/VERBLASSEN wählen. In dem Verblassen-Dialogfeld ändern Sie den Modus in LUMINANZ (um nur die Details, die Luminanz des Bilds und nicht die Farben scharfzuzeichnen). Wenden Sie nun den zweiten Durchgang an (wenn Sie wollen), denken Sie auch hier im Anschluss an das Verblassen.

Schritt 15:

Jetzt werden wir die Aufmerksamkeit auf die Tanksäule lenken, indem wir den Hintergrund etwas abdunkeln. Wandeln Sie zunächst das Bild wieder in den RGB-Modus. Wählen Sie aus dem Popup-Menü NEUE FÜLL- ODER EINSTELLUNGSEBENE ERSTELLEN unten im Ebenen-Bedienfeld die Option TONWERTKORREKTUR. Im Korrekturen-Bedienfeld ziehen Sie den mittleren Regler (den grauen für die Mitteltöne) nach rechts, um die Mitteltöne abzudunkeln. Ziehen Sie im Anschluss den Regler ganz unten rechts etwas nach links, um das Bild insgesamt auch etwas dunkler zu machen. Weil Sie hier mit einer Einstellungsebene arbeiten, die mit einer eigenen Ebenenmaske ausgestattet ist, können wir uns diese im nächsten Schritt zu Nutze machen.

Schritt 16:

Jetzt ist alles deutlich dunkler, allerdings wollten wir die Tanksäule etwas heller erscheinen lassen. Wir müssen jetzt also mit Licht malen (ein Loch in die dunkle Einstellungsebene schneiden). Klicken Sie auf die Maskenminiatur, stellen Sie Schwarz als Vordergrundfarbe ein, aktivieren Sie den Pinsel mit einer großen, weichen Werkzeugspitze und malen Sie im Bild von oben nach unten über die Säule (wie in der Abbildung zu sehen – die Kontur ist in der Maskenminiatur im Ebenen-Bedienfeld sehr schön zu sehen). Malen Sie über die Bereiche, die aufgehellt werden sollen.

Schritt 17:

Reduzieren Sie die Ebenen auf den Hintergrund. Lehnen Sie sich zurück und sehen Sie sich das Foto an. Was sollte anders sein? Ich wünschte mir, dass die weiße Anzeige heller wäre, ebenso wie einige andere Bereiche der Säule. Ich könnte eine weitere Tonwertkorrektureinstellung vornehmen und die Lichter aufhellen, anstatt die Mitteltöne abzudunkeln, aber es geht auch schneller: Duplizieren Sie die Hintergrundebene und ändern Sie den Modus in NEGATIV MULTIPLIZIEREN. So wird das gesamte Foto heller. Blenden Sie diese Ebenenversion hinter einer schwarzen Maske aus (Sie kennen die Routine ja inzwischen). Klicken Sie dazu mit gedrückter [Alt]-Taste auf die Schaltfläche EBENENMASKE HINZUFÜGEN.

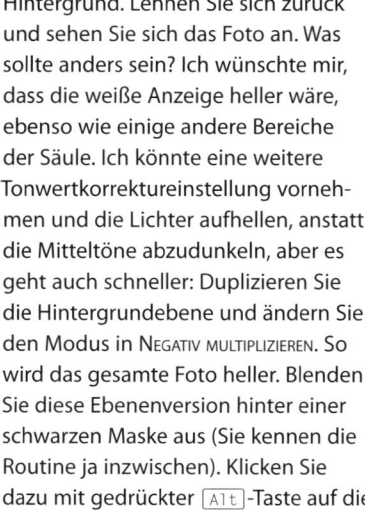

Schritt 18:

Aktivieren Sie dann einen kleinen weichen Pinsel und Weiß als Vordergrundfarbe; malen Sie damit über die Bereiche, die heller erscheinen sollen (hier malte ich über die Anzeige, den roten Fuß und den Mittelteil). Auch jetzt malen Sie wieder mit Licht.

Schritt 19:

Sie haben nun festgelegt, welche Bereiche heller erscheinen sollen. Jetzt können Sie auch noch die Stärke des Lichts verändern, indem Sie die Ebenendeckkraft anpassen (hier wählte ich eine Deckkraft von 60%). Das war's! Vergleichen Sie nun das Original (unten links) mit dem bearbeiteten Foto unten rechts (Anpassung des Weißabgleichs und der Belichtung, Scharfzeichnung, Weichzeichnung des Hintergrunds und das Einmalen von Licht).

Vorher

Nachher

LEKTION 4

Auch wenn es nicht so aussieht, das Foto ist kurz vor Sonnenaufgang auf dem Weg zu einem winzigen Flughafen in Page, Arizona, entstanden, wo ich meinen Freund Matt abholen wollte. Als ich das Bild in Photoshop öffnete, war ich erstaunt, dass es nicht annähernd so warm aussah wie zum Zeitpunkt der Aufnahme, außerdem war ich enttäuscht, dass das Wasser so flau wirkte. Wir korrigieren mit den Glorreichen 7 die Belichtung sowie die Farbbalance und verleihen dem Wasser in Photoshop etwas mehr Glanz.

LEKTION 4

Schritt 1:

Hier sehen Sie das Originalbild in Camera Raw. Normalerweise würden wir zunächst den Weißabgleich des Bilds korrigieren. In diesem Fall ist das Bild jedoch so stark unterbelichtet, dass wir zuerst die Belichtung korrigieren müssen.

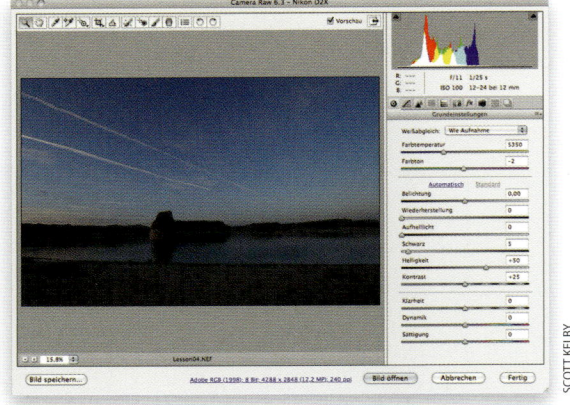

SCOTT KELBY

Schritt 2:

Erhöhen Sie zunächst die Belichtung auf etwa +1,25, um die Lichter aufzuhellen. Jetzt können Sie auch den Weißabgleich anpassen. Damit das Foto wärmer aussieht, ziehen Sie den Farbtemperaturregler nach rechts (wie hier auf 6100).

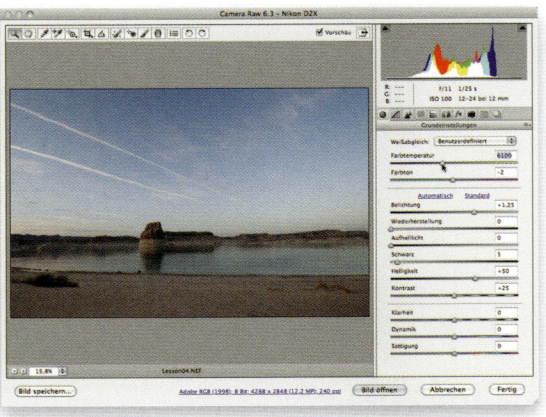

Schritt 3:

Das Foto erscheint sehr flau, erhöhen Sie deshalb die Farbsättigung sowie die Sättigung der Tiefen, indem Sie den Schwarzregler nach rechts ziehen, bis Ihnen das Ergebnis gefällt. Mir gefallen reichhaltige Tiefen und intensiv gesättigte Farben, deshalb zog ich den Regler auf einen Wert von 25.

Schritt 4:

Obwohl die Lichter und Tiefen jetzt deutlich besser aussehen, sind durch die Einstellung die Berge im Hintergrund viel zu dunkel geworden. Das lässt sich jedoch zum Glück leicht korrigieren – verschieben Sie einfach den Aufhelllichtregler nach rechts, bis die Bereiche wieder heller erscheinen (hier bei 17).

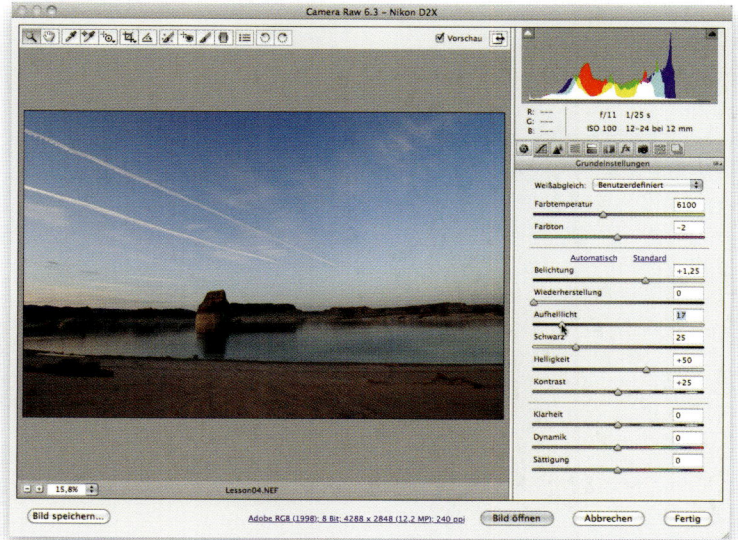

Schritt 5:

Nach all den Einstellungen sieht das Bild jetzt deutlich besser, insgesamt jedoch noch etwas zu dunkel aus. Deshalb sollten Sie die Belichtung noch etwas weiter erhöhen (ich zog den Regler hier von +1,25 auf +1,45). Im Anschluss können Sie unten im Fenster auf die Schaltfläche BILD ÖFFNEN klicken, um mit der Bearbeitung in Photoshop fortzufahren.

Schritt 6:

In Photoshop widmen wir uns jetzt der nächsten Aufgabe – dem Wasser, das nicht sehr spektakulär aussieht. Es bietet keine schönen Reflexionen und weist auch nicht genug Wellen auf, um interessant wirken zu können. Es ist viel zu flach, aber das werden wir gleich korrigieren. Aktivieren Sie das Auswahlrechteck M und erstellen Sie eine Auswahl von der Unterkante der Berge bis an den oberen Bildrand (wie in der Abbildung zu sehen). Die Auswahl sollte die oberen zwei Drittel des Fotos umfassen – die Unterkante muss sich auf jeden Fall entlang der Wasserkante erstrecken (siehe Abbildung).

Schritt 7:

Drücken Sie dann `Strg`/`⌘`+`J`, um die Auswahl in eine eigene Ebene zu kopieren. Rufen Sie anschließend mit `Strg`/`⌘`+`T` den Befehl FREI TRANS-FORMIEREN auf und klicken Sie mit der rechten Maustaste in den Transfor-mieren-Rahmen, um aus dem Kontext-menü den Befehl VERTIKAL SPIEGELN aus-zuwählen.

Schritt 8:

Die Ebene wird gespiegelt, wie in der Abbildung zu sehen. Bestätigen Sie die Transformation mit einem Doppelklick in den Transformationsrahmen.

Schritt 9:

Aktivieren Sie das Verschieben-Werkzeug [V], halten Sie die [⇧]-Taste gedrückt und ziehen Sie die gespiegelte Ebene nach unten, bis die Oberkante der Ebene die Unterkante der Felsformationen berührt. Die [⇧]-Taste halten Sie gedrückt, um die perfekte vertikale Ausrichtung der Ebene beizubehalten.

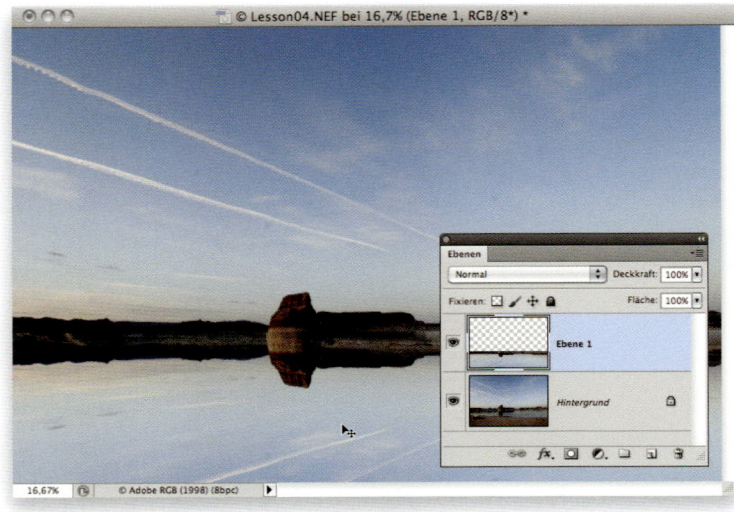

Schritt 10:

Blenden Sie im Ebenen-Bedienfeld die gespiegelte Ebene aus, indem Sie auf deren Augen-Symbol klicken. Jetzt erstellen Sie eine Auswahl vom See – nutzen Sie dazu ein Auswahlwerkzeug Ihrer Wahl (das, mit dem Sie am besten zurechtkommen). Ich entschied mich für das magnetische Lasso ([⇧]+[L]) und wählte damit den See aus. Dazu musste ich nur in eine der Ecken klicken und mich dann entlang der Wasserkante bewegen – das Werkzeug heftet sich automatisch an den Kanten fest. Wenn Sie kleine Bereiche vergessen haben, halten Sie die [⇧]-Taste gedrückt und fügen Sie diese zur Auswahl hinzu. Um Bereiche aus der Auswahl zu entfernen, drücken Sie die [Alt]-Taste und erstellen Sie eine Auswahl um diese Bereiche.

Schritt 11:

Die obere Ebene (die gespiegelte) ist immer noch aktiv. Blenden Sie sie jetzt wieder ein – die Auswahl ist ebenfalls noch vorhanden (wie in der Abbildung zu sehen).

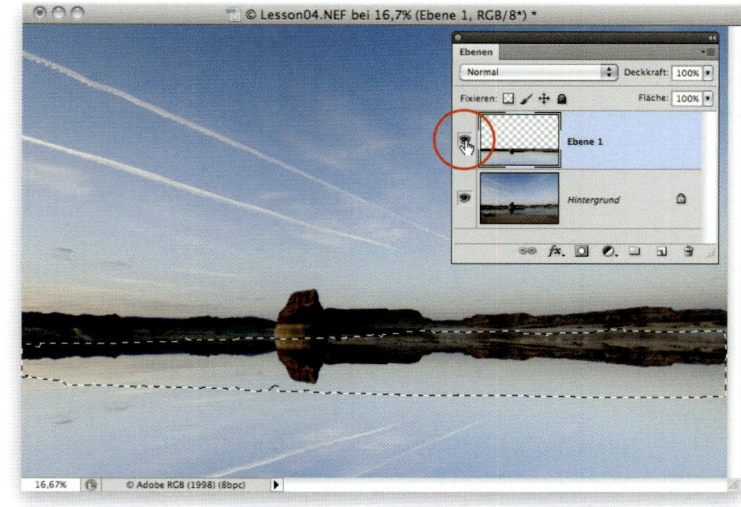

Schritt 12:

Klicken Sie jetzt unten im Ebenen-Bedienfeld auf die Schaltfläche EBENEN-MASKE HINZUFÜGEN. Die Sichtbarkeit der gespiegelten Ebene wird auf die Auswahl beschränkt (im Ebenen-Bedienfeld sehen Sie, dass zur Ebene eine schwarze Maske hinzugefügt wurde). Das Wasser spiegelt seine Umgebung und Sie können die Ebenen über das Menü des Ebenen-Bedienfelds auf den Hintergrund reduzieren.

LEKTION 4

Schritt 13:

Lassen Sie uns nun den oberen Teil des Himmels etwas abdunkeln, als wäre das Bild mit einem Neutralverlaufsfilter aufgenommen worden. (Ich will damit sagen, dass ich diesen Filter bei der Aufnahme ruhig hätte verwenden sollen.) Stellen Sie die Standardfarben für Vorder- und Hintergrund her, indem Sie die Taste D drücken. Klicken Sie im Anschluss unten im Ebenen-Bedienfeld auf die Schaltfläche Neue Füll- oder Einstellungsebene erstellen und wählen Sie Verlauf. Das Bild wird daraufhin im unteren Bereich dunkler und im oberen heller. Das ist genau das Gegenteil von dem, was wir wollen.

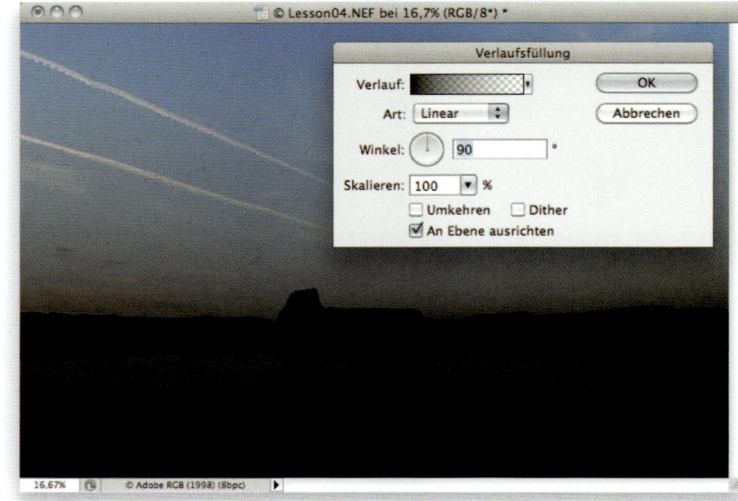

Schritt 14:

Wir wollen den Himmel abdunkeln und den unteren Bildbereich 100% transparent lassen. Aktivieren Sie dazu einfach das Kontrollkästchen Umkehren (wie in der Abbildung zu sehen) und klicken Sie auf OK.

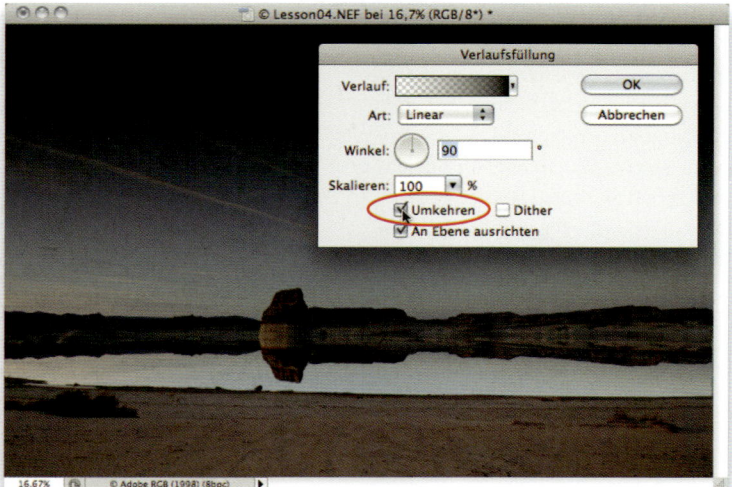

Schritt 15:

Um den Verlauf schön in das Bild überzublenden, ändern Sie im Ebenen-Bedienfeld den Modus der Einstellungsebene in WEICHES LICHT (siehe Abbildung).

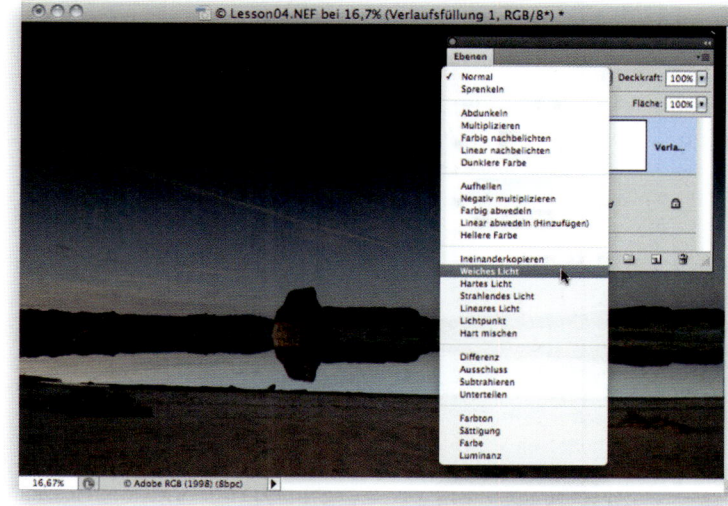

Schritt 16:

Jetzt sehen Sie, dass der Himmel im oberen Bereich deutlich dunkler ist und der Verlauf nach unten hin immer heller wird. Sollte das Ergebnis zu dunkel aussehen, verringern Sie einfach die Deckkraft der Einstellungsebene (oben rechts im Ebenen-Bedienfeld).

Schritt 17:

Klicken Sie im Ebenen-Bedienfeld auf das kleine Dreieck oben rechts, um das Bedienfeldmenü zu öffnen und den Befehl AUF HINTERGRUNDEBENE REDUZIEREN zu wählen. Wenn Sie sich das Bild jetzt ansehen, erkennen Sie vielleicht, dass die Berge etwas zu dunkel erscheinen. Wenn wir sie aufhellen, heben sie sich nicht nur besser aus dem Bild hervor, sondern wir trennen sie auch optisch von den Reflexionen im Wasser.

Hinweis: Wenn ich wie hier mit Reflexionen arbeite, dunkle ich diese im Anschluss ab oder helle das Objekt auf – hier die Berge. Wir werden mit Photoshops Tiefen/Lichter-Befehl arbeiten und dafür so etwas Ähnliches wie eine Einstellungs-ebene nutzen. Wählen Sie jetzt deshalb FILTER/FÜR SMARTFILTER KONVERTIEREN.

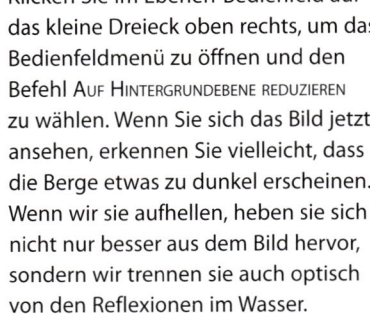

Schritt 18:

Nachdem Sie die Hintergrundebene umgewandelt haben, wählen Sie BILD/ KORREKTUREN /TIEFEN/LICHTER (außer HDR-TONUNG der einzige Befehl, der Ihnen zur Verfügung steht).

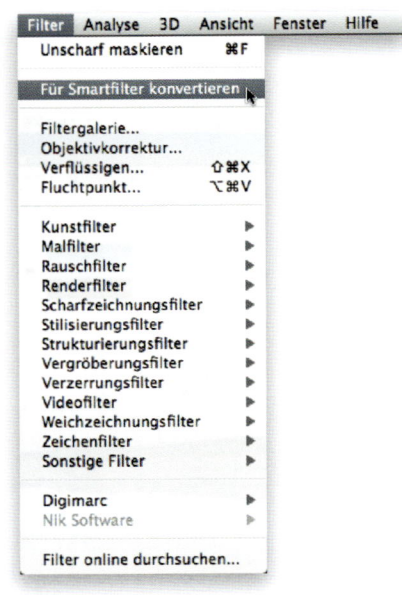

Schritt 19:

Das in der Abbildung gezeigte Tiefen/Lichter-Dialogfeld öffnet sich. Adobe geht davon aus, dass Sie die Tiefen aufhellen wollen, wenn Sie das Dialogfeld aufrufen – deshalb ist standardmäßig schon einmal eine Stärke von 35% eingetragen (was in meinen Augen aber zu viel ist). Verringern Sie deshalb den Wert auf 0% und ziehen Sie den Regler anschließend langsam nach rechts, bis die Berge etwas heller und mehr Details sichtbar werden (ich wähle einen Wert von 17).

Schritt 20:

Sobald Sie auf OK klicken, wird die Einstellung auf die Smartfilter-Ebene angewendet. Im Ebenen-Bedienfeld sehen Sie, dass unter der Fotoebene eine Ebenenmaske hinzugefügt wurde, die mit der Ebene verbunden ist. Sie haben mit dem Befehl jetzt die Tiefen des gesamten Bilds aufgehellt – jedoch wollten wir nur die Berge aufhellen. Klicken Sie deshalb auf die Smartfilter-Maskenminiatur und drücken Sie `Strg`/`⌘`+`I`, um die Maske umzukehren und die Tiefen/Lichter-Einstellung auszublenden (das Foto sieht jetzt aus wie vorher).

Schritt 21:

Wir werden nur die Berge aufhellen – die hellere Bildversion mithilfe des Pinsels ins Bild malen. Stellen Sie Weiß als Vordergrundfarbe ein, aktivieren Sie den Pinsel mit einer kleinen, weichen Pinselspitze und malen Sie über die Berge (nicht über das Wasser oder den Himmel), wie in der Abbildung zu sehen.

Schritt 22:

Im Anschluss können Sie die Ebenen auf den Hintergrund reduzieren. Wir sind mit der Bildbearbeitung an dieser Stelle fertig, bleibt nur noch das Scharfzeichnen des Bilds. Wählen Sie FILTER/SCHARFZEICHNUNGSFILTER/UNSCHARF MASKIEREN. Dieses Landschaftsfoto weist viele deutliche Kanten auf, kann also ruhig etwas stärker scharfgezeichnet werden. Probieren Sie es mit diesen Werten: Stärke: 120%, Radius: 1,0 und Schwellenwert: 3. Klicken Sie dann auf OK.

Schritt 23:

Sobald Sie das Foto scharfgezeichnet haben, wählen Sie BEARBEITEN/
VERBLASSEN: UNSCHARF MASKIEREN. Ändern
Sie in dem Dialogfeld den Modus in
LUMINANZ (wie hier zu sehen), um nur
die Luminanz des Bilds scharfzuzeichnen und nicht die Farben (die meisten
Scharfzeichnungsprobleme tauchen
in den Farben eines Bilds auf). Unten
sehen Sie das Bild vor und nach der
Bearbeitung.

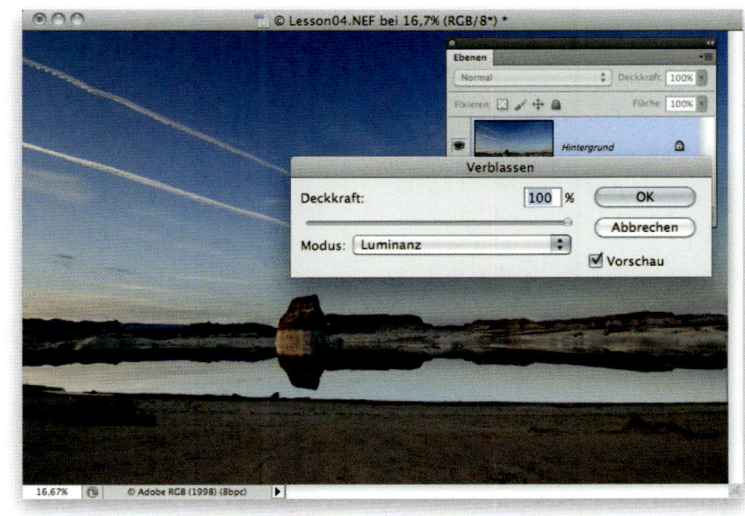

Vorher

Nachher

①	ADOBE CAMERA RAW
②	GRADATIONSKURVEN
③	TIEFEN/LICHTER
④	MIT LICHT MALEN
⑤	KANÄLE ANPASSEN
⑥	FÜLLMETHODEN & EBENENMASKEN
⑦	SCHARFZEICHNUNGSTECHNIKEN

LEKTION 5

Okay, Sie haben jetzt schon vier Lektionen hinter sich und erkennen vielleicht langsam ein Muster, wie das alles hier funktioniert. Sie beginnen im ersten Schritt immer mit Camera Raw und schließen Ihre Arbeiten am Ende mit der Scharfzeichnung des Bilds ab – dazwischen ist es egal, ob Sie die Gradationskurven-Einstellung vor oder nach einer Tiefen/Lichter-Einstellung vornehmen. Dieses Foto zeigt die Kirche »Our Lady of Guadalupe« in Santa Fe, New Mexico.

LEKTION 5

Schritt 1:
Öffnen Sie das Originalfoto (hier zu sehen) in Camera Raw.

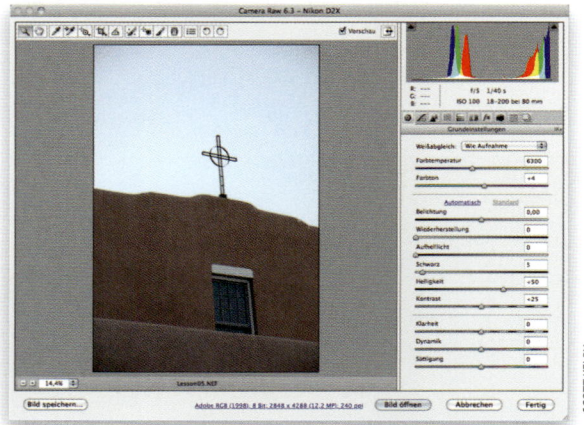

SCOTT KELBY

Schritt 2:
Um das Gebäude etwas aufzuwärmen, verschieben Sie den Farbtemperaturregler des Weißabgleichs nach rechts in Richtung Gelb (hier 7600).

Schritt 3:

Ziehen Sie den Schwarzregler ebenfalls nach rechts, um die Farbsättigung des Gebäudes zu erhöhen. Ich zog ihn auf einen Wert von 41, damit das Gebäude besser wirkt (der Himmel ist noch etwas unschön, aber den korrigieren wir später – achten Sie im Moment nur auf das Gebäude).

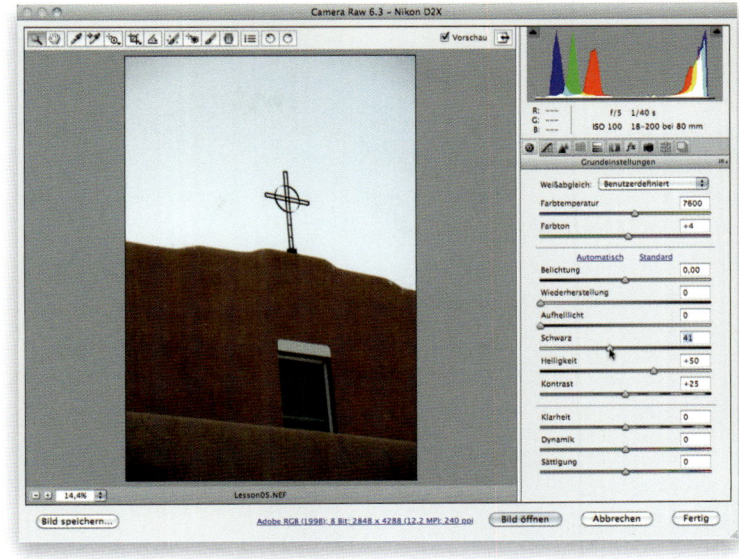

Schritt 4:

Verleihen Sie dem Gebäude mehr Ausdruck, indem Sie den Klarheitregler etwas nach rechts verschieben (dadurch wird der Kontrast in den Mitteltönen verstärkt und das Bild sieht schärfer aus).

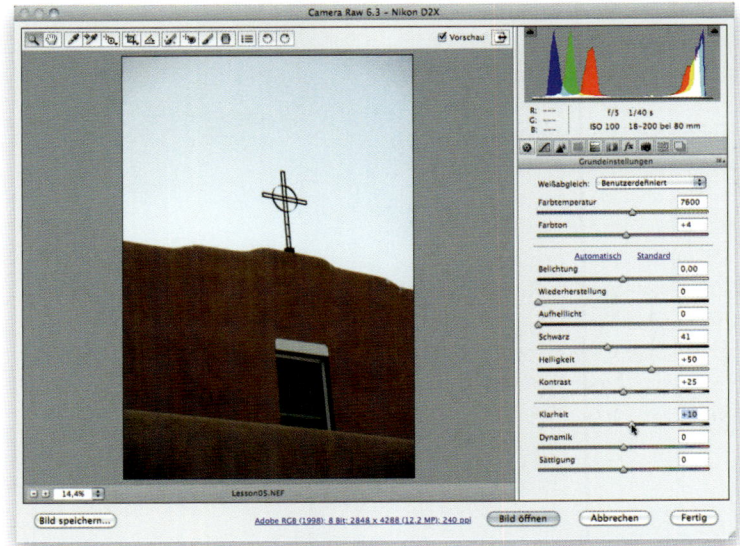

Schritt 5:

Wir müssen die Datei zweimal verarbeiten – einmal für das Gebäude und einmal für den Himmel. Am schnellsten geht das, wenn Sie das Foto in Photoshop als Smart Objekt öffnen. Halten Sie dazu die ⇧-Taste gedrückt und klicken Sie unten in Camera Raw auf die Schaltfläche Objekt öffnen.

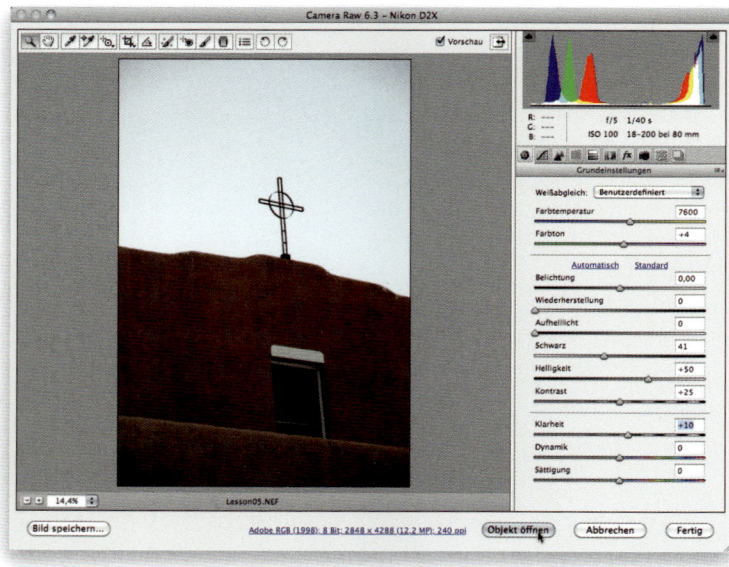

Schritt 6:

Sobald das Bild in Photoshop geöffnet ist, erkennen Sie das Smart Objekt an dem kleinen Symbol unten rechts in der Ebenenminiatur im Ebenen-Bedienfeld. Um das Foto zweimal verarbeiten zu können, klicken Sie mit der rechten Maustaste neben den Ebenennamen. Im Kontextmenü wählen Sie dann den Befehl Neues Smart Objekt durch Kopie. Die Smart-Objekt-Ebene wird kopiert (so dass sie sich eigenständig bearbeiten lässt, ohne gleichzeitig die Originalebene zu beeinflussen).

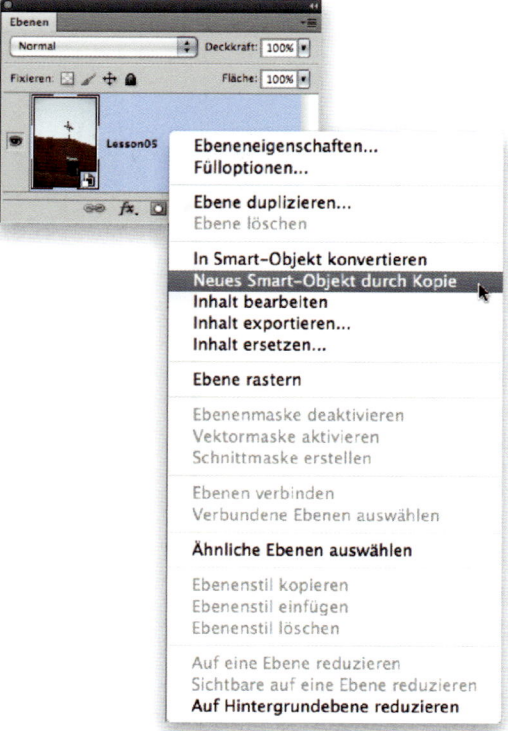

Schritt 7:

Hier sehen Sie die duplizierte Smart-Objekt-Ebene. Klicken Sie doppelt auf die Ebenenminiatur, um sie in Camera Raw zu öffnen.

Schritt 8:

In Camera Raw können Sie das Foto jetzt ein zweites Mal verarbeiten. Ziehen Sie zunächst den Temperatur-regler nach links, damit der graue Himmel eher blau aussieht (hier zog ich den Regler auf 6400). Ziehen Sie im Anschluss auch den Belichtungsregler nach links, um die Belichtung des Himmels abzudunkeln (wie hier zu sehen, wo ich –0,95 wählte).

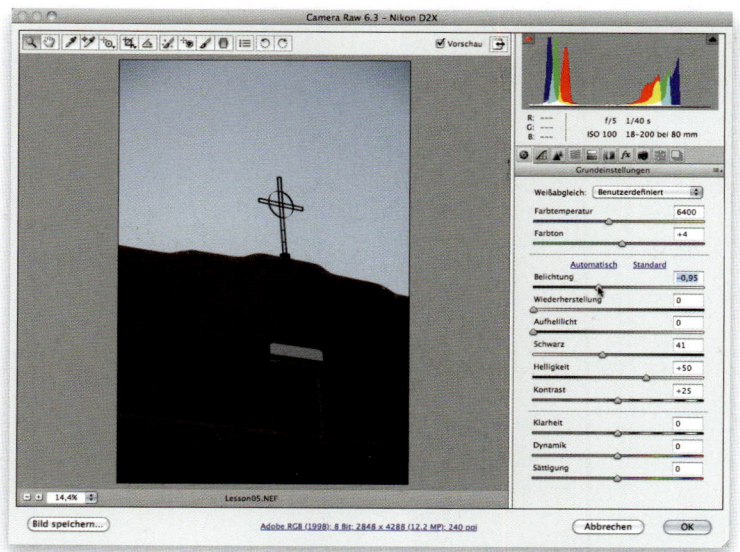

Schritt 9:

Sobald Sie auf OK klicken, landen Sie wieder in Photoshop; die Smart-Objekt-Ebene wird aktualisiert. Jetzt kombinieren Sie den Himmel aus dieser Ebene mit dem besser belichteten Gebäude der darunterliegenden Ebene. Wir könnten eine Ebenenmaske hinzufügen und mit Licht malen (den dunkleren Himmel ins Bild malen), bei einem einfachen Foto wie diesem können Sie aber auch einen ganz simplen Trick anwenden. Klicken Sie doppelt auf die Ebene mit dem dunkleren Himmel (rechts neben dem Ebenennamen).

Schritt 10:

Dadurch öffnet sich das Ebenenstil-Dialogfeld. Um diese Ebene mit der darunterliegenden zu mischen, ziehen Sie unten in dem Dialogfeld den linken (schwarzen) Regler im Abschnitt DIESE EBENE nach rechts. Achtung: Das funktioniert in diesem Fall ganz gut, aber der Übergang zwischen den beiden Ebenen ist recht hart. Drücken Sie deshalb, bevor Sie den Regler verschieben, die [Alt]-Taste und ziehen Sie erst dann. Der Regler wird in zwei Hälften geteilt und der Übergang wird deutlich schöner und sanfter (ich glaube, nur Adobe weiß, warum das so ist). Klicken Sie auf OK, um das Dialogfeld wieder zu schließen.

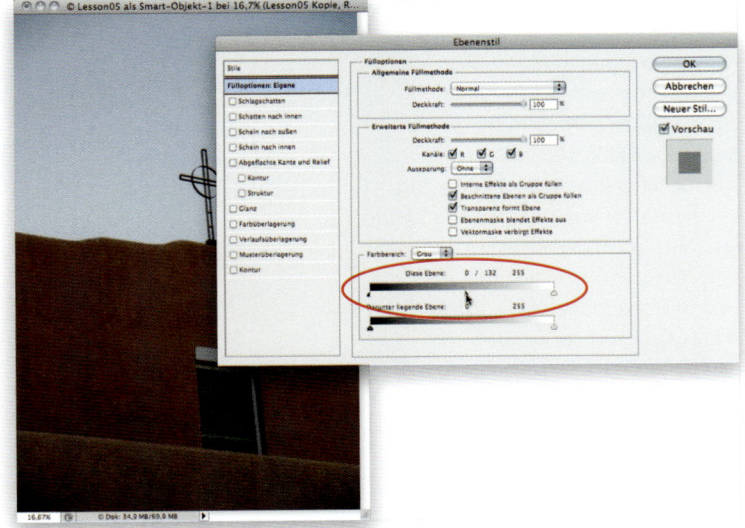

Schritt 11:

Wir werden unsere Ebenen intakt halten, falls wir später noch einmal Änderungen vornehmen müssen. Statt die Ebenen jetzt also auf eine zu reduzieren, drücken Sie `Strg`/`⌘`+`Alt`+`⇧`+`E`, um eine neue Ebene mit einer reduzierten Bildversion zu erstellen (wie hier oben im Ebenen-Bedienfeld zu sehen). Da das Bildfenster jetzt etwas dunkel aussieht, werden wir es mit einer Tiefen/Lichter-Einstellung etwas aufhellen. Dazu wandeln wir die Ebene in eine Smartfilter-Ebene um (das ist fast so gut wie eine Einstellungsebene). Aktivieren Sie die Ebene und wählen Sie FILTER/FÜR SMARTFILTER KONVERTIEREN (siehe Abbildung).

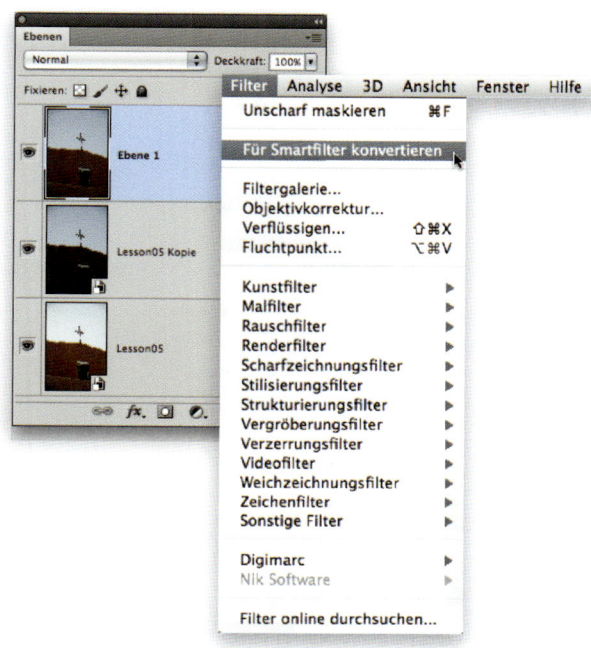

Schritt 12:

Wählen Sie im Anschluss BILD/KORREKTUREN/TIEFEN/LICHTER – den bis auf HDR-TONUNG einzigen Befehl, der Ihnen zur Verfügung steht.

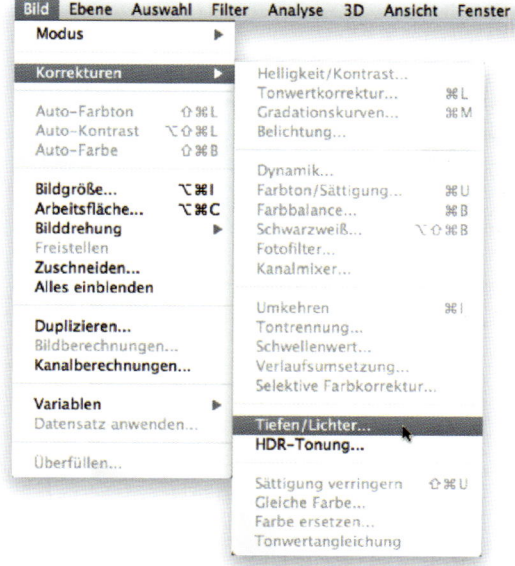

Schritt 13:

Mit der Standardeinstellung in dem Dialogfeld werden die Tiefen um 35% aufgehellt. Das ist in den meisten Fällen jedoch zu viel (und auch dieses Foto macht da keine Ausnahme). Ziehen Sie deshalb den Stärkeregler für die Tiefen nach links auf 20% (wie hier zu sehen) und klicken Sie auf OK.

Schritt 14:

Die Einstellung wird als Smartfilter auf die Ebene angewendet (das erkennen Sie daran, dass die Miniatur im Ebenen-Bedienfeld unter der eigentlichen Ebene erscheint). Jetzt ist das vollständig aufgehellte Bild zu sehen. Klicken Sie deshalb auf die Maskenminiatur und drücken Sie Strg/⌘+I, um die Maske umzukehren und die helle Ebene auszublenden.

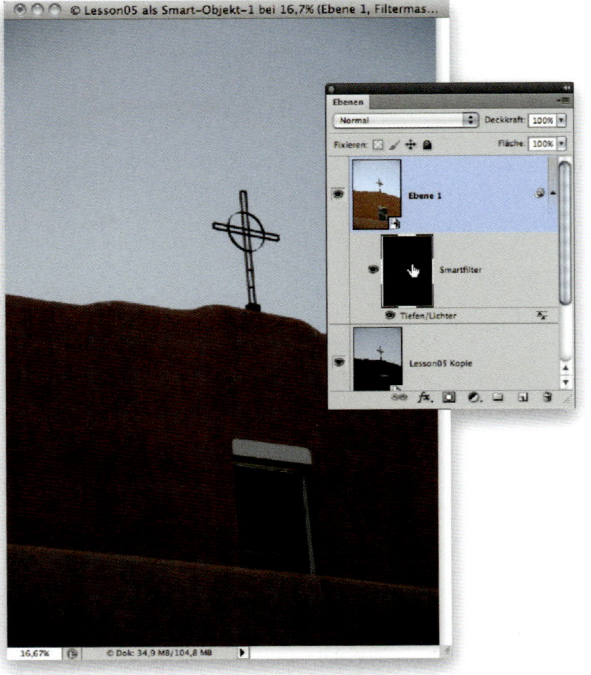

Schritt 15:

Wählen Sie mit der Taste ⊡ das Zoom-Werkzeug und vergrößern Sie den Bildausschnitt (das Fenster). Stellen Sie Weiß als Vordergrundfarbe ein (Taste ⊡) und aktivieren Sie den Pinsel mit einer mittleren, weichen Pinselspitze. Malen Sie jetzt über das Fenster. So malen Sie die hellere Version des Fotos wieder ins Bild. (Falls Sie einen Fehler machen, bestimmen Sie einfach Schwarz als Vordergrundfarbe und malen über den Fehler.)

Schritt 16:

Malen Sie, bis das gesamte Fenster heller ist.

Hinweis: Sie müssen die hellere Version nicht unbedingt ins Bild malen – handelt es sich um einen mit geraden Linien abgegrenzten Bereich, können Sie diesen auch mit dem Polygon-Lasso auswählen, Weiß als Vordergrundfarbe einstellen und dann ⊡Alt⊡+⊡Entf⊡ drücken, um die Auswahl mit Weiß zu füllen und so die hellere Version zum Vorschein zu bringen.

Schritt 17:

Falls der ins Bild gemalte Bereich zu hell erscheint, verringern Sie einfach die Ebenendeckkraft (hier reduzierte ich sie auf 65%). Das Blau des Himmels ist jetzt intensiver, das Bild kontrastreicher. Jetzt kümmern wir uns noch um Farbe und Kontrast und nutzen dafür die Farbkanäle – insbesondere Lab-Kanäle. Sie kommen immer dann ins Spiel, wenn wir die Farben außerhalb von Camera Raw aufbessern wollen.

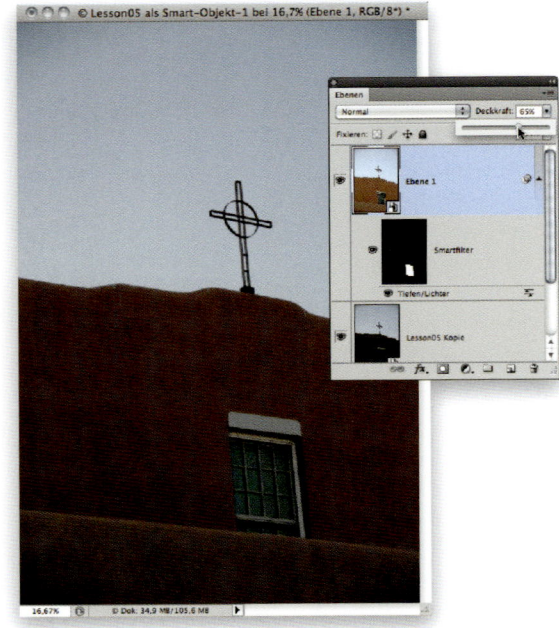

Schritt 18:

Zunächst müssen Sie das Bild dazu in den Lab-Modus umwandeln – BILD/MODUS/LAB-FARBE (wie hier zu sehen). Es erscheinen zwei Warnmeldungen, die Sie in diesem Fall ruhig verwerfen können: (1) In dem ersten Dialogfeld müssen Sie sich entscheiden, ob Sie die Smart-Objekt-Ebene rastern wollen – was nicht der Fall ist –, und in der zweiten (2), ob Sie die Ebenen reduzieren wollen – was auch nicht der Fall ist. Drücken Sie danach [Strg]/[⌘]+[Alt]+[⇧]+[E], um eine neue Ebene mit einer reduzierten Bildversion zu erstellen.

Hinweis: Wenn Sie das Foto zunächst in den Lab-Modus und später wieder in ein RGB umwandeln, tun Sie ihm nicht weh – es handelt sich um eine nichtdestruktive Umwandlung.

Schritt 19:

Wählen Sie nun BILD/BILDBERECHNUNGEN. Aktivieren Sie in dem Dialogfeld die Füllmethode WEICHES LICHT (wie hier zu sehen). Jetzt treffen Sie eine Auswahl – Sie haben drei Möglichkeiten. Sehen Sie sich die drei Kanäle an (»a«, »b« und »Lab«). Hier gefiel mir der Lab-Kanal am besten, manchmal sieht aber auch einer der anderen beiden Kanäle besser aus. Testen Sie alle drei und treffen Sie dann Ihre Wahl. Haben Sie einen Kanal gefunden, klicken Sie auf OK.

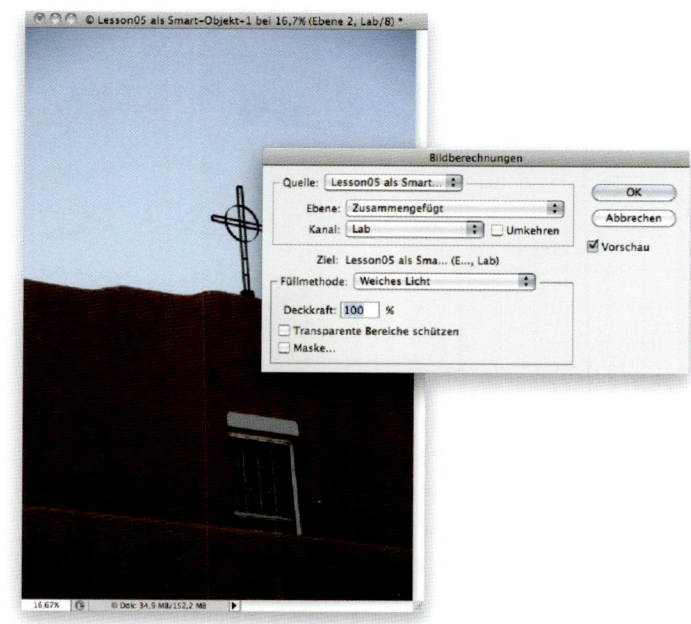

Schritt 20:

Duplizieren Sie die obere Ebene, indem Sie Strg/⌘+J drücken. Um diese Ebene abzudunkeln, ändern Sie ihren Modus in MULTIPLIZIEREN (siehe Abbildung). Jetzt werden Sie ein großes, weiches Loch aus der Ebene ausschneiden, um die darunterliegende hellere Ebene einzublenden. Erstellen Sie zunächst eine Ebenenmaske, stellen Sie Schwarz als Vordergrundfarbe ein und aktivieren Sie einen großen (2500 Pixel), weichen Pinsel. Stellen Sie den Cursor über einen wichtigen Bildbereich und klicken Sie einmal. Dadurch schneiden Sie ein großes, weiches Loch in die Multiplizieren-Ebene.

Schritt 21:
Klicken Sie in verschiedene Bildbereiche (hier klickte ich vom Fenster
aus gesehen weiter nach unten, hielt
mich aber von den Bildkanten fern).

Schritt 22:
Die Bildbearbeitung ist jetzt abgeschlossen – wir können das Bild auf
die Hintergrundebene reduzieren
(indem Sie den entsprechenden
Befehl aus dem Menü des Ebenen-
Bedienfelds auswählen) und scharfzeichnen. Wählen Sie dazu FILTER/
SCHARFZEICHNUNGSFILTER/UNSCHARF MASKIEREN.
Da das Motiv klar definierte Kanten
aufweist, entschied ich mich für folgende Werte: Stärke: 120%, Radius:
1,0 und Schwellenwert: 3 (wie hier
zu sehen). Klicken Sie im Anschluss
auf OK, um das Dialogfeld wieder zu
schließen.

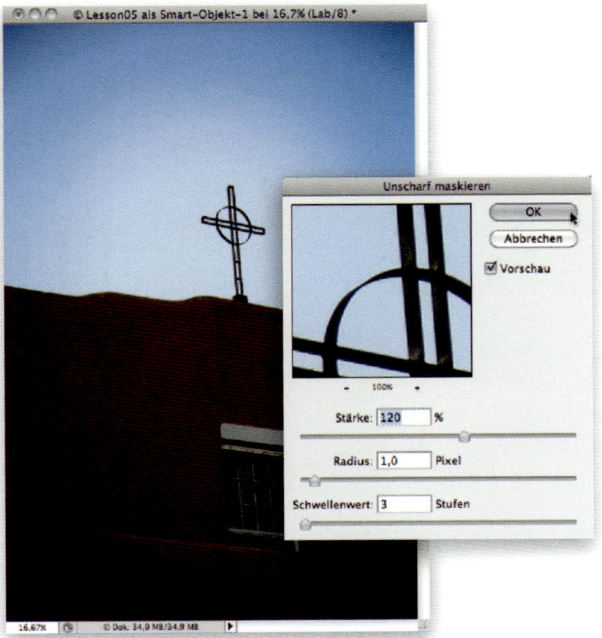

Schritt 23:

Wie immer, wenn Sie den Unscharf-Maskieren-Filter auf ein Farbfoto anwenden, sollten Sie auch hier den Befehl BEARBEITEN/VERBLASSEN: UNSCHARF MASKIEREN wählen (der Befehl steht Ihnen nur direkt nach Anwendung des Filters zur Verfügung). Ändern Sie in dem Dialogfeld den Modus in LUMINANZ (siehe Abbildung). Zum Vergleich sehen Sie unten noch einmal eine Vorher- und eine Nachherversion des Fotos.

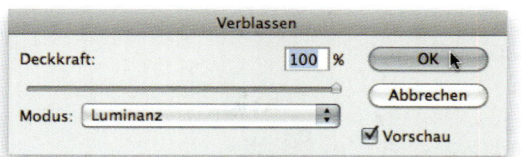

Vorher

Nachher

LEKTION 5

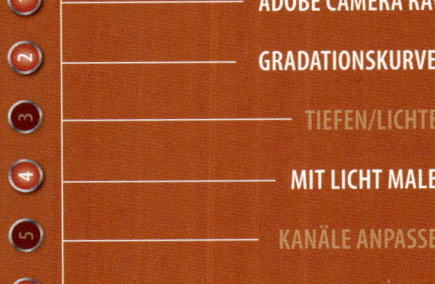

LEKTION 6

In dieser Lektion werden wir auch mit einigen Photoshop-Retusche-Werkzeugen arbeiten, denn selbst wenn Sie Farben und Tonwerte korrigiert haben, sorgen die Insektenlöcher in den Blütenblättern dafür, dass das Bild im Müll landet. Als ich das Foto in Lake Tahoe, Nevada aufnahmen, wurde ich von einem Moskitoschwarm in der Größe von Rhode Island überfallen. Ich konnte mich kaum auf die Aufnahme konzentrieren, denn die Viecher waren überall. Den Rest reparierte ich in Photoshop – als Beweis, dass ich überlebt hatte.

Schritt 1:

Öffnen Sie das Originalfoto. Hier handelt es sich um ein JPEG von Blumen, die von Insekten angefressen waren. Das Foto ist nicht sehr schön, aber unser Ziel ist es, Kontrast hinzuzufügen, die Farben aufleuchten zu lassen und die Löcher zu stopfen. Außerdem soll das Foto scharf- und etwas weichgezeichnet werden, die Kanten werden abgedunkelt. All diese Arbeiten nehmen wir in Photoshop vor. Klicken Sie deshalb in Camera Raw auf die Schaltfläche BILD ÖFFNEN.

Schritt 2:

Um dem Bild wieder etwas Kontrast zu verleihen, klicken Sie unten im Ebenen-Bedienfeld auf die Schaltfläche NEUE FÜLL- ODER EINSTELLUNGSEBENE ERSTELLEN und wählen Sie GRADATIONSKURVEN. Wählen Sie im Korrekturen-Bedienfeld aus dem Vorgabe-Menü die Option MITTLERER KONTRAST (RGB), wie in der Abbildung zu sehen. Eine Kurve wird erstellt, die die helleren Bildbereiche aufhellt und die dunkleren etwas abdunkelt – der Kontrast wird dadurch verstärkt.

SCOTT KELBY

Schritt 3:

Sie können den Kontrast mithilfe der Gradationskurve aber noch weiter verstärken – machen Sie die Kurve einfach steiler (je steiler die Kurve, desto intensiver der Kontrast). Klicken Sie dazu einmal auf den dritten Punkt von unten (hier rot eingekreist) und drücken Sie auf Ihrer Tastatur die Taste ⬆, um den Punkt nach oben zu verschieben (ich drückte die Taste zwölfmal). Die Kurve wird steiler und der Kontrast des Fotos verbessert sich.

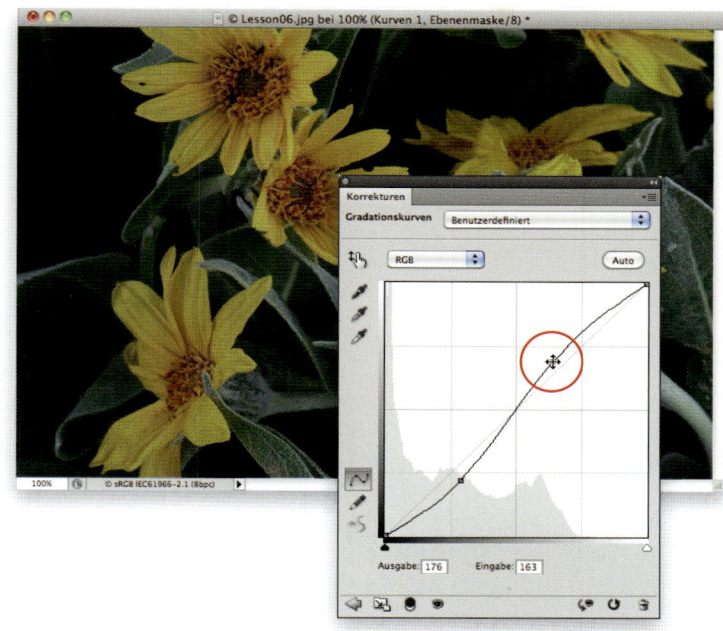

Schritt 4:

Sehen Sie sich nun das Foto an (vergleichen Sie es mit dem aus Schritt 1). Die Gelbtöne sind heller, die orangefarbenen Bereiche in der Mitte der Blumen leuchten stärker, die grünen Blätter sind grüner und die Tiefenbereiche dunkler. Kontrast, Schätzchen – nur darum geht es hier!

Schritt 5:

Klicken Sie im Ebenen-Bedienfeld auf die Hintergrundebene. Sie werden jetzt die Flecken und Löcher auf den Blättern reparieren. Aktivieren Sie also den Bereichsreparatur-Pinsel (*J*) (mit der Option INHALTSSENSITIV) und stellen Sie das Werkzeug über einen sauberen Bereich (ohne Flecken oder Löcher). Bewegen Sie das Werkzeug jetzt über einen der Flecken und passen Sie die Werkzeugspitze an – sie muss etwas größer sein als der Fleck. Malen Sie jetzt jedoch nicht, sondern klicken Sie und der Fleck verschwindet, ohne dass die Struktur zerstört wird (wie hier zu sehen). Nehmen Sie sich also ein, zwei Minuten Zeit und reparieren Sie auf diese Weise das Foto.

Schritt 6:

Reparieren wir nun die Fraßstellen an den Blütenblättern. Zoomen Sie in einen entsprechenden Bereich hinein, aktivieren Sie die Auswahlellipse (*Umschalt+M*) und erstellen Sie eine Auswahl von diesem Bereich (wie hier zu sehen). Die Auswahlkante sollte sich dabei auf der Kante des Blütenblatts befinden. Im nächsten Schritt werden Sie das Loch mit einem sauberen Bereich des Blütenblatts abdecken. Sobald Sie in Photoshop eine Auswahl erstellt haben, können Sie nicht versehentlich außerhalb der Auswahl malen oder etwas verändern.

Schritt 7:

Drücken Sie die Taste S, um den Kopierstempel zu aktivieren, und stellen Sie den Zeiger über einen sauberen Bereich mit gleicher Farbe und gleichen Tonwerten. Wählen Sie in der Optionsleiste eine kleine, weiche Werkzeugspitze, halten Sie die Alt-Taste gedrückt und klicken Sie, um einen Quellbereich zum Kopieren aufzunehmen. Stellen Sie den Zeiger dann über den Bereich, der repariert werden muss. Der aufgenommene Bereich wird über das Loch kopiert (wie in der Abbildung zu sehen). Der Zeiger mit dem Pluszeichen zeigt den Bereich, den Sie aufgenommen haben, der runde Werkzeugspitzen-Zeiger den zu reparierenden Bereich. Wenn Sie fertig sind, heben Sie die Auswahl mit Strg/⌘+D auf.

Schritt 8:

Wiederholen Sie das Vorgehen bei den anderen Löchern im Bild – erstellen Sie eine ovale Auswahl, nehmen Sie einen Quellbereich auf und malen Sie über die fehlerhafte Stelle (wie hier zu sehen).

Schritt 9:

Dieses Blütenblatt der Blume oben links ist etwas schwieriger zu bearbeiten (aber nur ein bisschen), weil sich das Loch direkt an der Spitze des Blatts befindet. Die Linie, die im Blütenblatt zu erkennen ist, muss weitergeführt werden. Auch hier erstellen Sie zunächst eine ovale Auswahl; allerdings müssen Sie im Anschluss einen Quellbereich aufnehmen, der sich direkt auf der Linie befindet. Wenn Sie sich die Zeiger in der Abbildung ansehen, erkennen Sie, dass der Zeiger mit dem Pluszeichen direkt auf der Linie steht, genauso wie der runde Zeiger auch. So wird auch die Linie kopiert und das Ergebnis sieht realistisch aus.

Schritt 10:

Sobald Sie alle Löcher repariert und die Flecken entfernt haben, sollten Sie sich das Foto noch einmal genau ansehen und gegebenenfalls weitere Flecken im Bild retuschieren. Die Retuschearbeiten sollten vollständig abgeschlossen sein, bevor Sie das Bild scharfzeichnen.

Schritt 11:

Wir werden das Foto weichzeichnen, jedoch erst, nachdem wir es scharfgezeichnet haben (es ist schwierig, ein absichtlich weichgezeichnetes Foto scharfzuzeichnen). Deshalb werden wir in diesem Beispiel unsere allgemeine Regel brechen und das Bild jetzt schon (und nicht erst ganz zum Schluss) scharfzeichnen. Wählen Sie aus dem Menü des Ebenen-Bedienfelds den Befehl AUF HINTERGRUNDEBENE REDUZIEREN und im Anschluss FILTER/SCHARFZEICHNUNGSFILTER/UNSCHARF MASKIEREN. Weil es sich um ein eher weiches Motiv handelt, wählen wir folgende Werte: Stärke: 85%, Radius: 1,0 und Schwellenwert: 3. Klicken Sie im Anschluss auf OK.

Schritt 12:

Hier ein Szenario aus dem wahren Leben: Sie haben das Foto scharfgezeichnet, lehnen sich zurück, sehen sich das Bild an und wünschen sich, dass die Blütenmitten heller und stärker gesättigt sind. Natürlich lässt sich die Scharfzeichnung rückgängig machen – Sie können die Regeln aber noch etwas weiter brechen und diese Korrektur jetzt mithilfe einer Gradationskurveneinstellung vornehmen. Wie kann ich Ihnen sagen, dass eine Gradationskurveneinstellung nach dem Scharfzeichnen in Ordnung ist? Weil ich weiß, dass wir das Bild später weichzeichnen. Das ist der einzige Grund. Wählen Sie also aus dem Popup-Menü NEUE FÜLL- ODER EINSTELLUNGSEBENE den Befehl GRADATIONSKURVEN. Klicken Sie im Korrekturen-Bedienfeld direkt auf den Mittelpunkt und drücken Sie auf Ihrer Tastatur die ↑-Taste, um die Mitteltöne aufzuhellen.

Schritt 13:

Die Korrektur wird auf das gesamte Bild angewendet. Zum Glück haben Sie eine Einstellungsebene erstellt, deshalb müssen Sie nur ⌃/⌘+I drücken, um die aufgehellten Mitteltöne hinter einer schwarzen Ebenenmaske zu verbergen (wie im Ebenen-Bedienfeld in der Abbildung zu sehen).

Schritt 14:

Ab jetzt kennen Sie die Routine bereits: Drücken Sie die Taste D, um Weiß als Vordergrundfarbe einzustellen. Aktivieren Sie den Pinsel mit einer mittleren, weichen Pinselspitze und malen Sie über die Blumen, um die hellere Bildversion wieder einzublenden. Hier malte ich gerade über die Blume oben links.

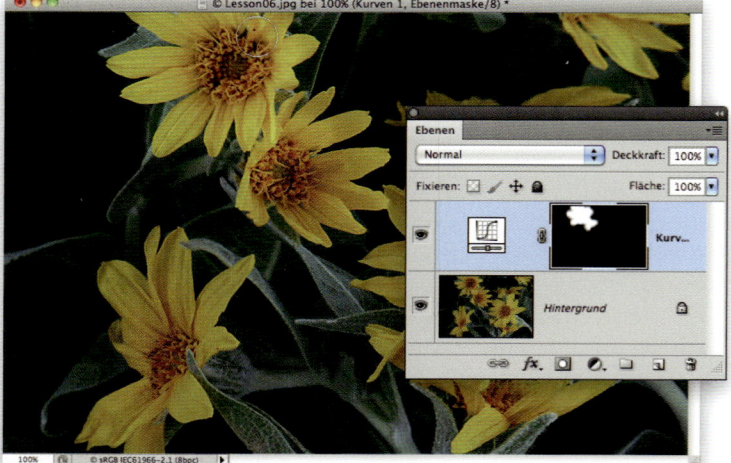

Schritt 15:

Reduzieren Sie die Ebenen auf den Hintergrund, weil wir das Foto zum Abschluss noch etwas weichzeichnen wollen. Drücken Sie dann ⌨Strg/⌨⌘+⌨J, um die Hintergrund-ebene zu duplizieren, und wählen Sie FILTER/WEICHZEICHNUNGSFILTER/GAUSSSCHER WEICHZEICHNER. Geben Sie in der Dialogbox einen Wert von 5 Pixel ein (für kleine, gering auflösende Bilder) oder 20 Pixel (für hoch auflösende Bilder), um das gesamte Foto weichzuzeichnen. Klicken Sie im Anschluss auf OK.

Schritt 16:

Verringern Sie im Ebenen-Bedienfeld jetzt einfach die Deckkraft dieser Ebene auf etwa 35%, um dem Foto einen leicht diffusen Effekt zu verleihen (wie hier zu sehen). Jetzt gibt es nur noch eins zu tun.

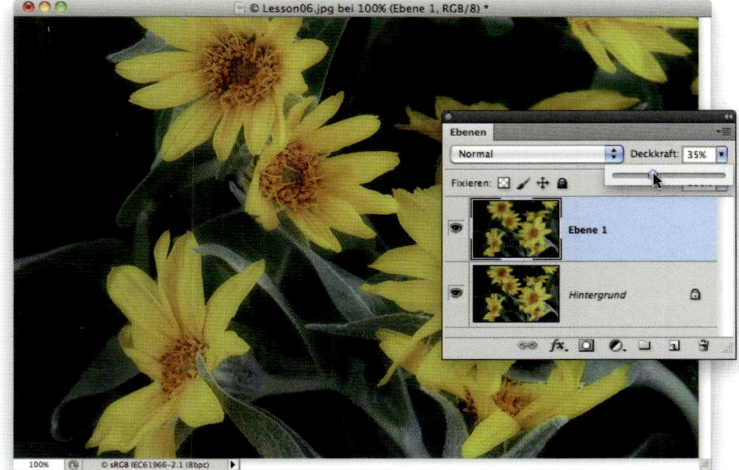

Schritt 17:

Reduzieren Sie die Ebenen und drücken Sie noch einmal `Strg`/`⌘`+`J`, um eine Kopie der Hintergrundebene zu erstellen. Wir werden jetzt mit Licht malen – dunkeln Sie das Foto ab und blenden Sie im Anschluss die helleren Blumen ein. Ändern Sie zunächst die Füllmethode der Ebenenkopie in MULTIPLIZIEREN (wie hier zu sehen).

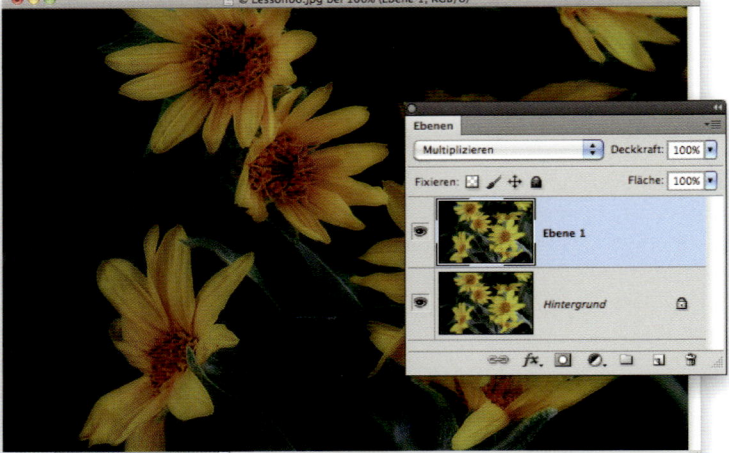

Schritt 18:

Klicken Sie unten im Ebenen-Bedienfeld auf die Schaltfläche EBENENMASKE HINZUFÜGEN. Wählen Sie Schwarz als Vordergrundfarbe und aktivieren Sie einen großen, weichen Pinsel (wie in der Abbildung), mit dem Sie ein- oder zweimal auf die Blumen im oberen Bildbereich klicken. Die hellere Version der darunterliegenden Ebene wird wieder eingeblendet – jetzt sieht es so aus, als wäre die Sonne hinter den Wolken hervorgekommen.

Schritt 19:

Klicken Sie also in die Bildbereiche, die heller erscheinen sollen. Fertig. Reduzieren Sie die Ebenen zum Abschluss auf die Hintergrundebene. Unten sehen Sie den Vergleich.

Vorher

Nachher

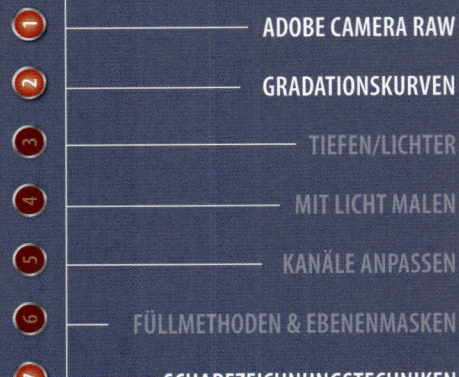

ADOBE CAMERA RAW

GRADATIONSKURVEN

TIEFEN/LICHTER

MIT LICHT MALEN

KANÄLE ANPASSEN

FÜLLMETHODEN & EBENENMASKEN

SCHARFZEICHNUNGSTECHNIKEN

LEKTION 7

Dieses wunderschöne Bild fängt die Golden Gate Bridge in der Abenddäm-
merung ein. Ich hatte meine Kamera auf einem Stativ montiert und mit einer
Kabelfernbedienung ausgelöst. Alles war perfekt – bis auf die Belichtung.
Leider wird bei einem unterbelichteten Digitalfoto auch das Bildrauschen
stärker, wenn Sie die Belichtung erhöhen. Mit einer schnellen Korrektur von
Belichtung und Weißabgleich lässt sich das jedoch ganz gut korrigieren. Die
Herausforderung ist lediglich, dass die Lichter der Autos nicht zu hell werden.

Schritt 1:
Öffnen Sie das Originalfoto in Camera
Raw (wie hier zu sehen).

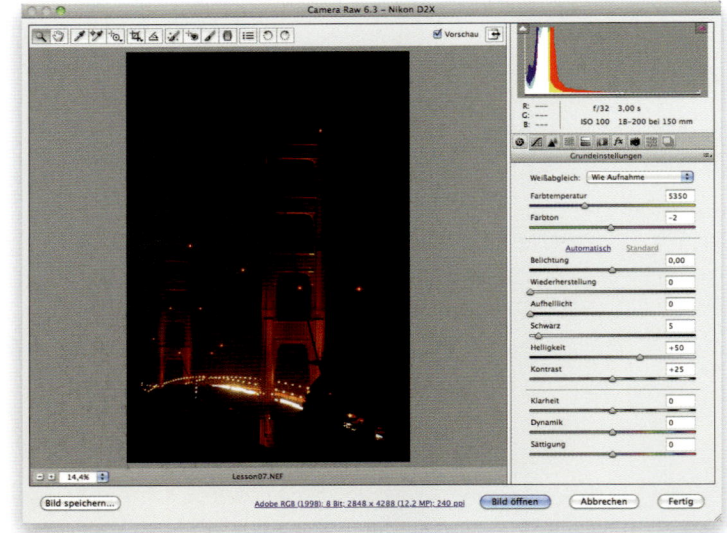

SCOTT KELBY

Schritt 2:

Im ersten Schritt müssen wir einen besseren Weißabgleich finden, denn wie Sie in Abbildung 1 sehen können, ist der Himmel nicht gerade der schönste. Probieren Sie einfach die verschiedenen Vorgaben für den Weißabgleich aus. Wählen Sie dann KALTLICHT, um den graugrünen Himmel durch einen netten dunkelblauen Himmel zu ersetzen.

Hinweis: Die Weißabgleich-Vorgaben stehen Ihnen nur für Raw-Bilder zur Verfügung. Würde es sich um ein JPEG oder TIFF handeln, das Sie in Camera Raw öffnen, gäbe es dort nur die Optionen WIE AUFNAHME, AUTOMATISCH oder BENUTZERDEFINIERT.

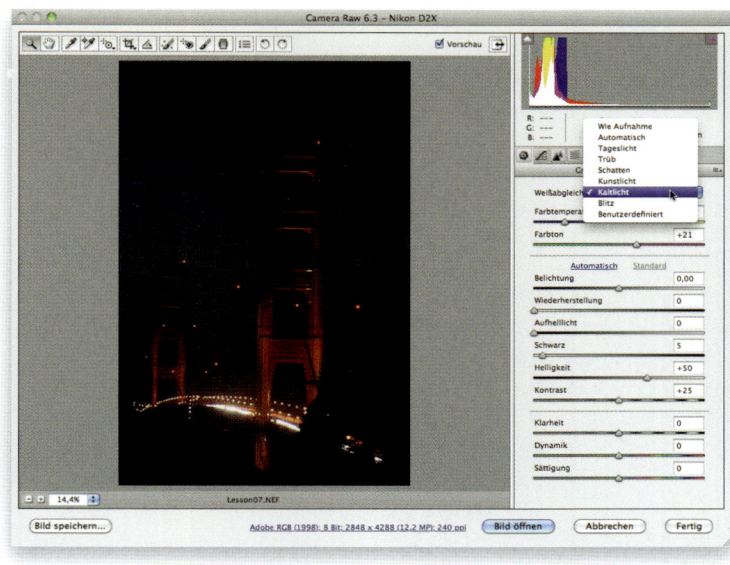

Schritt 3:

Hellen Sie das Bild auf, indem Sie den Belichtungsregler nach rechts verschieben (hier auf +2,40). Dadurch entstehen ein paar nette Farbübergänge – von Hell- zu Dunkelblau in Violett, außerdem werden die Magentatöne im Violett verstärkt.

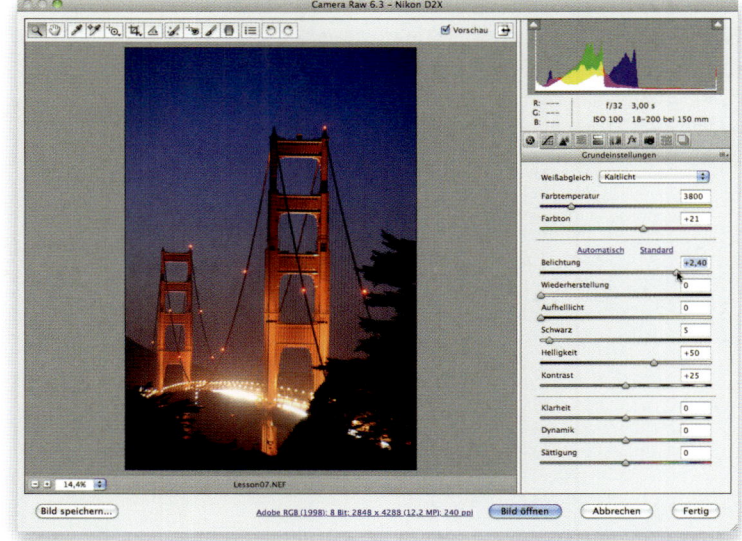

LEKTION 7

Schritt 4:

Der Nachteil bei der Erhöhung der Belichtung ist, dass die Lichter der Autos auf der Brücke jetzt zu hell sind und stören (werfen Sie noch einmal einen Blick in Schritt 3, dann sehen Sie, was ich meine). Das lässt sich leicht korrigieren, indem Sie den Helligkeitsregler etwas nach links verschieben (hier auf +20 vom Standardwert +50). Mit dem Helligkeitsregler kontrollieren Sie übrigens die Mitteltöne des Bilds.

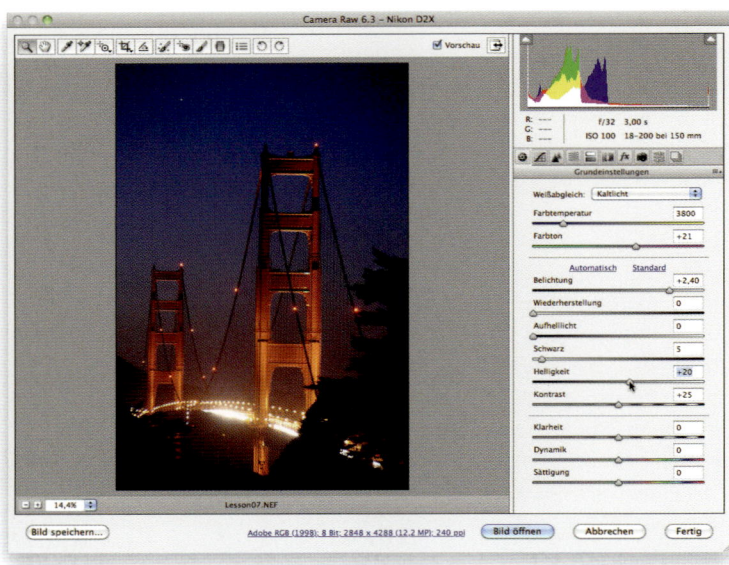

Schritt 5:

Um die Mitteltöne leicht aufzuputschen, ziehen Sie den Klarheitregler etwas nach rechts (hier auf 17).

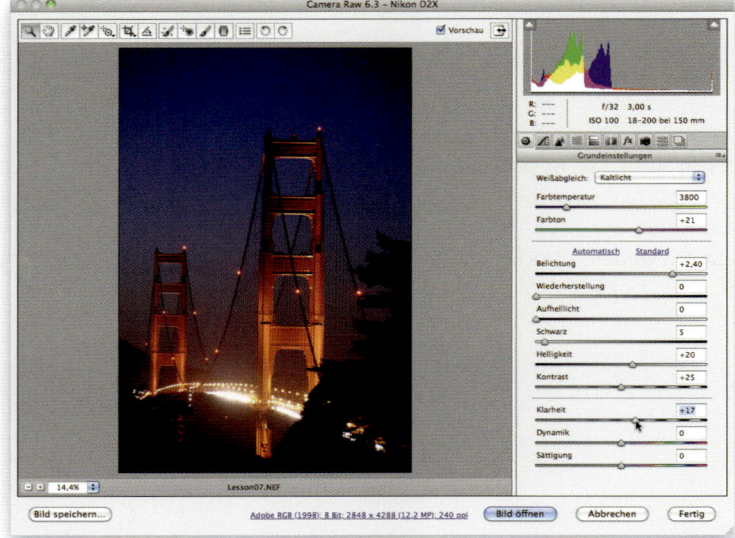

Schritt 6:

Um ein paar mehr Details der Brücke zum Vorschein zu bringen, ziehen Sie den Aufhelllichtregler nach rechts (auf einen Wert von etwa 26). Dadurch werden die Tiefenbereiche aufgehellt.

Schritt 7:

Das Letzte, was wir in Camera Raw erledigen, ist das Ausrichten des Fotos (ich weiß nicht, ob Sie bemerkt haben, wie schief das Bild ist, aber werfen Sie einen Blick auf die Brücke, dann sehen Sie es – sie ist etwas nach rechts geneigt). Aktivieren Sie das Gerade-ausrichten-Werkzeug A, klicken Sie auf den vorderen Brückenpfeiler und ziehen Sie entlang des Pfeilers nach oben (wie in der Abbildung zu sehen). Sobald Sie die Maustaste loslassen, wird ein Freistellungsrahmen erstellt, der das Bild um den benötigten Wert dreht. (Achtung: Im Menü des Freistellungswerkzeugs muss NORMAL eingestellt sein.)

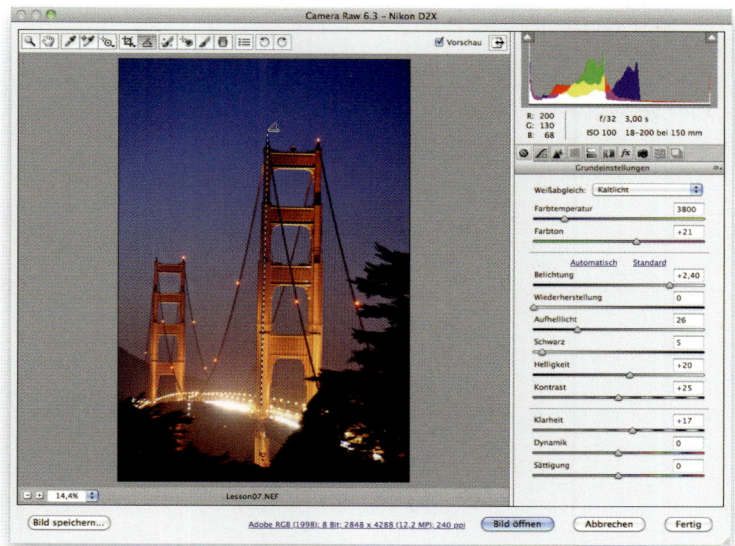

LEKTION 7

Schritt 8:

Klicken Sie in Camera Raw auf die Schaltfläche BILD ÖFFNEN, um das freigestellte (und gerade ausgerichtete) Foto in Photoshop zu öffnen. Lassen Sie uns den Kontrast mithilfe einer Gradationskurven-Einstellungsebene noch etwas verbessern.

Hinweis: Wir hätten den Kontrast auch in Camera Raw bearbeiten können, allerdings fällt manchmal erst später auf, dass das notwendig ist.)

Wählen Sie im Korrekturen-Bedienfeld die Vorgabe MITTLERER KONTRAST (RGB), um dem Foto einen wirklich netten Kontrast zu verleihen.

Schritt 9:

Jetzt ist es an der Zeit, das Foto scharfzuzeichnen und die Bearbeitung abzuschließen. Wählen Sie aus dem Menü des Ebenen-Bedienfelds zunächst den Befehl AUF HINTERGRUNDEBENE REDUZIEREN. Wählen Sie dann FILTER/SCHARFZEICHNUNGSFILTER/UNSCHARF MASKIEREN mit einer recht hohen Stärke (denn die Brücke ist aus Metall und weist viele scharfe Kanten auf). Ich wählte: Stärke: 120%, Radius: 1 und Schwellenwert: 4. Klicken Sie auf OK, um die Scharfzeichnung anzuwenden.

Schritt 10:

Wählen Sie im Anschluss BEARBEITEN/
VERBLASSEN: UNSCHARF MASKIEREN, ändern
Sie in dem Dialogfeld den Modus in
LUMINANZ und klicken Sie auf OK. Unten
sehen Sie einen Vorher-Nachher-
Vergleich des Bilds.

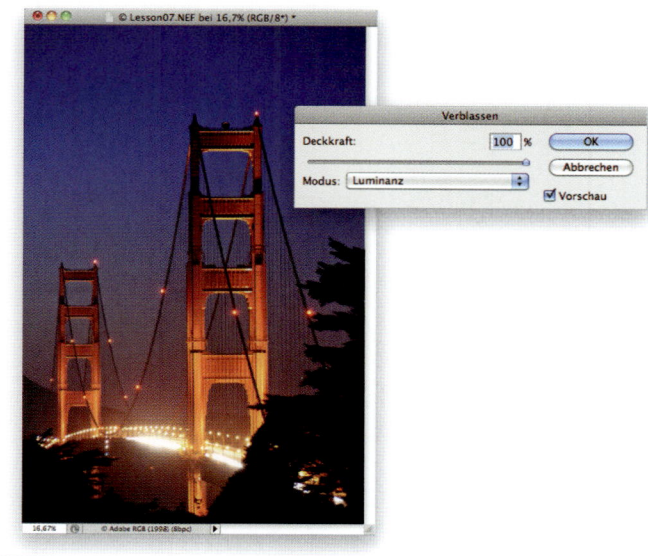

Vorher

Nachher

LEKTION 8

Dieses Foto von meinem Freund Matt wurde in Nassau, Bahamas aufgenommen. Der Hintergrund ist die rostige Außenhaut eines alten Boots – dank der schlechten Belichtung, einem schlechten Weißabgleich und einigen anderen Kamerafehlern leuchten die Farben nicht mehr so schön wie im Original. Aber das lässt sich leicht korrigieren. Dabei nutzen wir nicht nur Photoshop (den Filter UNSCHARF MASKIEREN), sondern auch die Scharfzeichnungsfunktion und den Klarheitregler in Adobe Camera Raw.

LEKTION 8

Schritt 1:
Öffnen Sie das unbearbeitete Foto in Camera Raw (wie hier zu sehen). Licht reflektiert die Farben, auf die es trifft. Wenn Sie Ihr Motiv also neben einer Wand mit leuchtenden Farben platzieren, werden die Farben auf dem Motiv reflektiert. Aus diesem Grund sieht Matts Haut so gelb aus (ebenso sein Rucksack, die Kamera … eigentlich alles).

SCOTT KELBY

Schritt 2:
Wir passen zunächst den Weißabgleich an, um die Hautfarbe zu korrigieren (der Gelbanteil im Foto muss verringert werden). Ziehen Sie den Temperaturregler deshalb nach links, in Richtung Blau (hier 4650), um den gelben Farbstich zu entfernen.

Schritt 3:

Hellen Sie das Foto jetzt auf, indem Sie den Belichtungsregler nach rechts ziehen. (Hier auf +1,15; ich stoppte den Regler, bevor das rechte Ende des Histogramms auf den rechten Rand trifft – die kleine Lücke zwischen Rand und Histogramm stellt sicher, dass die Details in den Lichtern erhalten bleiben.) Sehen Sie sich noch einmal das Foto in Abbildung 1 an – Sie sehen, welchen Unterschied diese beiden Regler bereits ausmachen (wir sind natürlich noch nicht fertig, aber das ist schon mal ein guter Ausgangspunkt).

Schritt 4:

Matts Rucksack sieht (in meinen Augen) noch etwas dunkel aus. Dabei enthält er viele nette Details, die so jedoch verloren gehen. Hellen Sie die Tiefenbereiche mit dem Aufhelllichtregler auf, indem Sie ihn nach rechts verschieben (hier auf 34). Jetzt kommen die Details im Rucksack, seinem T-Shirt und der Kamera besser zur Geltung.

Schritt 5:

Das Aufhellen der Tiefen (mit dem Aufhelllichtregler) hat manchmal jedoch auch den Nachteil, dass andere Tiefenbereiche, die nicht korrigiert werden sollten, etwas ausgewaschen werden (es wird also nicht nur der Rucksack aufgehellt, sondern auch alle anderen Tiefenbereiche im Foto). Erhöhen Sie dazu einfach den Schwarzwert. Ziehen Sie den Regler nach rechts; Sie werden feststellen, dass das gesamte Bild ausbalancierter wirkt.

Hinweis: Achten Sie darauf, den Regler nicht zu weit nach rechts zu ziehen.

Schritt 6:

Das Foto wurde aus der Hand aufgenommen, und das kurz nach Sonnenaufgang. Es ist deshalb auch nicht richtig scharf, aber das werden wir, so gut es an dieser Stelle geht, korrigieren (wir befinden uns immer noch in Camera Raw). Wir nutzen den Klarheitregler, zoomen vorher jedoch auf 100% in das Bild hinein (um den Effekt besser zu sehen). Klicken Sie dazu einfach doppelt auf das Zoom-Werkzeug in der Werkzeugleiste. Ich empfehle Ihnen Folgendes: Ziehen Sie den Klarheitregler ganz nach rechts auf 100, um zu sehen, wie sich der Mitteltonkontrast ändert. Ziehen Sie den Regler dann wieder nach links, bis Ihnen das Foto gefällt. Da die Einstellung recht fein ist, hilft es, zunächst das Ergebnis für den Wert 100 zu sehen.

Schritt 7:

Um den Kontrast zusätzlich zu verstärken (damit das gesamte Bild schärfer aussieht), klicken Sie auf das Gradationskurven-Symbol (das zweite von links). Aktivieren Sie die Punktkurve und wählen Sie die Vorgabe STARKER KONTRAST. Im nächsten Schritt werden wir einen Teil der Originalschärfe wiederherstellen. Das mache ich bei jedem Foto in diesem Stadium (Camera Raw zeichnet jedes Foto automatisch etwas scharf – wie Ihre Kamera JPEGs automatisch etwas scharfzeichnet). Klicken Sie nun auf das Detail-Symbol (das dritte von links).

Schritt 8:

Bevor Sie hier die Regler verschieben, sollten Sie auf 100% in das Foto hineinzoomen. Der BETRAG kontrolliert die Stärke der Scharfzeichnung – das Foto kann einiges vertragen. Ziehen Sie den Regler also nach rechts auf 80. Lassen Sie den Radius bei 1,0 (ich gehe selten über 1,0). Mit dem Detailregler vermeiden wir Halos, die bei der Scharfzeichnung an den Kanten im Bild entstehen können. Kleinere Werte bieten hier einen besseren Schutz als höhere (bei 100% sind Sie nach dem Effekt des Unscharf-maskieren-Filters). Die Standardeinstellung beträgt 25, ich wählte hier jedoch 50.

Tipp: Wenn Sie die ⎇Alt⎇-Taste gedrückt halten, während Sie den Regler verschieben, wird die Bildvorschau grau; Sie können deutlich den Effekt an den Kanten erkennen.

Schritt 9:

Klicken Sie unten rechts im Fenster auf BILD ÖFFNEN, um das Foto in Photoshop zu öffnen. Obwohl die Tonwerte im Bild jetzt deutlich besser ausbalanciert sind und wir den Kontrast und die Scharfzeichnung verstärkt haben, müssen wir noch einen Schritt weitergehen.

Schritt 10:

Klicken Sie unten im Ebenen-Bedienfeld auf die Schaltfläche NEUE FÜLL- ODER EINSTELLUNGSEBENE ERSTELLEN (der schwarzweiße Kreis) und wählen Sie aus dem Popup-Menü GRADATIONSKURVEN. Aktivieren Sie im Korrekturen-Bedienfeld die Pipette für die Tiefen (die oberste der drei Pipetten) und klicken Sie in einen Bildbereich, der schwarz sein soll. Wählen Sie beispielsweise den dunklen Bereich im Kameraobjektiv (in der Abbildung zu sehen). Die Tiefenbereiche werden neutral.

Schritt 11:

Aktivieren Sie jetzt die Pipette für die Lichter (die unterste Pipette) und klicken Sie in einen Bildbereich, der weiß sein soll (oder in den hellsten Bereich des Fotos). In diesem Fall ist es ganz einfach – klicken Sie in das weiße T-Shirt (ich wählte den Bereich direkt über Matts Schulter). Das Foto sieht jetzt deutlich besser aus, allerdings weiß ich bei dieser Methode nicht, ob in diesen Bereichen Details beschnitten wurden.

Schritt 12:

Zum Glück gibt es in Photoshop CS5 die Möglichkeit, Beschneidungen am Monitor zu begutachten – Sie müssen nur die Alt -Taste gedrückt halten, wenn Sie mit der Schwarz- oder Weißpipette in das Bild gehen (hier ist die Weißpipette gewählt). Bereiche, die farbig erscheinen, werden beschnitten (verlieren Details). In diesem Beispiel werden die roten Bereiche nur im roten Kanal beschnitten, die gelben im gelben Kanal und die weißen in allen Kanälen. Sollten diese Bereiche wichtige Details enthalten (Matts Arm ist wichtig), müssen Sie einen anderen hellen Punkt finden – einen helleren (siehe nächster Schritt).

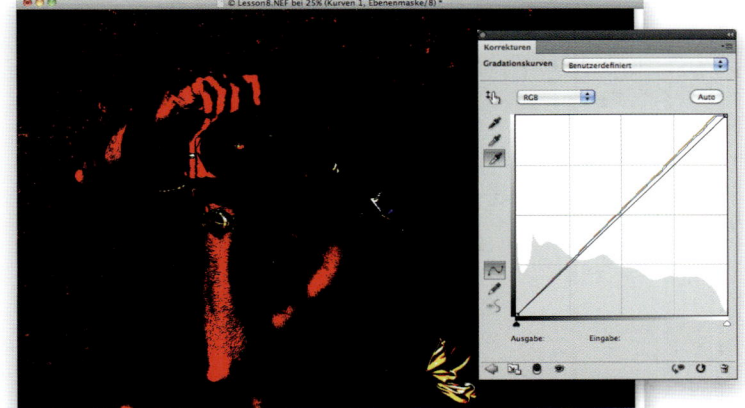

Schritt 13:

Aktivieren Sie die Pipette für die Lichter und klicken Sie in einen anderen hellen Bereich (ich klickte dieses Mal in das T-Shirt, direkt über seiner Hüfte, wie in der Abbildung zu sehen).

Schritt 14:

Überprüfen Sie wie in Schritt 12 erneut die Beschneidung. Wie Sie sehen, ist das Bildfenster nahezu schwarz (um diese verbleibenden Farbbeschneidungen müssen wir uns keine Sorgen machen), da Sie einen Punkt gewählt haben, der die Lichter nicht beschädigt.

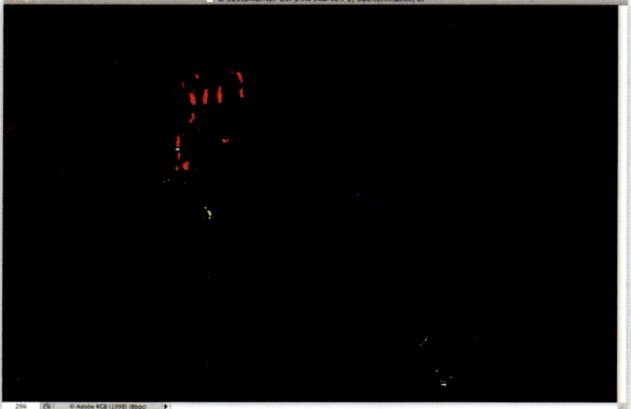

Schritt 15:

Jetzt müssen wir nur noch die Mitteltöne anpassen. Dazu nutzen wir die
mittlere Pipette. Klicken Sie damit in
einen neutralgrauen Bereich des Bilds.
Der Rucksack bietet dazu ausreichend
Möglichkeiten (ich klickte hier in
den rot eingekreisten Bereich). Eine
Beschneidung müssen Sie nicht überprüfen. Es kann zwar hin und wieder
vorkommen, dass Lichter beschnitten
werden, aber das ist eher selten. Um
eine Vorher-Nachher-Ansicht der
Gradationskurven-Einstellung zu erhalten, klicken Sie auf das dritte Symbol
von rechts unten im Korrekturen-
Bedienfeld.

Schritt 16:

Ich würde an dieser Stelle jetzt mit
Licht über Bildbereiche malen, die
besonders hervorstechen sollen und
viele Details enthalten. Matt sticht
hervor, das ist kein Problem, ich
würde jedoch noch Details in seinem
Rucksack, seinen Haaren und im
Kameraobjektiv hinzufügen. Klicken
Sie dazu auf die Hintergrundebene
und drücken Sie Strg/⌘+J, um
sie zu duplizieren. Ändern Sie die
Füllmethode der neuen Ebene in
Negativ multiplizieren, um das Bild aufzuhellen (wie hier zu sehen).

LEKTION 8

Schritt 17:

Drücken Sie die ⟨Alt⟩-Taste und klicken Sie unten im Ebenen-Bedienfeld auf die Schaltfläche EBENENMASKE HINZU-FÜGEN, um die eben erzeugte Ebene hinter der Maske auszublenden (wie hier zu sehen). Stellen Sie Weiß als Vordergrundfarbe ein, aktivieren Sie den Pinsel mit einer kleinen, weichen Werkzeugspitze und malen Sie über die Bereiche, die heller aussehen sollen – den Rucksack, das Objektiv, die Haare. Sie malen jetzt mit Licht und wenden es nur dort an, wo das Bild heller erscheinen soll.

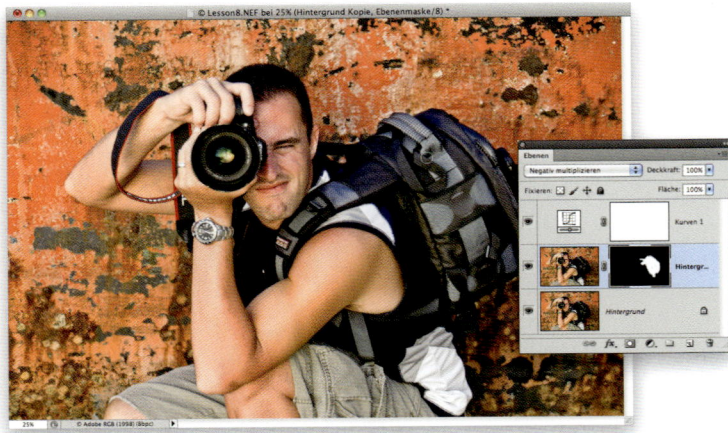

Schritt 18:

Wenn ich über die Ebenenmaske male, belasse ich die Deckkraft immer bei 100%, um den Effekt direkt zu sehen, auch wenn er noch etwas zu intensiv ist. Verringern Sie die Deckkraft im Anschluss, um die richtige Menge Licht ins Bild zu bringen. Ich wählte für diese Ebene eine Deckkraft von 45%.

Schritt 19:

Reduzieren Sie die Ebenen (indem Sie aus dem Menü des Ebenen-Bedienfelds den Befehl Auf HINTERGRUNDEBENE REDUZIEREN wählen). Wir werden jetzt eine Vignette hinzufügen, um die Außenkanten des Fotos abzudunkeln und den Fokus auf Matt zu legen. Duplizieren Sie zunächst die Hintergrundebene und ändern Sie die Füllmethode der Ebenenkopie in MULTIPLIZIEREN, um das gesamte Foto abzudunkeln.

Schritt 20:

Aktivieren Sie das Auswahlrechteck [M] und erstellen Sie eine rechteckige Auswahl, bei der Sie etwas Platz zum Rand lassen (wie in der Abbildung zu sehen). Wählen Sie im Anschluss AUSWAHL/AUSWAHL VERÄNDERN/WEICHE KANTE (wir werden die Kanten deutlich weichzeichnen).

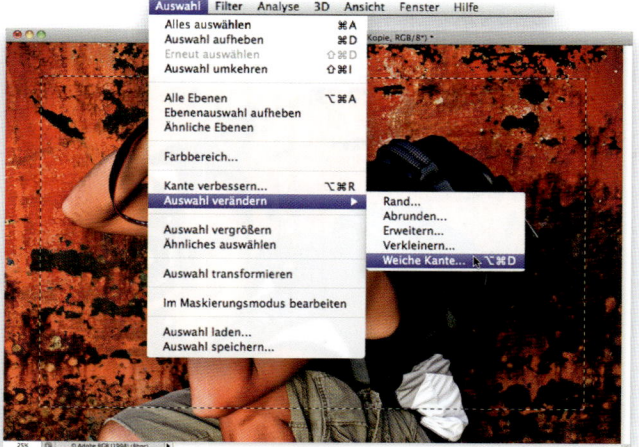

Schritt 21:

Geben Sie in dem Dialogfeld einen
Radius von 200 Pixel ein und klicken
Sie auf OK.

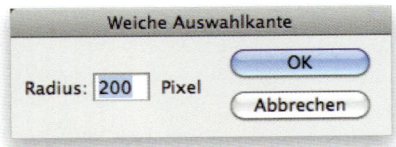

Schritt 22:

Drücken Sie nun die `Entf`-Taste, um
ein Loch aus der dunklen Ebene auszuschneiden und die darunterliegende
Originalebene wieder einzublenden. Jetzt erscheinen die Bildkanten
dunkler, werden jedoch weich in die
Bildmitte übergeblendet. So sieht es
aus, als ob ein weiches Licht auf Matt
fällt, wie hier zu sehen. Heben Sie die
Auswahl mit `Strg`/`⌘`+`D` auf. Jetzt
erkennen Sie mögliche Probleme –
hier sieht der Effekt eigentlich ganz
gut aus, lediglich Matts Knie muss
etwas korrigiert werden.

Schritt 23:

Da sich die dunklere Kante in einer eigenen Ebene befindet, müssen wir darin nur die Bereiche entfernen, die sich über Matts Knie ausdehnen. Drücken Sie die Taste E, um den Radiergummi zu aktivieren, und wählen Sie eine mittlere, weiche Werkzeugspitze. Malen Sie über das Knie, bis es wieder normal aussieht. Sie können die Ebenen jetzt erneut reduzieren.

Schritt 24:

Zeichnen wir das Foto jetzt noch einmal scharf. Damit machen wir das Foto (a) entweder schärfer, als es vorher war, oder (b) wir zeichnen es für die Ausgabe scharf – machen es also etwas schärfer als nötig, weil beim Druck ein Teil der Schärfe wieder verloren geht (wenn das Foto auf dem Bildschirm etwas zu scharf aussieht, ist es genau richtig). Wir wählen die Standardscharfzeichnung und nutzen dafür die Aktion SCHARFZEICHNEN STARK, die wir in Lektion 1 erstellt haben. Aktivieren Sie diese Aktion im Aktionen-Bedienfeld und klicken Sie dann unten in dem Bedienfeld auf die Schaltfläche AUSWAHL AUSFÜHREN (wie hier zu sehen).

Schritt 25:

Wir werden jetzt einen Scharfzeich-
nungstrick anwenden, der das Foto
schärfer aussehen lässt, als es eigentlich ist. Duplizieren Sie die Hintergrundebene und wählen Sie FILTER/
SCHARFZEICHNUNGSFILTER/UNSCHARF MASKIEREN.
Wir werden das Foto überschärfen (wir
haben es ja eben schon einmal scharfgezeichnet, richtig?): Stärke: 150%,
Radius: 1,0 und Schwellenwert: 3.
Klicken Sie auf OK, um das Foto scharfzuzeichnen.

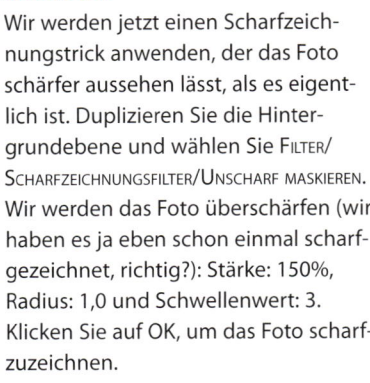
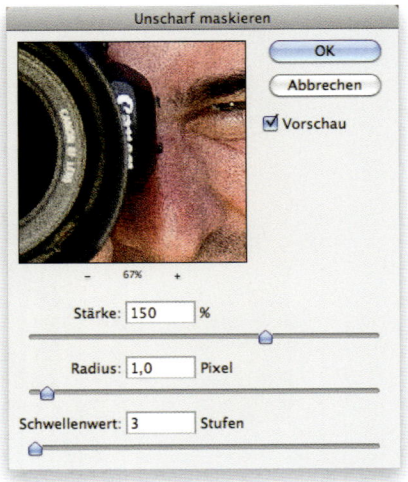

Schritt 26:

Halten Sie die [Alt]-Taste gedrückt
und klicken Sie unten im Ebenen-
Bedienfeld auf die Schaltfläche
EBENENMASKE HINZUFÜGEN, um die super-
scharfe Ebene auszublenden (wie hier
zu sehen).

Schritt 27:

Stellen Sie Weiß als Vordergrundfarbe ein, aktivieren Sie den Pinsel mit einer kleinen, weichen Werkzeugspitze und malen Sie nur über die Bereiche, die extra scharf sein sollen – seine Uhr, den vorderen Teil des Objektivs (wie hier zu sehen) und andere metallische Objekte seines Rucksacks. Diese Dinge können ruhig extra scharf sein. Auch wenn die Änderungen nur sehr fein sind, sind sie sichtbar – blenden Sie die Ebene mithilfe des Augen-Symbols ein und aus, um den Unterschied zu erkennen. Das gesamte Foto sieht jetzt deutlich schärfer aus.

Vorher

Nachher

Schritt 28:

Sie können die Ebenen nun auf den Hintergrund reduzieren. Beachten Sie auch die schön eingebrannten Kanten. Hätte ich Sie nicht darauf hingewiesen, wäre es Ihnen möglicherweise gar nicht aufgefallen, aber sie machen einen deutlichen Unterschied aus.

LEKTION 9

Das ist ein Foto von einem Neutralverlaufsfilter, das ich für das *Digitale Foto-grafie-Buch* aufgenommen habe. Ich platzierte den Filter vor einem weißen Hintergrund, aber es gab eine Menge Probleme, etwa dass der eigentlich weiße, nahtlose Hintergrund im Foto nicht weiß, sondern eher gelb wirkt. Außerdem ist der Verlauf des Filters nicht zu sehen und ich musste den Filter mit einem Stück Pappe hochstellen, das später in Photoshop entfernt wer-den sollte. Aber keine Angst, das Bild lässt sich schnell korrigieren.

Schritt 1:
Öffnen Sie das Originalfoto in Camera Raw.

SCOTT KELBY

Schritt 2:
Zuerst stellen wir immer den Weiß-abgleich ein. Da wir wissen, dass der Hintergrund grau sein soll, können wir das Weißabgleich-Werkzeug nutzen. Aktivieren Sie es (das dritte Symbol von links in der Optionsleiste) und klicken Sie damit in einen Bereich, der hellgrau sein soll. Hier wird ein eigener Weißabgleich vorgenommen. Das könnte nicht einfacher sein. Ich nutze diese Methode (das Werkzeug) immer dann, wenn ich weiß, dass Bereiche im Bild grau sein sollen – dann bin ich nur noch einen Klick vom richtigen Weißabgleich entfernt.

Schritt 3:

Wir wollen das Foto jetzt nicht aufhellen, damit das Histogramm nicht an der rechten Seite anstößt und Details verloren gehen. Deshalb lassen wir den Belichtungsregler, wie er ist. Lassen Sie uns stattdessen einige Details an der Seite des Filters mithilfe des Aufhelllichtreglers ins Bild bringen. Ziehen Sie den Regler nach rechts, um dunkle Schattenbereiche auf der Rückseite etwas aufzuhellen (hier 28). Der Nachteil bei dieser Einstellung ist, dass der schöne schwarze Verlauf im oberen Bildbereich deutlich heller wird (aber das korrigieren wir später).

Schritt 4:

Das Foto ist sehr grau (das Objekt enthält keine interessanten Lichter – es handelt sich um einen Grauverlaufsfilter vor einem grauen Hintergrund). Aus diesem Grund wollen wir nun die Klarheit erhöhen – in Fotos wie diesem kann der Regler deutliche Unterschiede erzeugen. Zoomen Sie zuvor jedoch auf 100% in das Foto hinein. Doppelklicken Sie dazu entweder auf das Zoomwerkzeug (die Lupe) oder wählen Sie 100% aus dem Popup-Menü ZOOMSTUFE AUSWÄHLEN unten links.

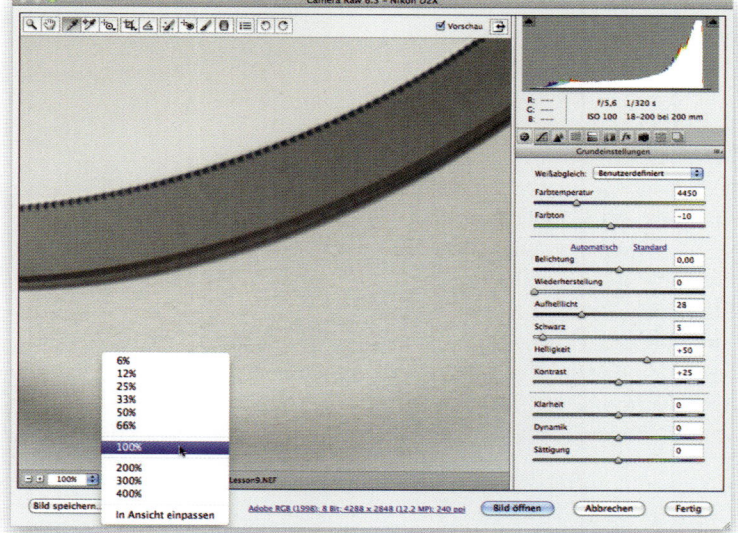

Schritt 5:

Ziehen Sie den Klarheitregler nach rechts auf 100, um den Effekt klar und deutlich zu sehen. Ziehen Sie ihn dann wieder auf 0 (damit der Effekt verschwindet) und im Anschluss erneut nach rechts, bis der Filter schön scharf aussieht (hier bei 58). Die Scharfzeichnungseinstellungen (zu finden im Reiter DETAILS) lassen wir unverändert.

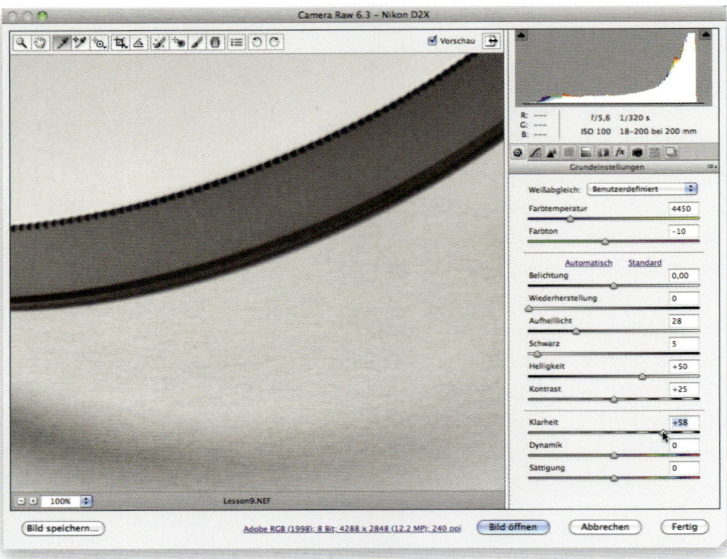

Schritt 6:

Erinnern Sie sich noch, dass wir in Schritt 3 den Aufhelllichtregler angepasst und damit den Verlauf im oberen Bildbereich zu sehr aufgehellt haben? Außerdem erzeugten wir dabei einen leicht gelben Farbstich. Ich hatte gesagt, dass wir uns darum später kümmern werden. Jetzt ist der passende Zeitpunkt gekommen. Halten Sie die ⬆-Taste gedrückt, um die Schaltfläche BILD ÖFFNEN (unten rechts im Camera-Raw-Fenster) in OBJEKT ÖFFNEN zu verwandeln. Klicken Sie auf die Schaltfläche, um das Foto als Smart Objekt in Photoshop zu öffnen.

Schritt 7:

In Photoshop müssen wir die Smart-Objekt-Ebene duplizieren – allerdings soll das Duplikat nicht mit dem Original verbunden sein (wie es standardmäßig der Fall ist, wenn Sie die Ebene einfach duplizieren). Klicken Sie deshalb im Ebenen-Bedienfeld mit der rechten Maustaste auf die Ebene und wählen Sie aus dem Kontextmenü NEUES SMART OBJEKT DURCH KOPIE (wie hier zu sehen).

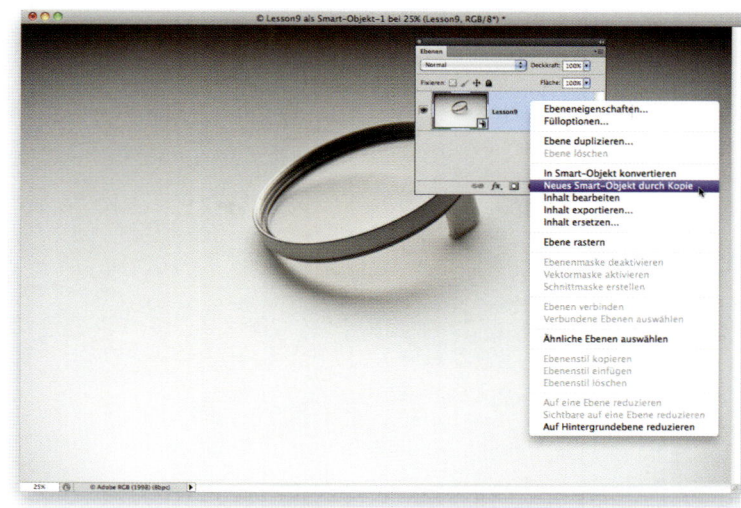

Schritt 8:

Sobald die Kopie in Photoshop erscheint, klicken Sie im Ebenen-Bedienfeld doppelt auf die Ebenen-miniatur, um die Ebene in Camera Raw zu öffnen. In dem Dialogfeld sind die zuletzt verwendeten Einstellungen zu sehen. Verschieben Sie einfach den Aufhelllichtregler auf 0 und ziehen Sie den Schwarzregler etwas nach rechts (hier auf 9). Dadurch wird der Verlauf wieder schön schwarz. Klicken Sie auf OK, um wieder zu Photoshop zurückzukehren – die Ebene wird automatisch aktualisiert.

Schritt 9:

Sie haben jetzt zwei Ebenen: eine (die untere) mit einem gut aussehenden Filter, jedoch einem zu hellen Verlauf, und eine zweite (die obere) mit einem schicken Verlauf, aber einem Filter, der zu dunkel ist. Und so kombinieren Sie beide Fotos, um das perfekte Bild zu erzeugen: Klicken Sie unten im Ebenen-Bedienfeld auf die Schaltfläche EBENENMASKE HINZUFÜGEN. Stellen Sie Schwarz als Vordergrundfarbe ein und aktivieren Sie das Verlaufswerkzeug G mit dem Verlauf VORDERGRUNDFARBE ZU TRANSPARENT. Halten Sie die ⇧-Taste gedrückt, klicken Sie direkt über dem Filter ins Bild und ziehen Sie eine gerade Linie nach unten (wie hier zu sehen). Die ⇧-Taste drücken Sie, um eine gerade Linie zu erstellen.

Schritt 10:

Dadurch wird nur der obere Bereich der oberen Ebene eingeblendet (der original dunklere Verlauf) und der Filter von der unteren Ebene wird sichtbar. Wenn Sie sich die Ebenenmaske im Ebenen-Bedienfeld ansehen, können Sie ganz genau nachvollziehen, was Sie getan haben. Denken Sie an die alte Regel: Weiß blendet ein und Schwarz aus. Der weiße Bereich blendet die obere Ebene ein und der schwarze verdeckt den Rest des oberen Bilds. Das ist jetzt wichtig: Wir wollen die Ebenen noch nicht reduzieren; drücken Sie deshalb Strg/⌘+Alt+⇧+E, um eine neue Ebene mit der reduzierten Version des Fotos zu erzeugen (unter der reduzierten Ebene finden Sie die beiden Smart-Objekt-Ebenen).

Schritt 11:

Jetzt müssen wir uns noch der größten Herausforderung stellen – das Stück Pappe entfernen, das den Filter nach oben hält (rechts unter dem Filter zu sehen). Am einfachsten wäre es, eine Auswahl um den Bereich zu erstellen, den Sie entfernen wollen, und dann mit dem Kopierstempel den Hintergrund darüber zu kopieren. Ich habe die Auswahl mit dem Zeichenstift erstellt, weil er sich dafür am besten eignet und leicht zu handhaben ist. Zoomen Sie in das Bild hinein, aktivieren Sie den Zeichenstift [P] und klicken Sie entlang der Kante des Filters (wie hier zu sehen). Nicht klicken und die Maustaste gedrückt halten – einfach klicken und die Maustaste wieder loslassen.

Hinweis: Stellen Sie sicher, dass die Pfad-Option in der Optionsleiste aktiviert ist – das zweite Symbol von links, hier rot eingekreist.

Schritt 12:

Bewegen Sie den Zeichenstift jetzt über die andere Seite des Filters – hinter das Stück Pappe. Klicken Sie, halten Sie die Maustaste gedrückt und ziehen Sie nach oben. Zwischen den beiden Punkten wird nun ein Pfad erzeugt. Je weiter Sie ziehen, desto stärker biegt sich dieser. Halten Sie die Maustaste so lange gedrückt, bis der Pfad korrekt an der Filterkante sitzt (wie in der Abbildung zu sehen). Falls Sie einen Fehler machen, können Sie jederzeit [Strg]/[⌘]+[Z] drücken und es erneut versuchen.

LEKTION 9

Schritt 13:

Die korrekte Biegung zu treffen; ist schwierig, der Rest ganz einfach. Sobald Sie die Maustaste loslassen, bewegen Sie den Zeiger zur unteren rechten Ecke der Pappe und klicken einmal, um eine gerade Linie zwischen den beiden Punkten zu erstellen. Sie erstellen einfach einen Umriss aus Pfaden um das Stück Pappe herum. Wenn Sie wieder am Ausgangspunkt ankommen, erscheint ein kleiner Kreis neben dem Zeiger, der Ihnen verrät, dass der Pfad jetzt vollständig ist (wie hier zu sehen). Wenn Sie in den Ausgangspunkt klicken, wird der Pfad geschlossen.

Schritt 14:

Im Anschluss können Sie den Pfad in eine Auswahl umwandeln (siehe Abbildung), indem Sie [Strg]/[⌘]+[↵] drücken. Ist die Auswahl erstellt, können Sie nicht versehentlich über den Rand hinaus kopieren und andere Bildbereiche beschädigen. Ich nutze den Trick immer wieder, um mir das Klonen und Kopieren zu vereinfachen.

Schritt 15:

Drücken Sie die Taste ⑤, um den Kopierstempel zu aktivieren, und wählen Sie eine mittlere, weiche Werkzeugspitze. Halten Sie die [Alt]-Taste gedrückt und klicken Sie einmal rechts neben die Auswahl (wie hier zu sehen), um mit dem Fadenkreuzkreis einen Hintergrundbereich aufzunehmen.

Schritt 16:

Stellen Sie den Zeiger über das Stück Pappe und malen (kopieren) Sie. Der aufgenommene Bereich überdeckt nun die Pappe. Malen Sie so lange, bis alles innerhalb der Auswahl verschwunden, vom Hintergrund überdeckt ist. (Möglicherweise müssen Sie den Quellbereich mehrmals neu aufnehmen, um die Retusche nicht zu offensichtlich werden zu lassen.) Heben Sie die Auswahl mit [Strg]/[⌘]+[D] auf. Sie brauchen sich keine Sorgen zu machen, dass Sie über den Filter kopieren – Sie klonen nur innerhalb der Auswahl.

LEKTION 9

Schritt 17:

Sobald das Stück Pappe außerhalb des Filters entfernt ist (siehe Abbildung), müssen wir uns dem Stück innerhalb des Filters widmen. Das innere Glas wählen Sie am schnellsten mit dem Schnellauswahl-Werkzeug aus. Klicken Sie damit einfach in das Glas und eine Sekunde später ist es ausgewählt (dieses Werkzeug ist wirklich erstaunlich).

Schritt 18:

Bevor wir mit dem Kopieren beginnen, eine kurze Erinnerung: Wir arbeiten immer noch auf der reduzierten Ebene, die wir in Schritt 10 erstellt haben (Sie sehen sie im Ebenenstapel ganz oben). Jetzt zum Klonen. Aktivieren Sie wieder den Kopierstempel und klicken Sie innerhalb der Auswahl, links neben die Pappe (wie hier zu sehen).

Schritt 19:

Malen Sie jetzt einfach über das Stück Pappe, bis es vollständig verschwunden ist. Heben Sie die Auswahl nicht auf, wir brauchen sie noch für unseren nächsten Schritt.

Schritt 20:

Obwohl es sich um einen Grauverlaufsfilter handelt, ist der Verlauf innerhalb des Glases nicht zu sehen (wenn man den Filter in die Hand nimmt und ihn betrachtet, ist der Verlauf sehr deutlich zu erkennen). Der Verlauf lässt sich in Photoshop jedoch ganz einfach hinzufügen. Klicken Sie unten im Ebenen-Bedienfeld auf die Schaltfläche NEUE EBENE ERSTELLEN. Aktivieren Sie noch einmal das Verlaufswerkzeug und erstellen Sie einen Verlauf von der rechten Seite des Filters diagonal nach links unten (wie in der Abbildung zu sehen).

Schritt 21:

Die Auswahl wird mit einem sehr künstlich aussehenden Schwarz-Transparent-Verlauf gefüllt. Heben Sie die Auswahl mit Strg/⌘+D auf.

Schritt 22:

Der Verlauf sieht so künstlich aus, weil er vollständig deckend ist – man kann nicht hindurchsehen wie bei normalem Glas. Verringern Sie deshalb die Deckkraft der Verlaufsebene, bis das Ergebnis realistischer aussieht (hier sind es 39%). Wählen Sie aus dem Menü des Ebenen-Bedienfelds den Befehl Auf Hintergrundebene reduzieren.

Schritt 23:

Der letzte Schritt ist (wie immer) das Scharfzeichnen. Ich würde das Bild deutlich scharfzeichnen (das Objekt besteht aus Metall und Glas). Wählen Sie im Aktionen-Bedienfeld also die starke Scharfzeichnungsaktion aus und wenden Sie diese auf das Foto an. Probieren Sie aus, wie das Foto wirkt, wenn Sie die Aktion ein zweites Mal anwenden. Die Bildbearbeitung ist damit abgeschlossen; unten sehen Sie einen Vorher-Nachher-Vergleich.

Vorher

Nachher

LEKTION 10

Diese Aufnahme wäre normalerweise wirklich etwas für den Papierkorb. Sie entstand in einem kleinen Fischerdorf nahe Bar Harbor, Maine. Ich wartete auf meinen Fotografenkollegen, als ich dieses eher flaue Foto schoss. Als ich das Bild jedoch später in Photoshop sah, fand ich den Anbau eigentlich ganz nett, lediglich die Details lenken etwas ab. Die Lösung? Eine Silhouette des Anbaus zu erstellen und das Bild etwas wärmer (wie bei Sonnenuntergang) zu gestalten. Dabei können (nahezu) alle Aufgaben in Camera Raw erledigt werden.

Schritt 1:

Öffnen Sie das Originalfoto in Camera Raw. Da es sich bei dem Foto um ein JPEG handelt, müssen Sie es mit DATEI/ÖFFNEN ALS (Windows) bzw. DATEI/ÖFFNEN (Mac OS) in Camera Raw öffnen. Sobald Sie das JPEG gefunden haben, klicken Sie es an, jedoch noch nicht auf ÖFFNEN. Wählen Sie erst das richtige Format – Camera Raw. Über die Öffnen-Schaltfläche öffnen Sie das JPEG jetzt in Camera Raw (wie hier zu sehen).

Schritt 2:

Wir müssen uns für dieses Foto etwas Kreatives einfallen lassen, ihm optisch mehr Gewicht verleihen. Zunächst werden wir es mithilfe des Weißabgleichs aufwärmen. Würde es sich um ein Raw-Foto handeln, könnten wir einfach die passende Vorgabe wählen. Es ist jedoch ein JPEG, deshalb müssen wir es von Hand bearbeiten. Ziehen Sie den Farbtemperaturregler nach rechts auf einen Wert von +60. Ziehen Sie im Anschluss den Farbtonregler ebenfalls nach rechts, auf +11.

Schritt 3:

Die Farbe des Lichts ähnelt jetzt eher einem Sonnenuntergang, jedoch ist die Intensität noch zu stark. Aus diesem Grund verringern wir jetzt die Belichtung. Das ist eine einfache Einstellung – ziehen Sie lediglich den Belichtungsregler nach links auf –1,80.

Schritt 4:

Für die Silhouette müssen wir die Schwarztöne verstärken. Ziehen Sie deshalb den Schwarzregler nach rechts, bis alle Details in die Tiefen fallen. Ich wählte hier einen Wert von 41.

Schritt 5:

Um die Farbintensität zu erhöhen, ziehen Sie den Dynamikregler nach rechts (ich wählte hier den Dynamik- statt des Sättigungsreglers, weil dabei weniger gesättigte Farben stärker bearbeitet werden als bereits gesättigte Farben). Ich wählte für die Dynamik einen Wert von +45. Klicken Sie nun auf BILD ÖFFNEN, um das Bild in Photoshop zu öffnen.

Schritt 6:

In Photoshop werden wir nun den oberen Bereich des Himmels etwas abdunkeln (einen Neutralverlaufsfilter- Effekt anwenden). Drücken Sie die Taste D, um Schwarz als Vordergrund- farbe einzustellen, und im Anschluss im Ebenen-Bedienfeld auf der Schalt-' fläche NEUE FÜLL- ODER EINSTELLUNGSEBENE ERSTELLEN. Wählen Sie die Option VERLAUF.

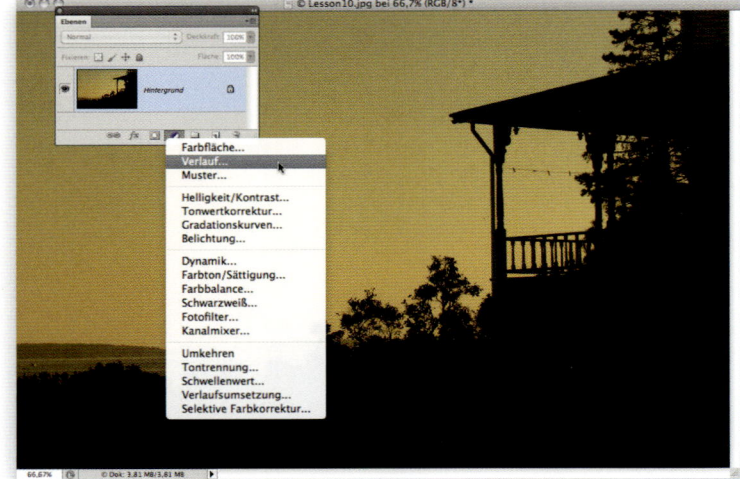

Schritt 7:

Sobald das Dialogfeld erscheint, wird der untere statt des oberen Bildbereichs abgedunkelt (das ist die Standardeinstellung). Aktivieren Sie deshalb das Kontrollkästchen UMKEHREN (hier rot eingekreist), klicken Sie jedoch noch nicht auf OK.

Schritt 8:

Klicken Sie in dem Dialogfeld einmal direkt auf die Verlaufsminiatur, um das Dialogfeld VERLÄUFE BEARBEITEN zu öffnen. Sie kontrollieren die Ausdehnung des Verlaufs, indem Sie den oberen rechten Deckkraftstopp nach links verschieben (wie in der Abbildung zu sehen). Und jetzt das Komische: Sie erhalten leider keine direkte Vorschau – Sie müssen den Stopp nach links ziehen und die Maustaste loslassen. Erst dann sehen Sie das Ergebnis (ich weiß nicht, warum das so ist). Beschränken Sie auf diese Art und Weise den Verlauf auf den Himmel. Sie können im Anschluss in beiden Dialogfeldern auf OK klicken.

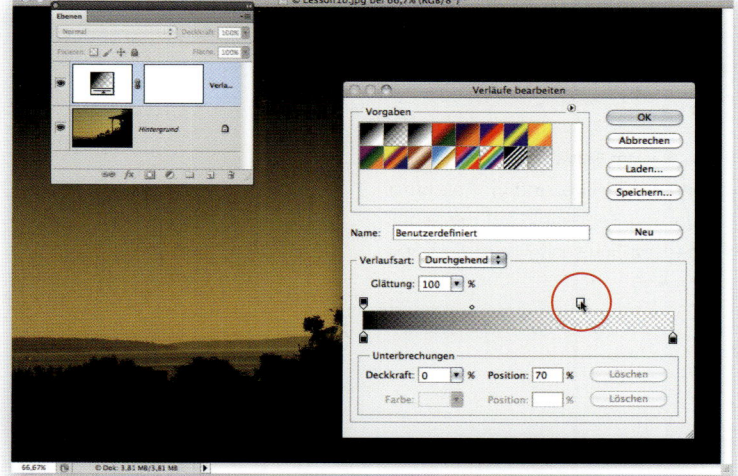

Schritt 9:

Um den Verlauf in das Farbfoto überzublenden (statt es abzudecken),
ändern Sie die Füllmethode der Verlaufsebene in WEICHES LICHT. Reduzieren
Sie danach die Ebenen auf den Hintergrund, indem Sie aus dem Menü des
Ebenen-Bedienfelds den Befehl AUF
HINTERGRUNDEBENE REDUZIEREN wählen.

Schritt 10:

Um den Kontrast zu verstärken und die
Farben noch deutlicher herauszuarbei-
ten, wählen Sie BILD/MODUS/LAB-FARBE
und im Anschluss BILD/BILD-BERECHNUNGEN.
In dem Dialogfeld ändern Sie lediglich
die Füllmethode in WEICHES LICHT. Das
war`s schon. Klicken Sie auf OK und
wandeln Sie das Bild wieder in den
RGB-Modus um.

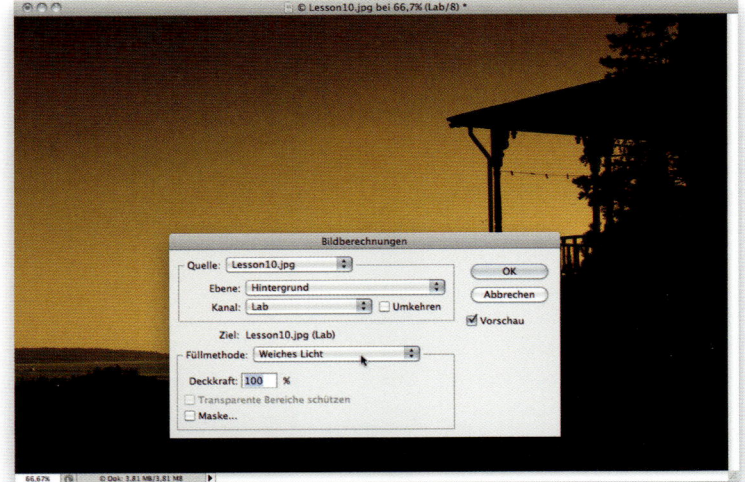

Schritt 11:

Zum Abschluss zeichnen Sie das Bild noch scharf. Wählen Sie im Aktionen-Bedienfeld die starke Scharfzeichnung aus und klicken Sie auf AUSWAHL AUSFÜHREN (wie hier zu sehen). Unten sehen Sie das Foto vor und nach der Bearbeitung.

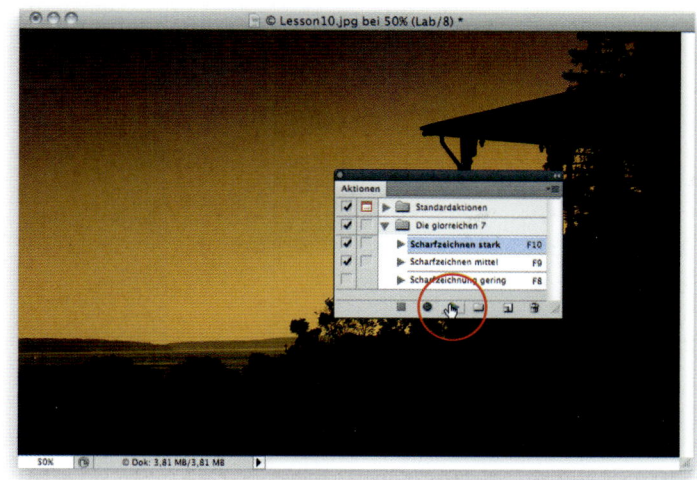

Vorher

Nachher

LEKTION 11

Dieses Foto wurde hinter der Kirche von Santa Fe aufgenommen, die Sie bereits in einer früheren Lektion gesehen haben. Die Farben sahen richtig gut aus und leuchteten – bis ich das Foto in Photoshop öffnete. Das ist eines der Fotos, die Sie zweimal entwickeln müssen (also zwei verschiedene Versionen ein und desselben Bilds erzeugen), um dann die besten Bereiche miteinander zu kombinieren. Für dieses Bild sind ein paar mehr Schritte notwendig, aber das Ergebnis ist es durchaus wert (denn das Original hätte nie jemand angeschaut).

LEKTION 11

Schritt 1:
Öffnen Sie das Originalfoto in Camera Raw (wie hier zu sehen).

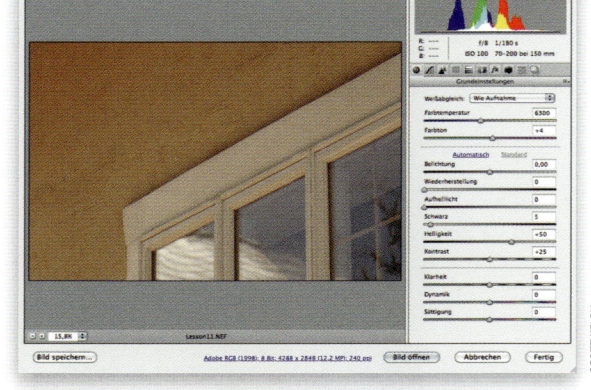

SCOTT KELBY

Schritt 2:
Lassen Sie uns die gelbe Wand etwas aufwärmen, indem wir den Farbtemperaturregler des Weißabgleichs nach rechts, Richtung Gelb, auf 7700 ziehen.

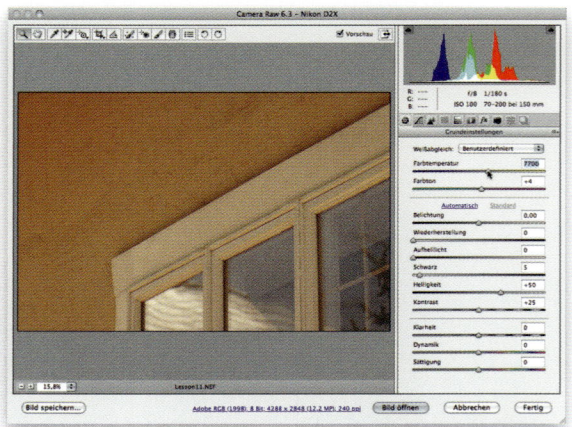

Schritt 3:

Jetzt korrigieren wir die Belichtung und beginnen dabei mit den Lichtern. Ziehen Sie den Belichtungsregler nach rechts auf etwa +0,60. Das Foto wird insgesamt heller – das Histogramm zeigt jedoch einige Lichterbeschneidungen. Teile des Histogramms treffen auf den rechten Rand, denn die Beschneidungswarnung (das Dreieck oben rechts in der Ecke) hat sich rot verfärbt (solange das Dreieck oben rechts farbig und nicht weiß ist, haben wir Farbbeschneidungen). Aber das lässt sich leicht korrigieren.

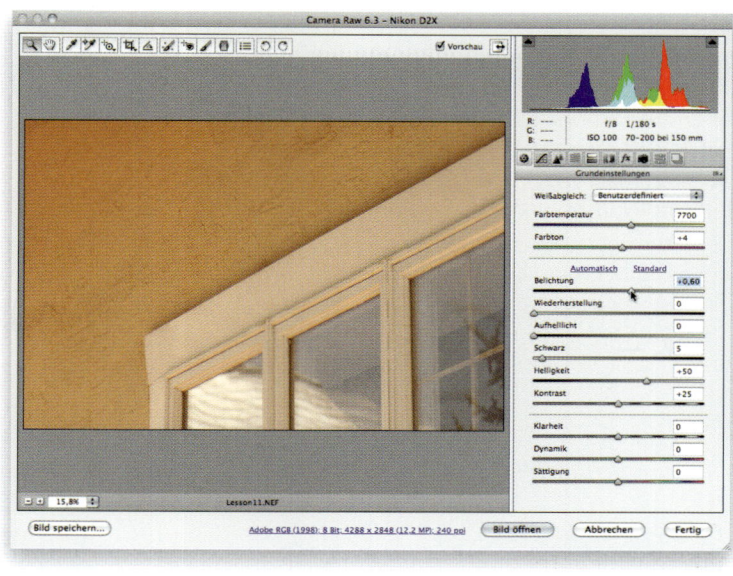

Schritt 4:

Um die Beschneidung zu korrigieren, ziehen Sie den Wiederherstellungs-regler nach rechts, bis sich das Dreieck wieder schwarz verfärbt (Sie müssen bis auf 3 ziehen).

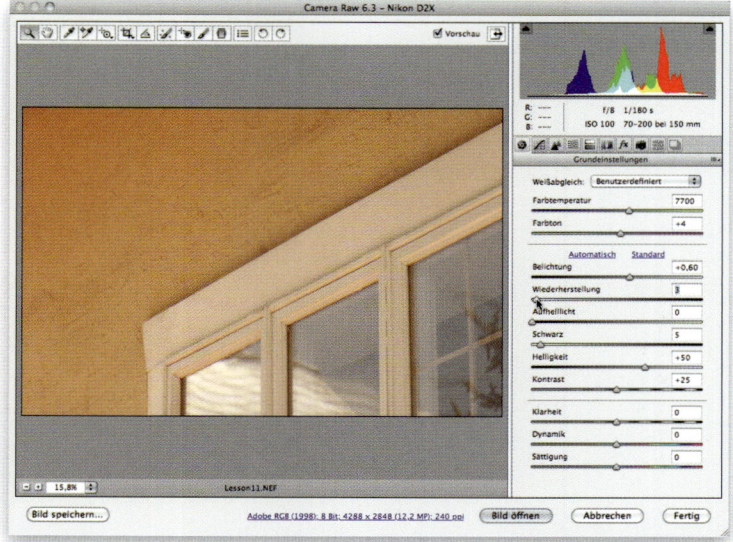

Schritt 5:

Um die gelbe Farbe stärker zu sättigen (damit das Foto weniger ausgewaschen aussieht), verstärken wir die Tiefen. Ziehen Sie den Schwarzregler nach rechts auf etwa 18 (wie hier zu sehen). Hey, wir haben's gleich – das sieht schon ganz gut aus (solange Sie sich nicht die Fenster ansehen, aber die bearbeiten wir gleich).

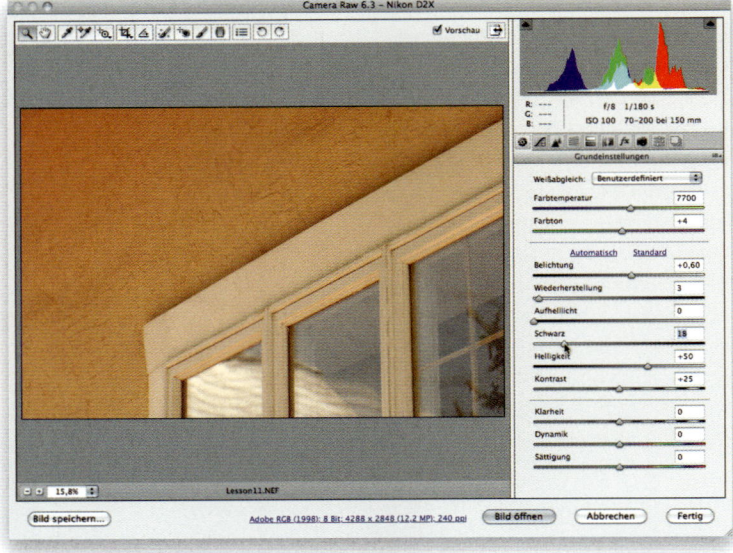

Schritt 6:

Jetzt bearbeiten wir die Mitteltöne, indem wir etwas Klarheit hinzufügen (diesen Regler können Sie sich als Scharfzeichner für die Mitteltöne vorstellen). Klicken Sie jedoch auf das Zoom-Werkzeug und zoomen Sie auf 100% in das Bild hinein, bevor Sie den Regler verschieben. Ziehen Sie den Regler dann auf einen Wert von 33.

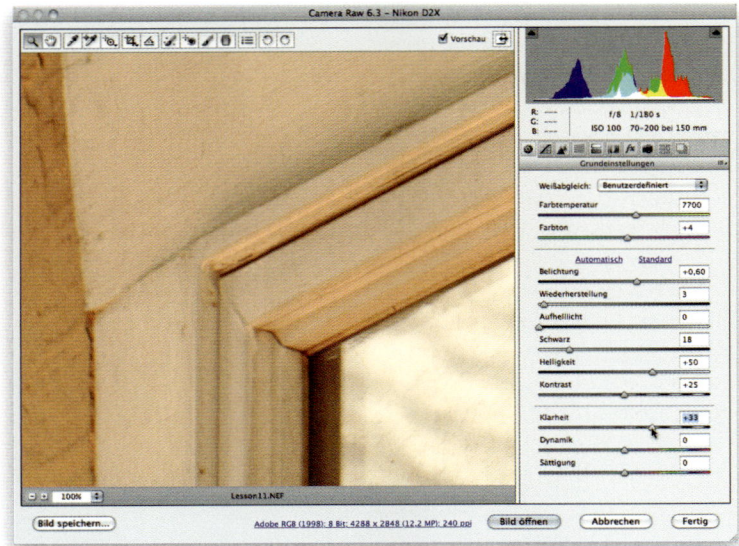

Schritt 7:

Um die Farben des Fotos zu intensivieren, ziehen Sie den Dynamikregler etwas nach rechts (auf etwa +14). Halten Sie die ⬆-Taste gedrückt, damit sich die Schaltfläche BILD ÖFFNEN in OBJEKT ÖFFNEN verwandelt. Klicken Sie auf die Schaltfläche, um das Foto als Smart Objekt in Photoshop zu öffnen.

Schritt 8:

Hier sehen Sie das Foto als Smart Objekt in Photoshop (die Ebenenminiatur im Ebenen-Bedienfeld verrät, dass es sich um ein Smart Objekt handelt – sehen Sie das kleine Symbol in der unteren rechten Ecke?). Jetzt müssen wir uns der Fenster annehmen (einen Teil blauen Himmels einfügen und den gelben Farbstich entfernen). Duplizieren Sie die Ebene, indem Sie mit der rechten Maustaste auf die Ebene klicken und aus dem Kontextmenü den Befehl NEUES SMART OBJEKT DURCH KOPIE wählen.

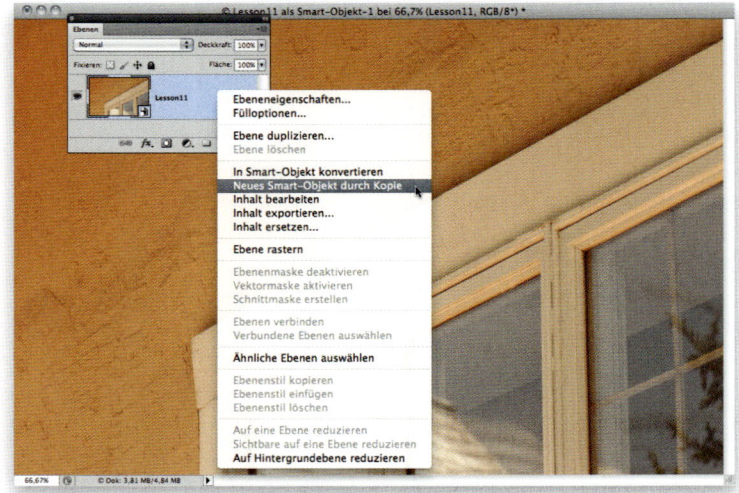

LEKTION 11

Schritt 9:

Hier sehen Sie die duplizierte Ebene im Ebenen-Bedienfeld. Diese Kopie wollen wir jetzt noch einmal in Camera Raw bearbeiten. Klicken Sie also doppelt auf die Ebenenminiatur.

Schritt 10:

Um einige blaue Reflexionen in den Fenstern zu erzeugen, werden wir zwei Weißabgleich-Einstellungen vornehmen: (1) Aktivieren Sie im Popup-Menü die Option KALTLICHT, um dem Bild mehr Blau hinzuzufügen (in diesem Foto sieht es eher wie Violett aus), und (2) ziehen Sie den Farbtonregler auf 0. Das war's, zwei einfache Änderungen. Klicken Sie auf OK.

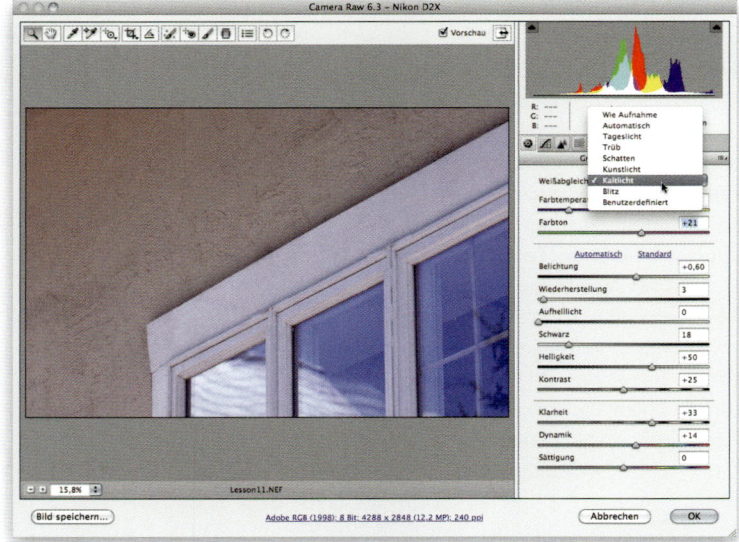

Schritt 11:

Sobald Sie auf OK klicken, werden die Änderungen automatisch übernommen (im Ebenen-Bedienfeld sehen Sie die Änderung). Obwohl die blauen Fenster jetzt genau richtig sind, wollen wir die blassgelbe Wand nicht. Es wird also Zeit für eine Ebenenmaske. Klicken Sie unten im Ebenen-Bedienfeld auf die Schaltfläche EBENENMASKE HINZUFÜGEN.

Schritt 12:

Jetzt erstellen Sie eine Auswahl von allem außer den Fenstern. Da es sich hier lediglich um gerade Linien handelt, eignet sich das Polygon-Lasso am besten (wenn Sie sich mit dem Zeichenstift auskennen, können Sie auch diesen verwenden).

Tipp: Sie können auch versuchen, die Wand mit dem Schnellauswahl-Werkzeug W auszuwählen – klicken Sie einfach in die Wand.

Aktivieren Sie das Polygon-Lasso: Klicken Sie, verschieben Sie den Zeiger auf den nächsten Punkt. Beim Ziehen erscheint eine Linie, die die beiden Punkte verbindet. Klicken und ziehen Sie, bis das gesamte Bild (außer den Fenstern) ausgewählt ist. Sobald Sie am Ausgangspunkt angekommen sind, klicken Sie in den Startpunkt, um die Auswahl zu schließen.

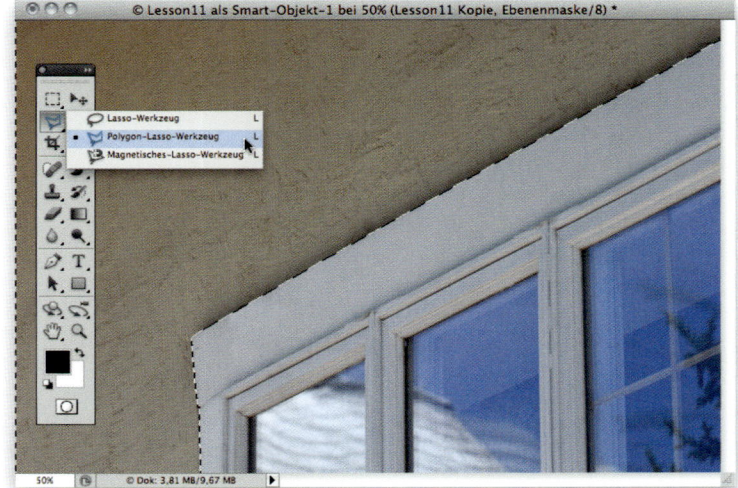

Schritt 13:

Ist die Wand ausgewählt, stellen
Sie sicher, dass Schwarz als Vordergrundfarbe aktiv ist, und drücken Sie
Alt + Entf , um die Auswahl mit
Schwarz zu füllen (auf der Maske) und
die darunterliegende Ebene einzublenden. Heben Sie die Auswahl noch
nicht auf.

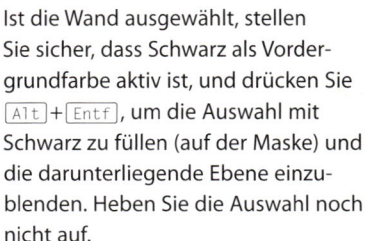

Schritt 14:

Jetzt müssen Sie nur das Fenster aus-
wählen (das Gegenteil von gerade
eben). Die Auswahl ist noch aktiv,
wählen Sie deshalb einfach AUSWAHL/
AUSWAHL UMKEHREN. Falls es nicht gleich
klappt, keine Panik – heben Sie die
Auswahl auf und wählen Sie mit dem
Polygon-Lasso das Fenster aus (die
Auswahl sollte aussehen wie in der
Abbildung).

Schritt 15:

Klicken Sie im Ebenen-Bedienfeld auf die Miniatur der blauen Ebene (wie hier zu sehen), um das Foto und nicht die Ebenenmaske auszuwählen. Sie haben die Auswahl noch nicht wieder aufgehoben, drücken Sie deshalb Strg/⌘+J, um die Auswahl in eine eigene Ebene zu kopieren.

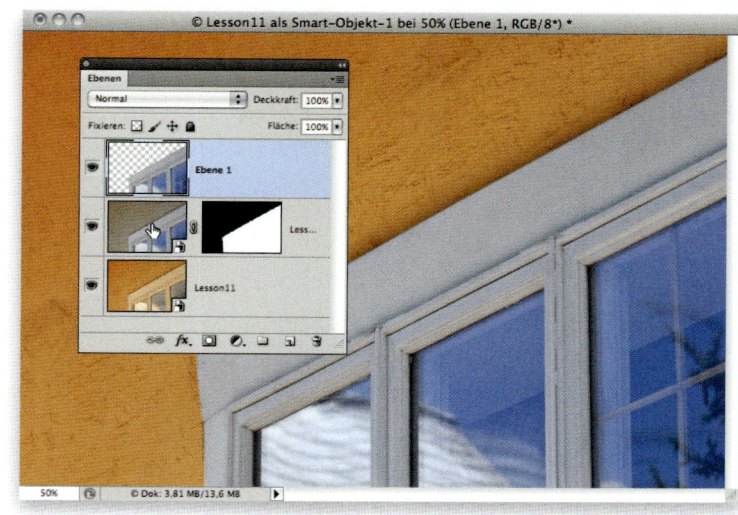

Schritt 16:

Wir wollen jetzt das Blau aus dem Fensterrahmen entfernen, aber dort befindet sich nicht nur Blau, sondern auch Rot (wenn Sie sich den Rahmen ganz genau ansehen, erkennen Sie die rote Farbe). Um einen schönen weißen Rahmen zu erhalten, müssen wir also beide Farben entfernen. Wählen Sie im Korrekturen-Bedienfeld Farbton/Sättigung und im zweiten Popup-Menü von oben die Option Blautöne. Ziehen Sie den Sättigungsregler in diesem Abschnitt auf –100, um das Blau zu entfernen.

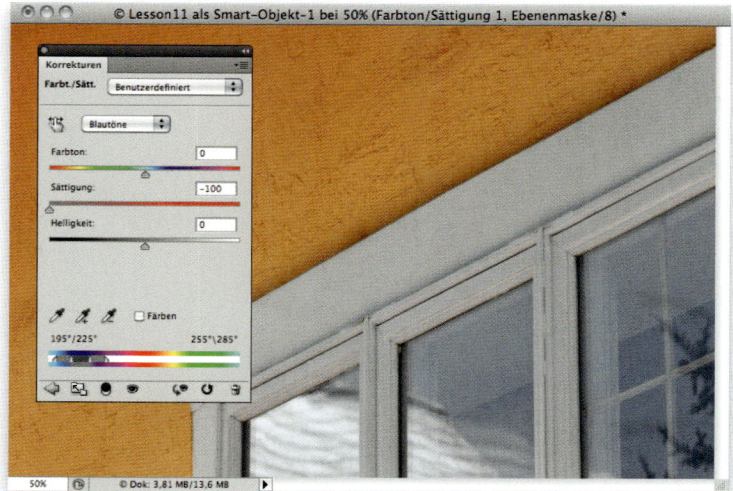

Schritt 17:

Aktivieren Sie jetzt ROTTÖNE und verringern Sie auch hier die Sättigung auf –100 (um diese Farbe aus den Fenstern und dem Fensterrahmen zu entfernen).

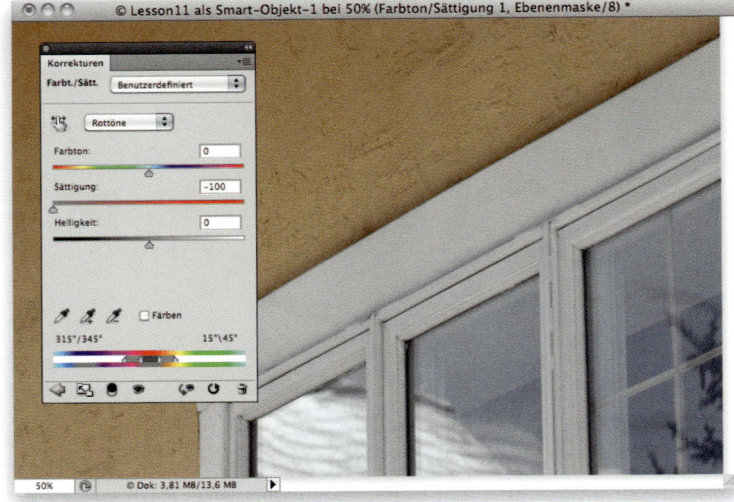

Schritt 18:

Um die Korrektur nur auf den Fensterbereich zu beschränken, erstellen wir eine Schnittmaske zwischen Einstellungsebene und der obersten Bildebene. Klicken Sie dazu bei gedrückter Alt-Taste auf die Trennlinie zwischen den oberen zwei Ebenen. Wir haben jetzt ein Ziel erreicht – den blauen und roten Farbstich aus dem Fensterrahmen zu entfernen. Allerdings ist auch das Blau im Fensterglas verschwunden (was gar nicht sein sollte). Deshalb werden wir das Fenster aus der oberen Ebene ausschneiden, um das Blau der darunterliegenden Ebene einzublenden. Klicken Sie auf die Ebenenmaske der obersten Ebene, aktivieren Sie das Polygon-Lasso oder das Schnellauswahl-Werkzeug und erstellen Sie eine Auswahl von der linken Fensterscheibe (wie hier zu sehen).

Schritt 19:

Haben Sie die Auswahl erstellt, drücken Sie [Alt]+[Entf], um diesen Bereich der Maske mit Schwarz zu füllen. Dadurch wird die darunterliegende Ebene eingeblendet.

Schritt 20:

Wählen Sie die mittlere Fensterscheibe aus und füllen Sie auch diese Auswahl mit Schwarz. Wiederholen Sie diese Schritte für die dritte Fensterscheibe (auswählen, mit Schwarz füllen), so dass auch hier das Blau der darunterliegenden Ebene durchscheinen kann. Drücken Sie [Strg]/[⌘]+[D], um die Auswahl aufzuheben.

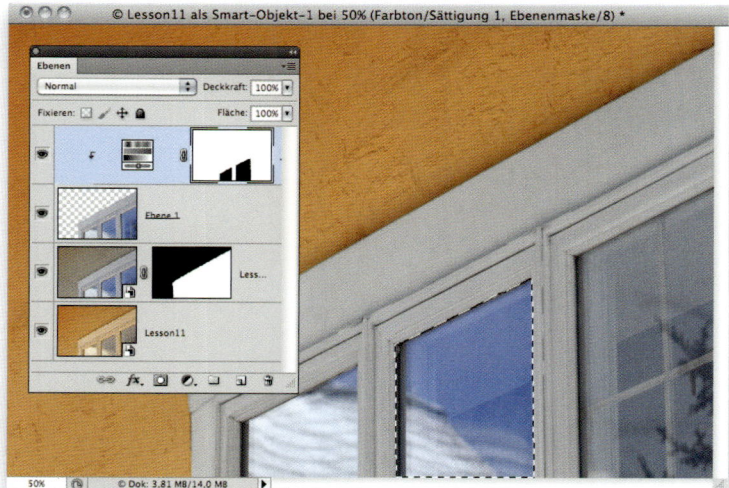

Schritt 21:

Jetzt schneiden wir die Fensterglas-
flächen aus der oberen Bildebene
aus: Ziehen Sie die Ebenenmaske der
Einstellungsebene (die oberste) auf die
Ebene darunter. Wählen Sie die beiden
obersten Ebenen bei gedrückter ⬆-
Taste aus. Drücken Sie Strg/⌘+E,
um die beiden obersten Ebenen auf
eine Ebene zu reduzieren.

Schritt 22:

Jetzt lässt sich das Endergebnis schon
langsam erahnen. Das Blau erscheint
jedoch noch etwas erdrückend.
Klicken Sie deshalb auf die mittlere
Ebenenminiatur (die blaue) und verringern Sie die Deckkraft, bis das Ergebnis
natürlicher wirkt (hier bei etwa 80%).

Schritt 23:

Nun können Sie die Ebenen reduzieren und eine Scharfzeichnungsaktion anwenden (ich wählte die starke Scharfzeichnung, wie hier zu sehen), um die Bearbeitung abzuschließen. Unten sehen Sie einen Vorher-Nachher-Vergleich.

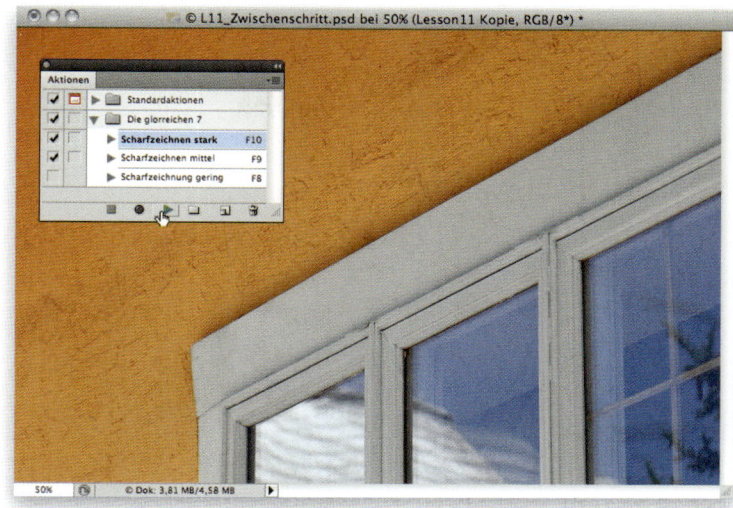

Vorher

Nachher

ADOBE CAMERA RAW

GRADATIONSKURVEN

TIEFEN/LICHTER

MIT LICHT MALEN

KANÄLE ANPASSEN

FÜLLMETHODEN & EBENENMASKEN

SCHARFZEICHNUNGSTECHNIKEN

LEKTION 12

Dieses Foto hat mein Freund Dave aufgenommen und er bat mich, etwas damit anzustellen. Die neue Version dieses Fotos war die Inspiration für dieses Buch. (Ich habe das Bild meinem Bruder gezeigt und er wollte ganz genau wissen, wie ich das angestellt habe – im Anschluss meinte er dann, ich solle doch ein Buch darüber schreiben. Genau das haben Sie jetzt schon zur Hälfte durchgearbeitet.) Dieses Foto wurde übrigens in L.A. aufgenommen. Ehrlich.

LEKTION 12

Schritt 1:

Öffnen Sie das Originalfoto in Camera Raw. Das Foto wurde als JPEG aufge-nommen. Um es also in Camera Raw öffnen zu können, müssen Sie Datei/ Öffnen als (Windows) bzw. Datei/Öffnen (Mac OS) wählen. Aktivieren Sie in dem Dialogfeld das Camera-Raw-Format, suchen Sie das Foto und klicken Sie auf Öffnen.

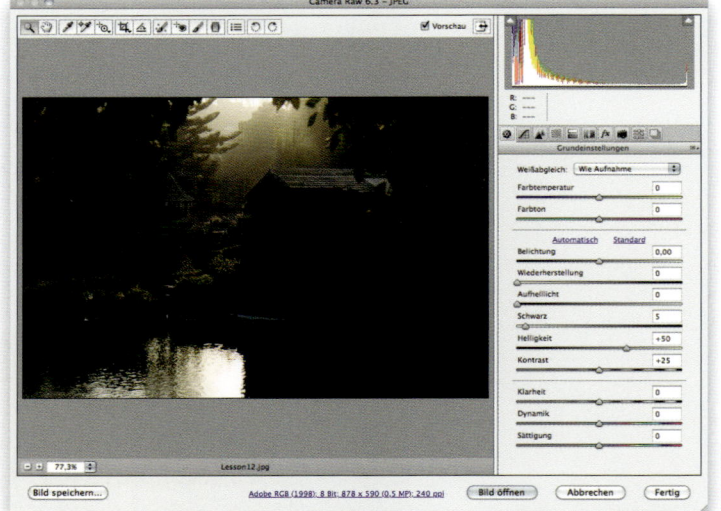

DAVE MOSER

Schritt 2:

Passen Sie zunächst den Weißabgleich an. Wir werden hier etwas kreativ sein und das Foto aufwärmen, das Grün und die düstere Stimmung entfernen. Ziehen Sie dazu den Farbtemperatur-regler nach rechts in Richtung Gelb, auf +44. Das Foto wirkt jetzt deutlich wärmer (sieht jedoch immer noch etwas verwaschen aus).

Schritt 3:

Um die Farben etwas stärker zu sätti-gen, müssen wir die Tiefen verstärken. Ziehen Sie den Schwarzregler nach rechts, bis die Farben lebendig und gesättigt aussehen (hier beim Wert 15).

LEKTION 12

Schritt 4:
Die Seite des Bootshauses erscheint durch die Verstärkung der Schwarztöne jedoch etwas zu dunkel. Ziehen Sie deshalb den Aufhelllichtregler etwas nach rechts, um einige der mittleren Tiefenbereiche aufzuhellen (hier zog ich den Regler auf den Wert 10).

Schritt 5:
Das Foto wurde am Spätnachmittag aufgenommen, als die Sonne schon deutlich tiefer am Himmel stand. Das einfallende Sonnenlicht ist jedoch trotzdem sehr hell. Verringern Sie die hellsten Lichter im Foto, indem Sie den Wiederherstellungsregler etwas nach rechts verschieben (hier auf 40). Die Lichter werden ein bisschen abgeschwächt – ein Trick, den ich sehr oft benutze, um einen sehr hellen Himmel etwas abzuschwächen, auch wenn die Lichter nicht beschnitten wurden.

Schritt 6:

Jetzt werden wir die gesamte Belichtung des Bilds verstärken. (Dieser Schritt war nicht sofort notwendig. Nachdem wir jedoch die Tiefen verstärkt und die extremen Lichter wiederhergestellt haben, muss die Belichtung angepasst werden.) Ziehen Sie den Belichtungsregler nach rechts auf +0,55), um etwas Helligkeit hinzuzufügen.

Schritt 7:

Das Letzte, was wir hier in Camera Raw erledigen, ist die Verstärkung des Kontrasts. Klicken Sie auf den Gradationskurven-Reiter (der zweite von links) und aktivieren Sie die Punktkurve. Wählen Sie aus dem Vorgaben-Popup-Menü Mittlerer Kontrast, um die Tiefen etwas abzudunkeln und die Lichter aufzuhellen (einen netten Kontrast zu erzeugen). Drücken Sie die ⌥-Taste, damit sich die Schaltfläche Bild öffnen in Objekt öffnen verwandelt. Klicken Sie auf diese Schaltfläche, um das JPEG als Smart Objekt in Photoshop zu öffnen.

Schritt 8:

Das Bild wird in Photoshop als Smart Objekt geöffnet. Wir müssen es jedoch doppelt entwickeln, um einige der natürlichen Farben zurück ins Bild zu bringen. Klicken Sie mit der rechten Maustaste neben den Namen der Smart-Objekt-Ebene, um das Kontextmenü zu öffnen. Wählen Sie in diesem den Befehl NEUES SMART OBJEKT DURCH KOPIE. Die Ebene wird dupliziert, jedoch nicht direkt mit dem Smart Objekt verbunden, wie es bei einer herkömmlichen Ebenenduplizierung der Fall gewesen wäre.

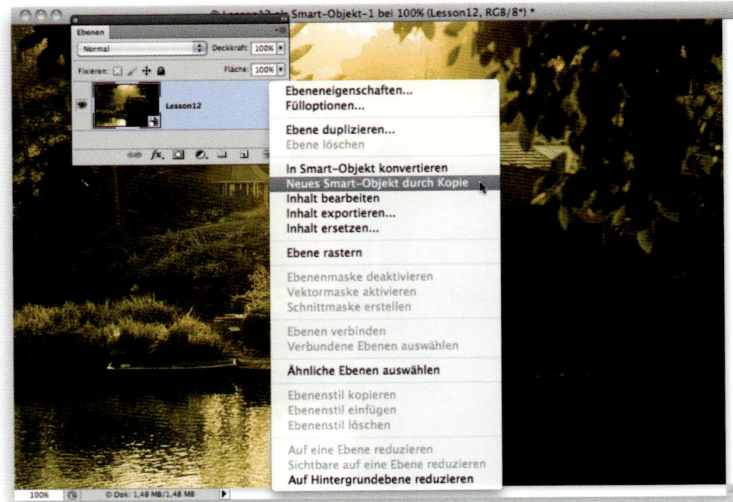

Schritt 9:

Sobald die neue Ebene erscheint, klicken Sie im Ebenen-Bedienfeld doppelt auf die Ebenenminiatur, um das Bild in Camera Raw zu öffnen. Die zuletzt verwendeten Einstellungen sind alle noch vorhanden. Allerdings wollen wir jetzt eine Version erstellen, die weniger gelb ist. Dazu tun Sie lediglich zwei Dinge: (1) Ändern Sie den Weißabgleich in AUTOMATISCH und (2) erhöhen Sie die Belichtung auf +1,80, wie in der Abbildung zu sehen. Das war's, zwei kleine Änderungen und das Foto sieht vollkommen anders aus. Klicken Sie auf OK, um die Änderungen auf die Smart-Objekt-Ebene in Photoshop anzuwenden.

Schritt 10:

Sobald sich die Ebene aktualisiert hat, drücken Sie die [Alt]-Taste und klicken unten in dem Ebenen-Bedienfeld auf die Schaltfläche EBENENMASKE HINZUFÜGEN, um die hellere, blauere Ebene auszublenden. Sie sehen jetzt nur noch das Bild aus der unteren Ebene.

Schritt 11:

Wir werden jetzt nur einige Bereiche der duplizierten Ebene einblenden. Stellen Sie Weiß als Vordergrundfarbe ein und aktivieren Sie den Pinsel mit einer recht großen, weichen Werkzeugspitze (etwa in der Größe, die Sie in der Abbildung sehen).

Schritt 12:

Malen Sie über das Bootshaus, die Treppen, den Pavillon, die Pflanzen, das Gras, eigentlich alles, was sich in der Bildmitte befindet – Wasser und Himmel. Konzentrieren Sie sich nur auf die Bildmitte und das Bootshaus. Beim Malen wird die Farbversion der duplizierten Ebene eingeblendet.

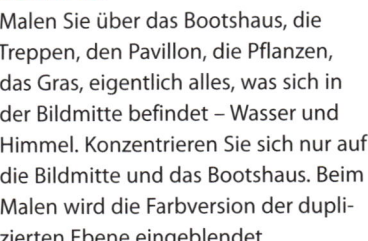

Schritt 13:

Malen Sie vollständig über den mittleren Bereich des Fotos, wie in der Abbildung zu sehen.

Schritt 14:

Falls dieser übermalte Bereich jetzt zu intensiv erscheint (ich finde, er ist zu intensiv), verringern Sie im Ebenen-Bedienfeld die Deckkraft der oberen Ebene (hier 80%). Sie können das Bild jetzt auf die Hintergrundebene reduzieren, wenn Sie wollen (aber das ist nicht unbedingt notwendig).

Schritt 15:

Um die Farben im Bild richtig aufzupeppen, wenden wir unseren Lab-Farbmodus-Trick an. Wählen Sie BILD/ MODUS/LAB-FARBE und anschließend BILD/ BILDBERECHNUNGEN. Ändern Sie in dem Dialogfeld die Füllmethode in WEICHES LICHT und sehen Sie sich die drei Kanäle an (Lab, »a« und »b«) – entscheiden Sie, welcher am besten aussieht. Mir gefällt hier der »b«-Kanal am besten, weil er das Foto aufwärmt und die Farben intensiviert. Erscheinen sie Ihnen zu intensiv, verringern Sie einfach die Deckkraft auf etwa 80%, wie hier zu sehen, und klicken Sie im Anschluss auf OK.

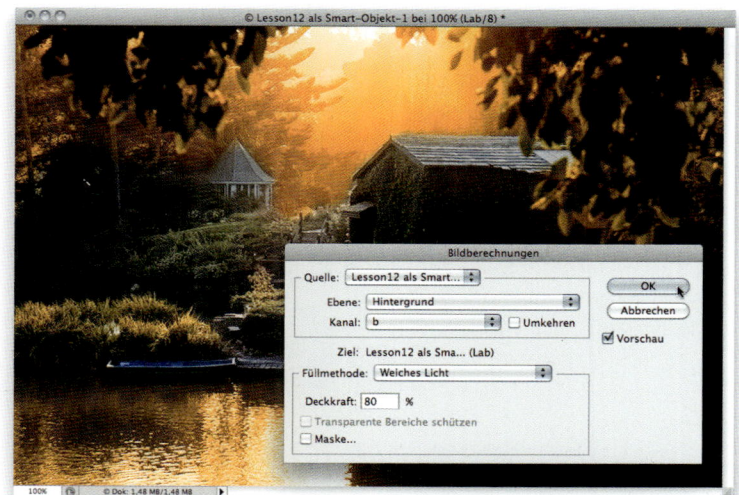

Schritt 16:

Wandeln Sie das Bild im Anschluss wieder in den RGB-Modus um. Konzentrieren wir uns auf das bisher etwas unspektakuläre Wasser. Wenn es ruhig und spiegelnd wäre, würde es deutlich besser aussehen. Drücken Sie die Taste M, um das Auswahlrechteck zu aktivieren, und erstellen Sie eine Auswahl vom oberen Bildbereich, wie in der Abbildung zu sehen. (Ich ziehe dazu das Dokumentfenster etwas größer, um nahtlos an der Bildecke ansetzen zu können.)

Schritt 17:

Kopieren Sie die Auswahl mit Strg/⌘+J in eine eigene Ebene (diese erscheint im Ebenen-Bedienfeld). Drücken Sie Strg/⌘+T, um den Frei-transformieren-Rahmen aufzurufen. Dann müssen Sie innerhalb des Rahmens mit der rechten Maustaste klicken, um ein Kontextmenü mit Befehlen aufzurufen. Wählen Sie VERTIKAL SPIEGELN (wie hier zu sehen).

Schritt 18:

Die aktuelle Ebene wird auf den Kopf gestellt. Bestätigen Sie die Transformation mit der ⏎-Taste. Mit dieser gespiegelten Ebene erzeugen Sie jetzt das spiegelnde Wasser.

Schritt 19:

Aktivieren Sie das Verschieben-Werkzeug, halten Sie die ⇧-Taste gedrückt (um die Ausrichtung zu erhalten) und ziehen Sie die gespiegelte Ebene senkrecht nach unten, bis Sie die Unterkante der Originalboote erreichen. Das Bild sieht jetzt schon deutlich besser aus, es gibt nur ein Problem – die Uferlinie ist nicht gerade, teilweise wird sie von der gespiegelten Version verdeckt. In dem kleinen Bild hier im Buch ist es vielleicht schlecht zu sehen, aber auf dem Monitor (oder einem Ausdruck) ist es recht deutlich zu erkennen. Das müssen wir unbedingt korrigieren.

LEKTION 12

Schritt 20:

Klicken Sie im Ebenen-Bedienfeld auf das Augen-Symbol der oberen Ebene, um diese auszublenden. Aktivieren Sie die Hintergrundebene und das Lasso. Erstellen Sie eine Auswahl um die Uferkante an der rechten Bildseite (siehe Abbildung). Halten Sie die [Alt]-Taste gedrückt, lassen Sie die Maustaste los und klicken Sie, um das Freiform-Lasso in das Polygon-Lasso zu verwandeln. Jetzt können Sie eine geradlinige Auswahl erstellen.

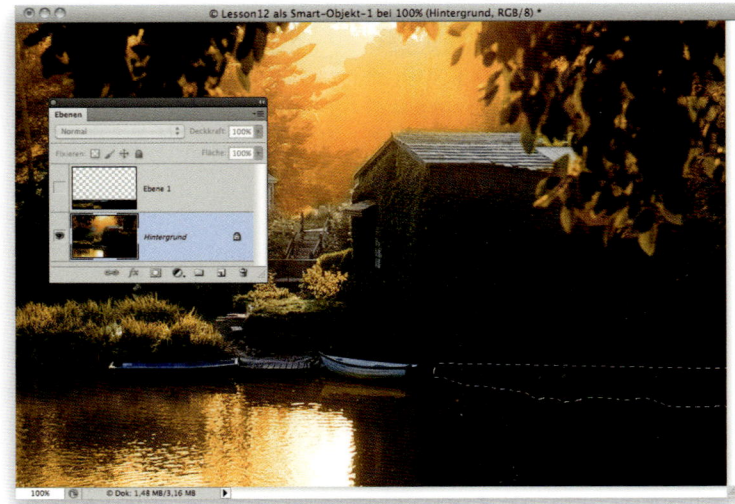

Schritt 21:

Blenden Sie die obere Ebene wieder ein und aktivieren Sie sie. Die Auswahl sollte immer noch aktiv sein. Drücken Sie deshalb die [Entf]-Taste, um diesen überlappenden Bereich zu entfernen.

Hinweis: Falls die Kante zu hart erscheint, drücken Sie [Strg]/[⌘]+[Z], um den letzten Schritt rückgängig zu machen. Wenden Sie eine weiche Auswahlkante mit einem Radius von 2 Pixel an (AUSWAHL/AUSWAHL VERÄNDERN/ WEICHE KANTE) und löschen Sie dann den Bereich. Die Kanten werden geglättet, das Ergebnis ist weniger deutlich sichtbar. Ich bezweifle zwar, dass eine weiche Auswahlkante in diesem Fall wirklich notwendig ist, aber man kann ja nie wissen. Heben Sie nun die Auswahl mit [Strg]/[⌘]+[D] auf.

Schritt 22:

Jetzt werden wir die Kanten des Fotos etwas einbrennen, damit es so aussieht, als würde ein weiches Licht nur auf die Bildmitte scheinen. Reduzieren Sie zunächst die Ebenen; ziehen Sie die Hintergrundebene danach auf die Schaltfläche Ebene erstellen, um sie zu duplizieren. Ändern Sie die Füllmethode der Ebenenkopie in Multiplizieren (wie hier zu sehen). Das Bild wird jetzt deutlich dunkler.

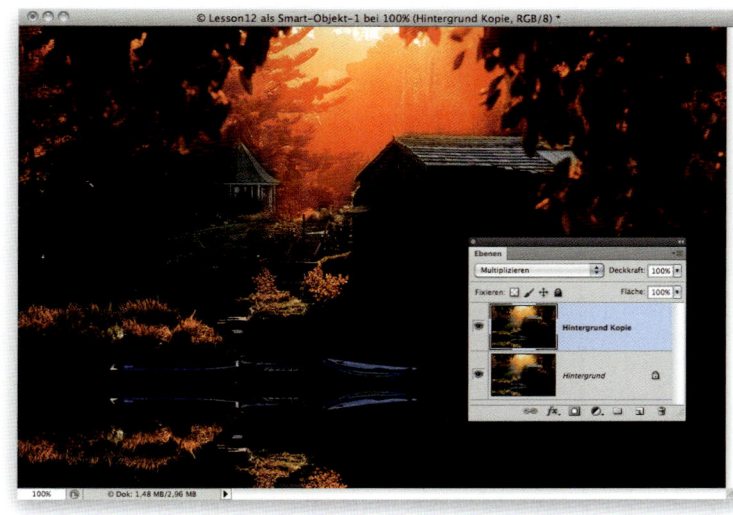

Schritt 23:

Aktivieren Sie das Auswahlrechteck und erstellen Sie eine Auswahl, mit einem Abstand zum Rand von ca. 2,5 cm. Wählen Sie Auswahl/Auswahl verändern/Weiche Kante, um eine weiche Auswahlkante anzuwenden. Geben Sie in dem Dialogfeld für den Radius einen Wert von 100 Pixel ein (für dieses eher kleine Foto mit geringerer Auflösung) oder 200 Pixel für hoch auflösende Fotos. Klicken Sie auf OK.

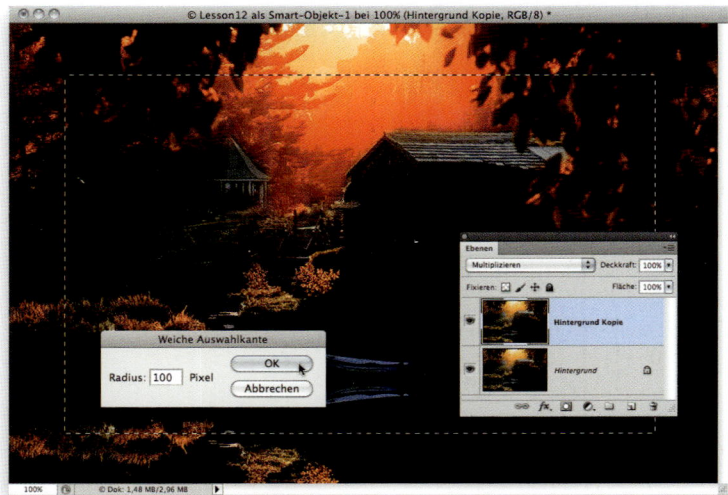

Schritt 24:

Drücken Sie die `Entf`-Taste, um ein Loch aus der dunkleren Ebene auszuschneiden und die darunterliegende, hellere Ebene einzublenden (wie in der Abbildung zu sehen). Die Kanten des Bilds bleiben dunkel, die Mitte des Bilds wird schön aufgehellt. Heben Sie die Auswahl mit `Strg`/`⌘`+`D` auf und reduzieren Sie die Ebenen auf den Hintergrund, indem Sie den entsprechenden Befehl aus dem Menü des Ebenen-Bedienfelds wählen.

Schritt 25:

Zeichnen Sie das Foto im letzten Schritt scharf – nutzen Sie Ihre Aktionen aus Lektion 1. Weil es sich um ein eher weicheres Foto handelt, ist die mittlere Scharfzeichnung bestens geeignet. Auf der nächsten Seite sehen Sie das Foto vor und nach der Bearbeitung.

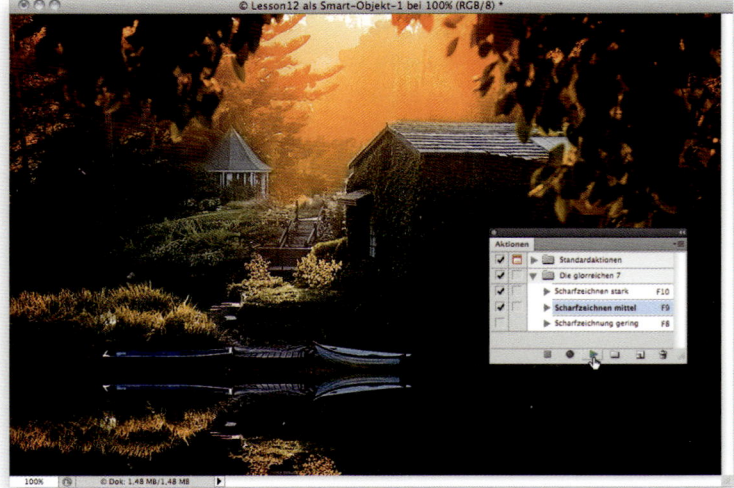

Vorher

Nachher

LEKTION 13

Dieses Bild war so schlecht, dass ich mir selbst nach der Anwendung der Glorreichen 7 den Himmel aus einem anderen Foto borgen musste – einer Aufnahme, die ich am selben Ort, etwa 30 Minuten später, gemacht hatte. Ich mag es eigentlich nicht, zwei Bilder wie diese zusammenzusetzen, aber in diesem Fall gab es leider keinen anderen Ausweg. Und sollten Sie einmal in eine ähnliche Situation geraten, wissen Sie wenigstens, was zu tun ist.

Schritt 1:

Öffnen Sie das Originalfoto in Camera Raw. Dieses Foto wurde mit einer langen Belichtung vor dem Sonnenuntergang aufgenommen, damit das Wasser schön seidig aussieht. Leider wurde dadurch der Himmel etwas zu sehr ausgewaschen. Die Steine im Vordergrund sind okay (vielleicht ein bisschen dunkel) und mit dem Wasser lässt sich auch arbeiten. Auch für die Farben ist etwas Aufwand nötig, aber das sollte klappen.

SCOTT KELBY

Schritt 2:

Wählen wir zunächst einen Weißabgleich, der deutlich besser aussieht. Weil es sich um ein Raw-Foto handelt, können wir eine der Vorgaben aus dem Popup-Menü verwenden – KALTLICHT.

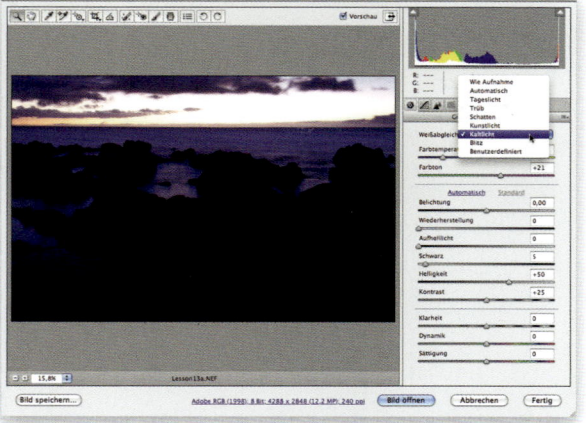

Schritt 3:

Bei der Standardeinstellung haben die Tiefen (die Schwarztöne) einen Wert von 5, wodurch die Steine im Vordergrund richtig schwarz aussehen. Ziehen Sie deshalb den Schwarzregler nach links auf den Wert 0 – einige Details in den Steinen werden wieder sichtbar. Um sie zusätzlich noch etwas aufzuhellen, ziehen Sie den Aufhelllichtregler etwas nach rechts (hier wählte ich einen Wert von 35).

Schritt 4:

Lassen Sie uns auch die Mitteltöne etwas aufhellen (versuchen Sie, die Steine so hell wie möglich zu halten, wir werden sie dann später ohnehin noch einmal etwas abdunkeln). Ziehen Sie also den Helligkeitsregler nach rechts (wie hier zu sehen, wo ich den Wert +58 wählte).

Schritt 5:

Wenn Sie auf die Schaltfläche BILD ÖFFNEN klicken, öffnen Sie das Foto in Photoshop. Die Steine sehen jetzt ganz okay aus (nicht bestechend, aber okay), der Himmel geht jedoch gar nicht. Das ist eine der Aufnahmen, bei der bereits in der Kamera so viele Details verloren gegangen sind, dass diese in Camera Raw nicht wiederhergestellt werden können. Wenn Sie die Lichter etwas beschnitten hätten, ließen sie sich im Raw-Format oft wiederherstellen, in einem Fall wie diesem hier müssen Sie jedoch zu Plan B übergehen. Plan B besagt, dass wir einen anderen Himmel einsetzen werden. Ich habe aus etwa derselben Position 30 Minuten später noch eine weitere Auf-nahme gemacht (nachdem die Sonne untergegangen war) – in diesem Bild sahen die Wolken deutlich besser aus.

Schritt 6:

Öffnen Sie das zweite Raw-Foto (wie hier zu sehen) und passen Sie die Farben an die des ersten Bilds an. Wählen Sie also denselben Weiß-abgleich. Im Histogramm sehen Sie, dass beide Beschneidungswarnungen aktiv sind. Das müssen wir korrigieren.

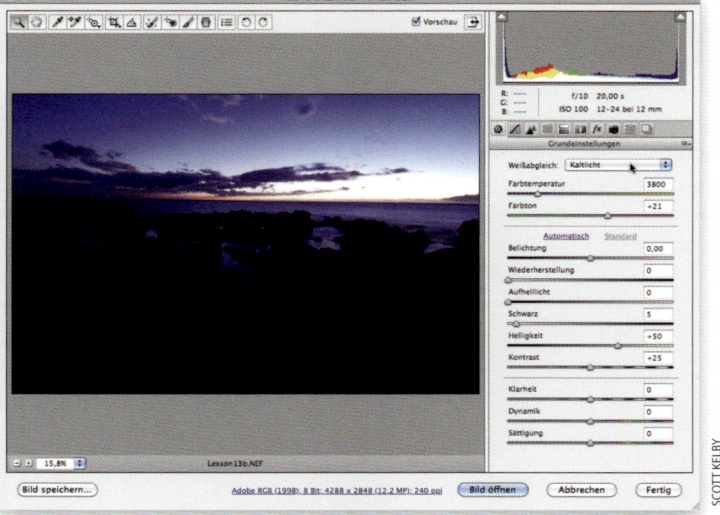

Schritt 7:

Zum Glück gibt es in diesem Bild nicht annähernd die Probleme mit den Lichtern wie in dem anderen Foto, so dass wir sie recht schnell korrigieren können. Verringern Sie die Belichtung (auf etwa –0,45) und erhöhen Sie die Wiederherstellung auf 55. Wenn Sie jetzt in das Histogramm schauen, sehen Sie, dass das rechte Dreieck für die Beschneidungswarnung wieder schwarz ist und der Himmel schöne Details aufweist (auch in den ganz hellen Bereichen).

Schritt 8:

Ein viel größeres Problem in diesem Foto ist eigentlich, dass der Horizont nicht ganz gerade ist (ich wollte mal ausprobieren, wie viel man in einer Aufnahme falsch machen kann). Aktivieren Sie das Gerade-ausrichten-Werkzeug A – es befindet sich neben dem Freistellungswerkzeug – und ziehen Sie entlang der Horizont-linie (ich zog hier von links nach rechts).

Schritt 9:

Sobald Sie die Maustaste loslassen, wendet das Werkzeug die benötigte Drehung an, um das Foto perfekt gerade auszurichten. Öffnen Sie das Foto jetzt in Photoshop, erscheint es gerade. Klicken Sie also auf die Schaltfläche BILD ÖFFNEN.

Schritt 10:

In Photoshop sind jetzt zwei Fotos geöffnet: eines mit dem schönen seidigen Wasser und den helleren Steinen und eines mit einem gut aussehenden Himmel. Bringen wir die beiden zusammen? Ich wette, sie harmonieren bestens.

Schritt 11:

Aktivieren Sie das Verschieben-Werkzeug ⓥ, halten Sie die ⇧-Taste gedrückt und ziehen Sie das Foto mit den guten Steinen über das mit dem schicken Himmel (es erscheint in einer eigenen Ebene, wie in der Abbildung zu sehen). Die ⇧-Taste halten Sie gedrückt, um das Foto perfekt mit dem anderen auszurichten. Ansonsten würde es dort platziert werden, wo Sie die Maustaste loslassen.

Schritt 12:

Die beiden Horizontlinien müssen jetzt aneinander ausgerichtet werden. Verringern Sie im Ebenen-Bedienfeld deshalb die Deckkraft der oberen Ebene auf etwa 40%. Jetzt können Sie durch diese Ebene hindurchsehen und erkennen den Horizont der Hintergrundebene.

Schritt 13:

Halten Sie die ⟨⇧⟩-Taste gedrückt, aktivieren Sie das Verschieben-Werkzeug und klicken und ziehen Sie gerade nach unten (die ⟨⇧⟩-Taste dient auch hier wieder der perfekten Ausrichtung). Ziehen Sie so weit, bis beide Horizontlinien perfekt ausgerichtet sind (wie in der Abbildung zu sehen). Sie können auch die vertikalen Pfeiltasten benutzen, um ganz genau zu arbeiten. Dabei müssen Sie auch keine andere Taste gedrückt halten. Erhöhen Sie die Deckkraft der oberen Ebene dann wieder auf 100%.

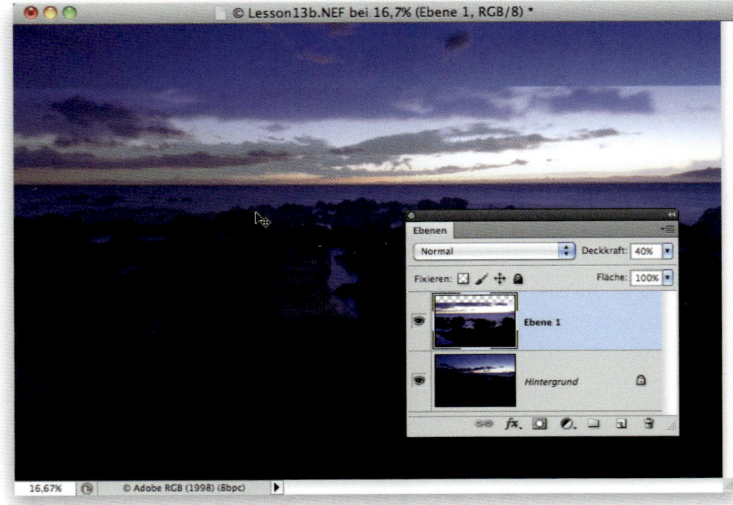

Schritt 14:

Jetzt werden wir beide Fotos mithilfe einer Ebenenmaske ineinander überblenden (klicken Sie unten im Bedienfeld auf die Schaltfläche EBENENMASKE HINZUFÜGEN), allerdings arbeiten wir nicht mit dem Pinsel. Stattdessen erstellen wir eine rechteckige Auswahl vom Bereich über der Horizontlinie (nutzen Sie dazu das Auswahlrechteck, wie hier zu sehen).

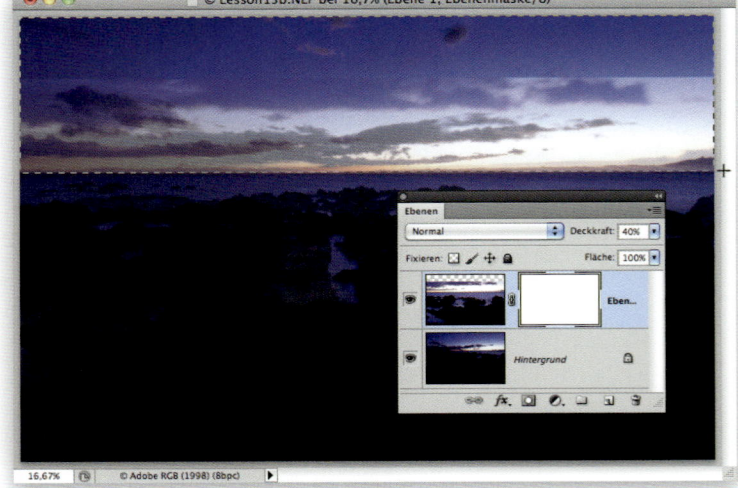

Schritt 15:

Der Übergang zwischen den beiden Fotos soll so fein wie möglich sein, lassen Sie uns deshalb eine weiche Auswahlkante anwenden. Wählen Sie AUSWAHL/AUSWAHL VERÄNDERN/WEICHE KANTE. Geben Sie in dem Dialogfeld einen Radius von 5 ein und klicken Sie auf OK.

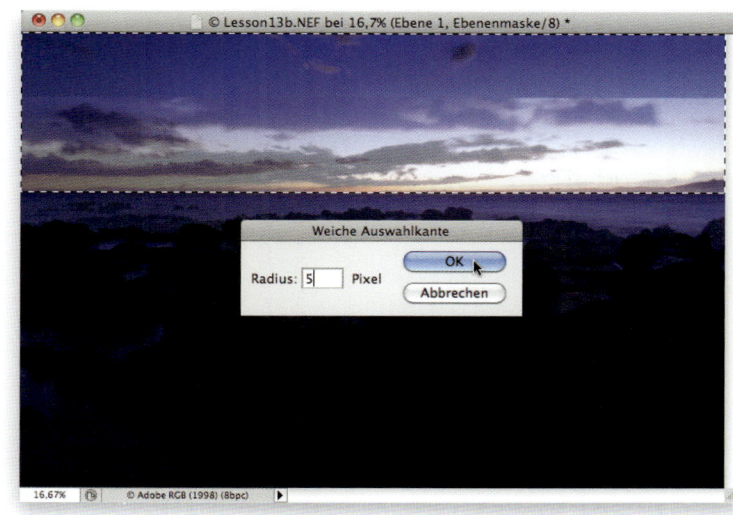

Schritt 16:

Um den alten Himmel zu entfernen, stellen Sie Schwarz als Vordergrundfarbe ein und drücken Sie Alt + Entf, um die Auswahl der Maske mit Schwarz zu füllen. Dadurch wird der alte Himmel ausgeblendet.

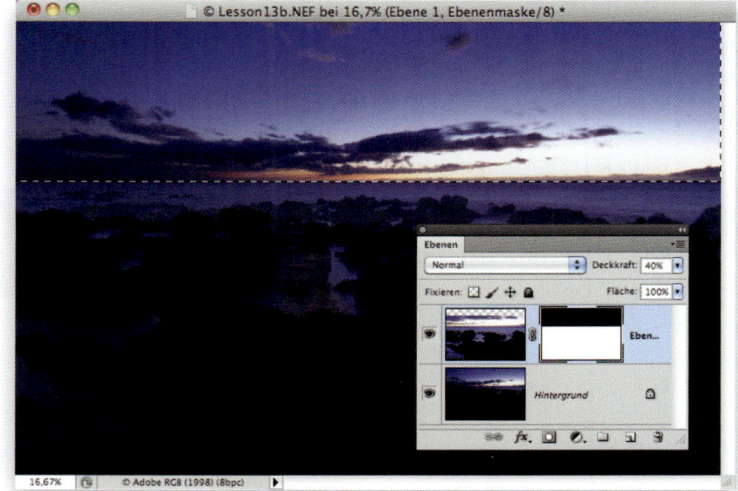

Schritt 17:

Heben Sie die Auswahl mit Strg/
⌘+D auf – die beiden Bilder gehen
nahtlos ineinander über. Jetzt werden
wir uns um die Farben kümmern.
Wählen Sie deshalb BILD/MODUS/LAB-
FARBE. Klicken Sie in der Warnmeldung
auf REDUZIEREN.

Schritt 18:

Im Anschluss wählen Sie BILD/BILD-
BERECHNUNGEN und in dem Dialogfeld die
Füllmethode WEICHES LICHT und testen
alle drei Kanäle aus (im Popup-Menü
KANAL), inklusive Lab, »a« und »b«. Mir
gefällt von allen der Lab-Kanal am
besten, allerdings ist er etwas intensiv.
Zum Glück lässt sich die Stärke mithilfe
der Deckkraft regulieren – verringern
Sie diese auf 50%. Das Bild sieht jetzt
schon deutlich besser aus; der Kontrast
ist intensiver, die Farben wirken jedoch
nicht übersättigt. Klicken Sie auf OK,
um das Dialogfeld zu schließen, und
wählen Sie für das Foto wieder den
RGB-Modus.

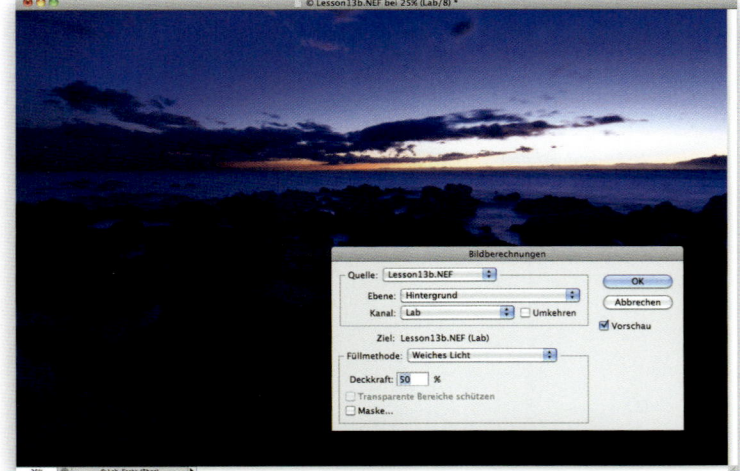

Schritt 19:

Von der Lab-Umwandlung sprach ich bereits in Schritt 4, als ich meinte, dass in einem folgenden Schritt die Steine im Vordergrund etwas zu sehr abgedunkelt werden. Einer unserer Glorreichen 7 hilft uns da jedoch wieder heraus. Drücken Sie Strg/⌘+J, um die Hintergrundebene zu duplizieren, und wählen Sie FILTER/FÜR SMARTFILTER KONVERTIEREN.

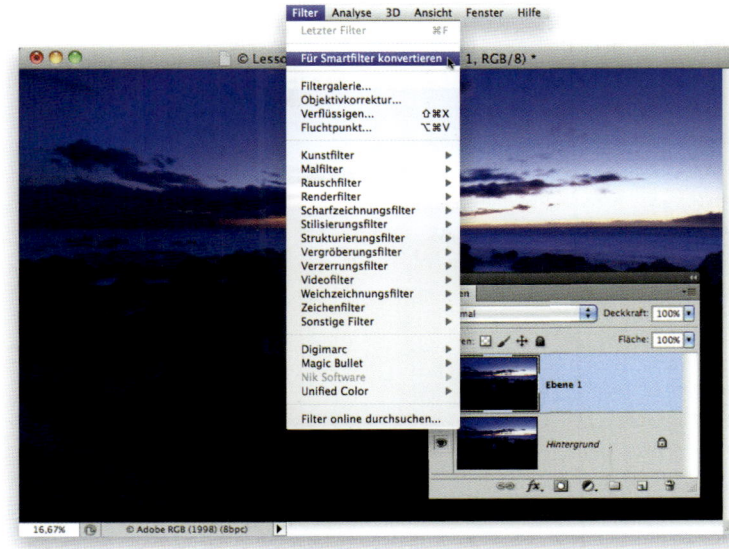

Schritt 20:

Im Anschluss wählen Sie BILD/KORREKTUREN/TIEFEN/LICHTER (alles andere steht gar nicht zur Verfügung – ok, HDR-TONUNG noch, aber das zählt hier nicht). Aktivieren Sie in dem Dialogfeld für die Tiefen eine Stärke von lediglich 20%, wie in der Abbildung zu sehen. Die Steine werden etwas aufgehellt. Klicken Sie im Anschluss auf OK.

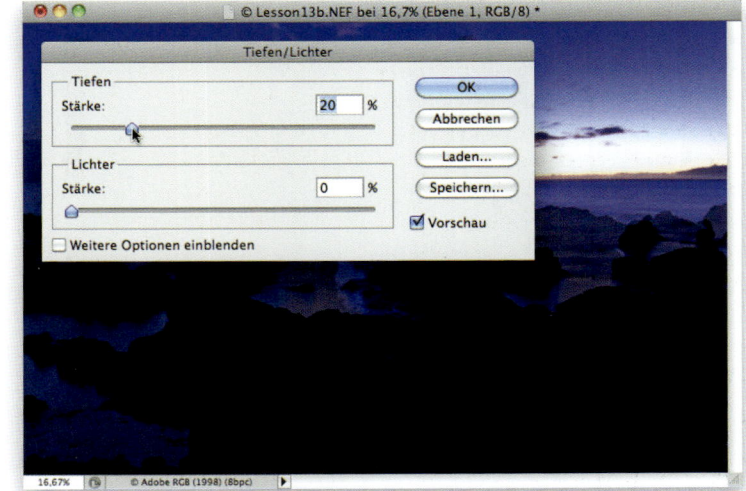

Schritt 21:

Mit der Tiefen/Lichter-Einstellung haben Sie alle Tiefen der gesamten Ebene aufgehellt (dieses Bild ist allgemein recht dunkel), allerdings wollten wir nur die Steine etwas aufhellen. Da wir die Ebene jedoch vorher für Smartfilter konvertiert haben, ist das kein Problem (die mit TIEFEN/LICHTER gefilterte Ebene ist mit einer Ebenenmaske bzw. Filtermaske ausgestattet). Klicken Sie direkt auf die weiße Ebenenmaske und drücken Sie [Strg]/[⌘]+[I], um die Maske umzukehren und die bearbeitete Ebenenversion auszublenden.

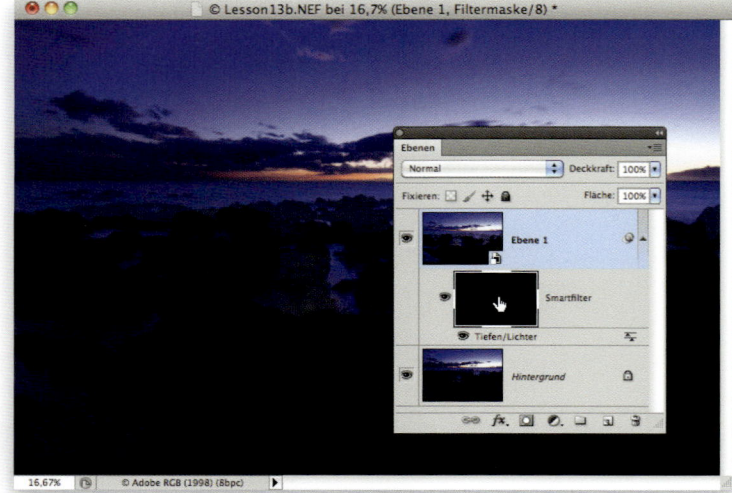

Schritt 22:

Malen Sie jetzt über die Steine, um die hellere Bildversion wieder einzublenden, den Rest des Fotos jedoch unangetastet zu lassen. Stellen Sie Weiß als Vordergrundfarbe ein und aktivieren Sie den Pinsel [B] mit einer mittleren weichen Pinselspitze – malen Sie damit über die Steine (siehe Abbildung). Im Anschluss können Sie die Ebenen auf die Hintergrundebene reduzieren.

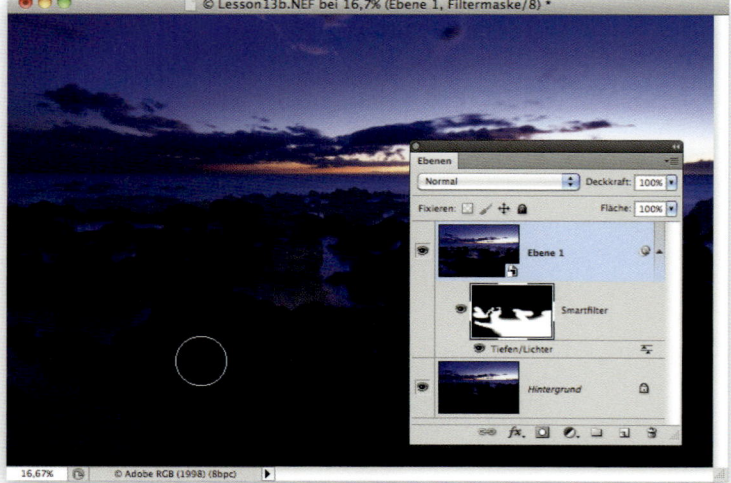

Schritt 23:

Im letzten Schritt müssen Sie das Bild noch scharfzeichnen. Wählen Sie aus dem Aktionen-Bedienfeld die mittlere Scharfzeichnung, die Sie in Lektion 1 erstellt haben. Unten sehen Sie die Vorher-Nachher-Versionen des Bilds.

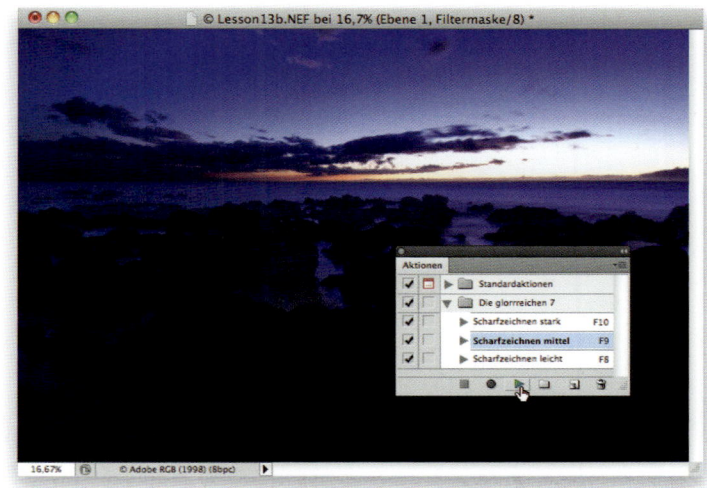

Vorher

Nachher

LEKTION 14

Wenn Ihnen der Hintergrund bekannt vorkommt, gut. Das Foto wurde am selben Ort und zur selben Zeit aufgenommen wie das von Matt weiter vorn in diesem Buch. Dieses Mal ist jedoch nicht der Hintergrund das Problem, sondern der Farbstich auf der Kamera und dem T-Shirt meines Freundes (und *Photoshop User TV* Co-Moderators) Dave Cross. Einige Korrekturen nehmen wir in Camera Raw vor, für den Rest benötigen wir Ebenenmasken und Scharfzeichnungstechniken in Photoshop. Der Klarheitregler ist hier eine große Hilfe.

LEKTION 14

Schritt 1:
Öffnen Sie das Originalfoto in Camera Raw.

SCOTT KELBY

Schritt 2:
Auf Daves Shirt gibt es einen Bereich, der aussieht, als müsste er hellgrau sein. Klicken Sie mit dem Weißabgleich-Werkzeug ⌶ in diesen Bereich (hier rot markiert). Ein Teil des Farbstichs, der durch den Hintergrund verursacht wird, wird dadurch bereits entfernt. Licht reflektiert alle Farben, auf die es trifft – Dave, seine Kamera und seine Kleidung weisen alle einen gelbroten Farbstich auf. Sehen Sie sich noch einmal sein T-Shirt in Schritt 1 an und vergleichen Sie es mit diesem hier.

Schritt 3:

Die Kamera in diesem Foto soll klar und scharf zu erkennen sein, erhöhen Sie deshalb etwas die Belichtung (hier +0,40) und ziehen Sie den Aufhelllicht-regler nach rechts (auf 25), um einige der dunklen Bereiche auf der Kamera selbst aufzuhellen (alles andere im Foto ist bereits hell genug, die Kamera kann jedoch noch etwas heller sein).

Schritt 4:

Um die Farbsättigung wiederherzu-stellen und die Tiefenbereiche zu ver-bessern, ziehen Sie den Schwarzregler nach rechts (wie hier zu sehen) auf einen Wert von 19.

Schritt 5:

Um die Kamera zusätzlich scharfzuzeichnen, erhöhen Sie den Wert für die
Klarheit (hier 36).

Schritt 6:

Nachdem wir diese Einstellungen vorgenommen haben, sieht Dave wieder
etwas zu gelb aus (ich mag warme
Hauttöne, aber das hier sieht nicht gut
aus). Um die Haut abzukühlen, ziehen
wir einfach den Farbtemperaturregler
des Weißabgleichs etwas nach links
(ich wählte den Wert 4400). Klicken Sie
jetzt auf BILD ÖFFNEN, um das Raw-Foto in
Photoshop zu öffnen.

Schritt 7:

Lassen Sie uns den Kontrast des gesamten Bilds aufbessern. Wählen Sie BILD/MODUS/LAB-FARBE und im Anschluss BILD/BILDBERECHNUNGEN. Ändern Sie die Füllmethode in dem Dialogfeld in WEICHES LICHT. (Wahrscheinlich haben Sie schon festgestellt, dass ich an dieser Stelle immer den Modus WEICHES LICHT verwende. Er eignet sich für die meisten Situationen einfach am besten, manchmal nutze ich aber auch INEINANDERNKOPIEREN. Das sind jedoch die einzigen beiden Modi, mit denen ich arbeite.) Wählen Sie aus dem Popup-Menü einen der drei Kanäle (Lab, »a« oder »b«) aus – Lab sieht am besten aus, ist jedoch etwas zu intensiv. Verringern Sie deshalb die Deckkraft auf 40% und klicken Sie auf OK. Wählen Sie dann wieder BILD/MODUS/RGB-FARBE.

Schritt 8:

Unser Problem ist nun, dass Kamera und Objektiv die Farben hinter Dave reflektieren (was sehr realistisch ist – aber mir gefällt nicht, wie die Kamera dadurch jetzt aussieht). Zur Korrektur können wir die Farbe aus dem gesamten Foto entfernen und dann nur die Schwarzweißversion der Kamera wieder ins Bild malen. Und so gehen Sie vor: Duplizieren Sie zunächst die Hintergrundebene. Drücken Sie die Taste ⒟, um Schwarz als Vorder- und Weiß als Hintergrundfarbe einzustellen, und klicken Sie dann auf die Schaltfläche NEUE FÜLL- ODER EINSTELLUNGSEBENE ERSTELLEN. Wählen Sie die Option VERLAUFSUMSETZUNG, um das Bild schwarzweiß einzufärben.

Schritt 9:

Da nur die Ebene direkt unterhalb der Verlaufsumsetzung schwarzweiß sein soll, drücken Sie `Strg`/`⌘`+`E`, um die Einstellungsebene auf die darunterliegende Ebene zu reduzieren. Blenden Sie diese Ebene im Anschluss mit einer Ebenenmaske aus, indem Sie mit gedrückter `Alt`-Taste auf die Schaltfläche EBENENMASKE HINZUFÜGEN klicken. Die Schwarzweißversion des Fotos verbirgt sich jetzt hinter der Ebenenmaske.

Schritt 10:

Stellen Sie Weiß als Vordergrundfarbe ein und zoomen Sie in die Kamera hinein. Aktivieren Sie den Pinsel und klicken Sie auf die Pinselminiatur in der Optionsleiste. Wählen Sie eine kleine, weiche Pinselspitze und malen Sie über das Objektiv – eigentlich über die gesamte Kamera mit zwei Ausnahmen: (1) farbige Bereiche der Kamera (wie die Goldbuchstaben auf dem Objektiv oder das rote VR-Symbol) und (2) die Linse des Objektivs (so können wir einige der Farbreflexionen erhalten).

Schritt 11:

Hier sehen Sie, wie es aussieht, wenn Sie über einen Großteil der Kamera gemalt haben, jedoch das Objektiv und die farbigen Bereiche ausgespart haben. Woher wissen Sie, dass Sie wirklich alle Bereiche getroffen haben? Diesen kleinen Trick zeige ich Ihnen im nächsten Schritt.

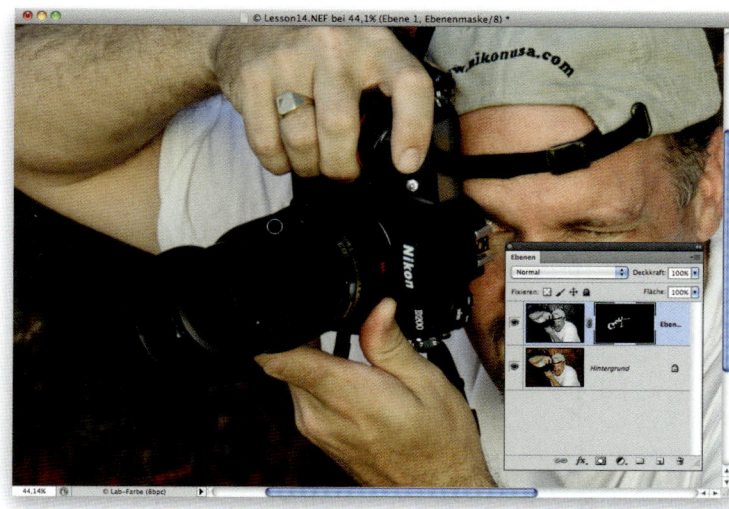

Schritt 12:

Um nur die Maske selbst zu sehen, klicken Sie mit gedrückter [Alt]-Taste direkt auf die Maskenminiatur. Jetzt wird nur die Maske eingeblendet (wie in der Abbildung zu sehen). Sie erkennen so ganz leicht, ob Sie Bereiche vergessen haben. Die erste Lücke links ist das Objektivglas; die zweite Lücke ist der goldene Schriftzug auf dem Objektiv. Beide Lücken sind beabsichtigt – die anderen kleinen schwarzen Bereiche wurden einfach vergessen.

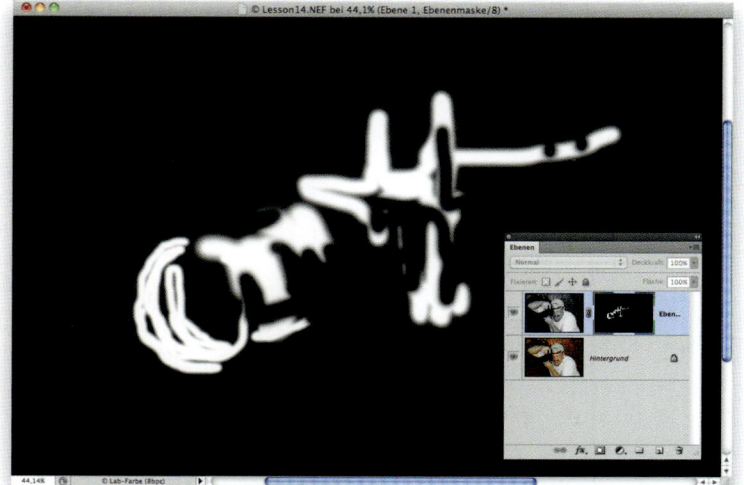

Schritt 13:

Malen Sie mit dem Pinsel direkt auf
der Maske (natürlich mit Weiß) über
die vergessenen Bereiche. Ich nutze
diesen Trick eigentlich bei jeder
Ebenenmaske, denn das ist die einzige
verlässliche Methode, um sicherzu-
gehen, nichts vergessen zu haben.
Tun Sie im Anschluss Folgendes: (1)
Klicken Sie auf die Ebenenminiatur
der Hintergrundkopie und dann (2)
auf die Ebenenmaske rechts daneben
(ohne Alt-Taste). So blenden Sie das
Farbfoto wieder ein – wenn Sie mit
dem Malen bereits beginnen, bevor
Sie auf die Maskenminiatur klicken,
malen Sie auf dem Foto.

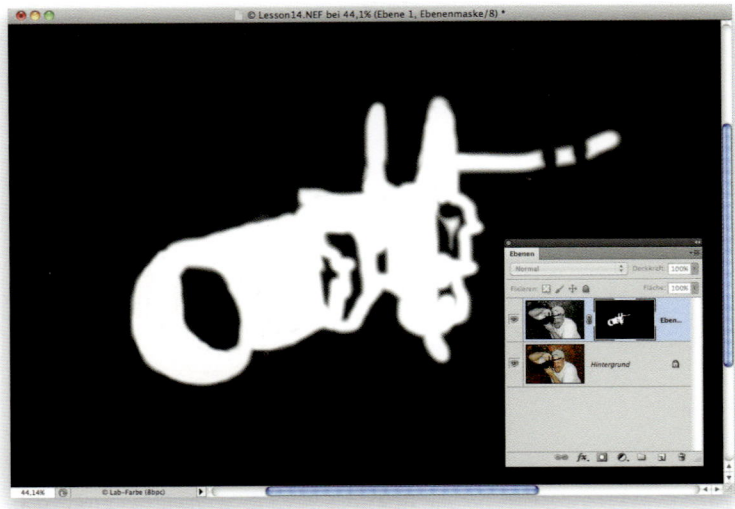

Schritt 14:

Sie befinden sich jetzt wieder auf der
Ebenenmaske der Hintergrundkopie.
Ändern Sie, was immer Sie ändern
wollen (blenden Sie mehr oder weniger der schwarzweißen Kamera ein).
Im Anschluss wandeln Sie zu RGB und
reduzieren dabei die Ebenen auf den
Hintergrund. Wenn Sie sich das Foto
jetzt ansehen und denken, dass T-Shirt
und Mütze etwas zu hell sind und zu
wenig Details enthalten (was ich auch
finde und wovon wir jetzt einmal aus-
gehen), klicken Sie unten im Ebenen-
Bedienfeld auf die Schaltfläche Neue
Füll- oder Einstellungsebene erstellen und
wählen Sie Gradationskurven. Klicken
Sie im Korrekturen-Bedienfeld einmal
auf die Mitte der Kurve und ziehen
Sie diese senkrecht nach unten – die
Mitteltöne des gesamten Bilds werden
dadurch abgedunkelt.

Schritt 15:

Alle Mitteltöne des Fotos sind jetzt dunkler. Allerdings wollten wir nur das Shirt und das Basecap bearbeiten. Kein Problem, schließlich haben wir eine Einstellungsebene angewendet – diese ist mit einer eigenen Ebenenmaske ausgestattet. Drücken Sie Strg/⌘+I, um die Maske umzukehren und die abgedunkelten Mitteltöne auszublenden. Malen Sie mit einem weißen Pinsel über das Basecap (wie hier zu sehen), um die dunklere Version wieder ins Bild zu bringen.

Schritt 16:

Malen Sie im Anschluss über die Bereiche des T-Shirts, die Ihnen zu hell erscheinen oder zu wenig Details aufweisen. Achten Sie dabei jedoch darauf, dass das Shirt nicht grau wird. Sollten Bereiche zu grau werden, drücken Sie entweder Strg/⌘+Z, um den letzten Pinselstrich rückgängig zu machen, oder drücken Sie die Taste X, um Schwarz als Vordergrundfarbe zu aktivieren und erneut über den Bereich zu malen.

Hinweis: Ich beginne immer mit einer Ebenendeckkraft von 100%, um den Effekt besser sehen zu können. Später verringere ich die Deckkraft so, dass das Ergebnis gut und vor allem realistisch aussieht. Verringern Sie deshalb jetzt die Deckkraft der Gradationskurven-Einstellungsebene auf 70% (oder einen anderen passenden Wert) und reduzieren Sie die Ebenen.

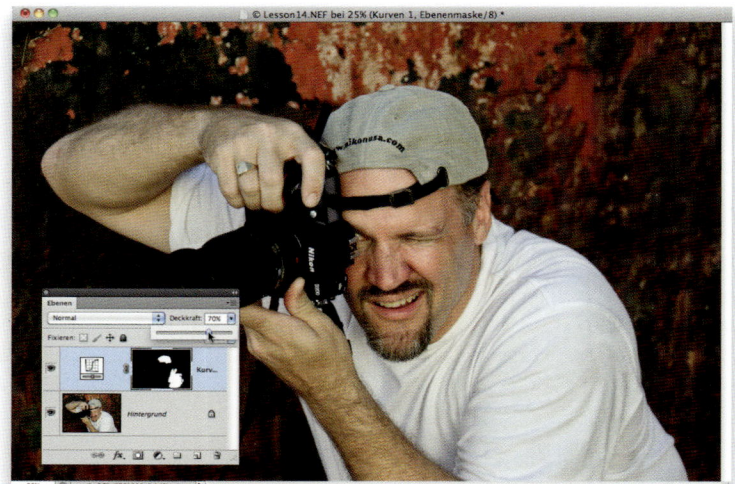

Schritt 17:

Sehen Sie sich das Foto mit etwas Abstand an und fragen Sie sich kritisch: »Was sollte anders sein?« Ich persönlich hätte die Kamera gern etwas heller, denn nach all den Einstellungen sieht sie in meinen Augen immer noch etwas zu dunkel aus. Dafür nutzen wir eine Tiefen/Lichter-Einstellungsebene. Sie kennen das ja inzwischen: Drücken Sie Strg/⌘+J, um die Hintergrundebene zu duplizieren, und wählen Sie im Anschluss im Menü des Ebenen-Bedienfelds IN SMART-OBJEKT KONVERTIEREN.

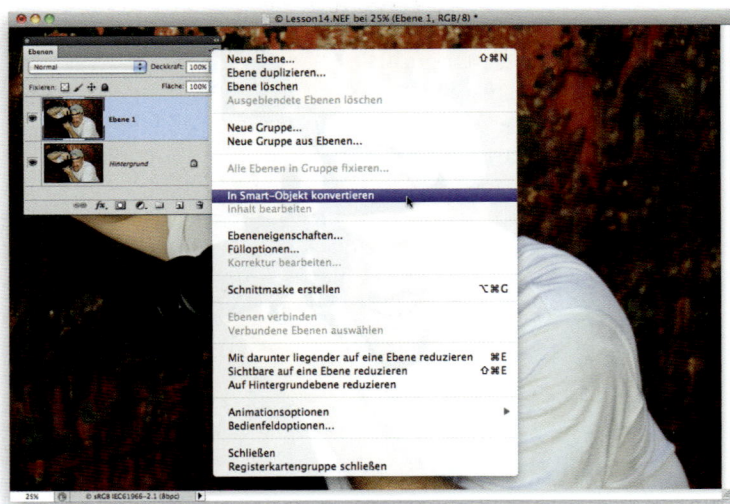

Schritt 18:

Wählen Sie dann BILD/KORREKTUREN/TIEFEN/LICHTER. Die Standardeinstellung in dem Dialogfeld erzeugt ein etwas zu helles Ergebnis – verringern Sie die Stärke der Tiefen deshalb auf 30% (oder einen anderen Wert, der Ihnen gefällt). Machen Sie sich um den Rest des Fotos keine Sorgen – konzentrieren Sie sich im Moment nur auf die Kamera. Die sieht bei 30% deutlich besser aus. Klicken Sie auf OK. Um den Rest des Fotos kümmern wir uns im nächsten Schritt.

Schritt 19:

Der Grund, warum wir die Ebene in ein Smart-Objekt konvertiert haben, ist der, dass gleich eine Ebenenmaske hinzufügt wird, wie in der Abbildung zu sehen. Außerdem können Sie Tiefen/Lichter noch weiter anpassen, falls nötig. Klicken Sie auf die Masken-miniatur der Smartfilter-Ebene, die unter der Ebenenkopie hinzugefügt wurde (eine Standard-Ebenenmaske erscheint neben der Ebene, bei einer Smartfilter-Ebene erscheint sie darunter). Kehren Sie die Maske mit [Strg]/[⌘]+[I] um.

Schritt 20:

Die Routine kennen Sie ja nun – malen Sie mit einem weißen Pinsel über die Kamera, um die hellere Version einzublenden (wie hier zu sehen). Vergleichen Sie die Kamera mit der aus dem vorhergehenden Schritt, Sie werden eine deutliche Verbesserung bemerken. Sehen Sie sich die Details in den Tiefen an, die jetzt wieder zu erkennen sind.

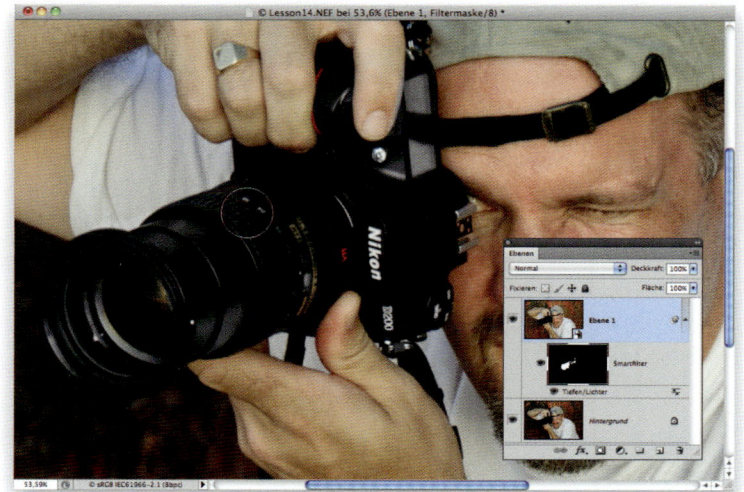

Schritt 21:

Reduzieren Sie die Ebenen erneut. Wir werden noch ein paar finale Retuschearbeiten vornehmen. Zunächst brennen wir die Kanten ein. Duplizieren Sie die Hintergrundebene und ändern Sie die Füllmethode der Ebenenkopie in MULTIPLIZIEREN, um die Ebene deutlich abzudunkeln. Aktivieren Sie das Auswahlrechteck und erstellen Sie eine Auswahl, bei der Sie zu allen Seiten etwa 2 cm Rand lassen. Wählen Sie im Anschluss AUSWAHL/AUSWAHL VERÄNDERN/ WEICHE KANTE und geben Sie in dem Dialogfeld einen Radius von 250 Pixel ein (dieser Wert gilt für hoch auflösende Bilder wie dieses hier). Klicken Sie dann auf OK.

Schritt 22:

Drücken Sie die [Entf]-Taste, um ein Loch mit einer weichen Kante aus der Ebene auszuschneiden und die darunterliegende Ebene einzublenden (die Kanten der unteren Ebene sind nicht zu sehen – so erstellen wir eine eingebrannte Kante). Drücken Sie [Strg]/[⌘]+[D], um die Auswahl aufzuheben. Blenden Sie die Ebene mehrfach ein und aus, um den deutlichen Unterschied zu sehen, den der Effekt ausmacht.

Schritt 23:

Sie können die Ebenen jetzt auf die Hintergrundebene reduzieren. Sehen Sie sich das Foto noch einmal mit etwas Abstand an und stellen Sie sich erneut die Frage aus Schritt 17. Mir gefällt alles bis auf eine Sache: Ich finde das gesamte Foto etwas zu gelb – besonders in den Hauttönen. Das lässt sich aber schnell korrigieren. Aktivieren Sie im Korrekturen-Bedienfeld FARBTON/SÄTTIGUNG. Wählen Sie aus dem zweiten Popup-Menü von oben GELBTÖNE. Ziehen Sie den Sättigungsregler nach links, achten Sie dabei auf Ihr Foto und ziehen Sie so weit, bis das Foto deutlich besser aussieht (ich ging bis auf –37).

Schritt 24:

Sie können das Bild jetzt scharfzeichnen. Wählen Sie aus dem Aktionen-Bedienfeld die starke Scharfzeichnungsaktion (wie hier zu sehen).

Schritt 25:

Da wir das Foto jetzt scharfgezeichnet haben, werden wir die Kamera noch einmal extra stark scharfzeichnen. Wir werden mit einer weiteren Ebenenmaske arbeiten und Schärfe ins Bild malen. Duplizieren Sie die Hintergrundebene und lassen Sie erneut die Scharfzeichnungsaktion ablaufen. So zeichnen Sie das Bild ein zweites Mal scharf. Es kann aber sein, dass das Foto jetzt zu scharf aussieht.

Schritt 26:

Klicken Sie mit gedrückter Alt-Taste auf die Schaltfläche EBENENMASKE HINZU-FÜGEN, um eine schwarze Ebenenmaske hinzuzufügen.

Schritt 27:

Aktivieren Sie den Pinsel mit Weiß als Vordergrundfarbe. Malen Sie über die Kamera, um die zusätzliche Scharfzeichnung ins Bild zu malen. Die Kamera sieht jetzt richtig schön scharf aus. Malen Sie weiter über die Kamera, bis alles schön scharf ist (wie hier zu sehen). Reduzieren Sie im Anschluss die Ebenen auf den Hintergrund. Unten sehen Sie den Vorher-Nacher-Vergleich.

Vorher

Nachher

LEKTION 15

Ich war auf einem Shooting bei Point Lobos, nahe Carmel, Kalifornien. 15 Minuten vor Sonnenuntergang verschwand die Sonne hinter einem Wolkenberg und kam auch nicht mehr hervor. Auf dem Rückweg zu meinem Mietauto fand ich jedoch, dass ich zumindest dieses fotografieren könnte (das ist traurig, ich weiß). Auch wenn das Licht sonst nicht mehr sehr schön war, auf dem Auto sah es richtig gut aus. Mit meinen Glorreichen 7 und der Hilfe von Ebenenmasken und Füllmethoden lässt sich daraus ein richtig tolles Bild machen.

LEKTION 15

Schritt 1:
Öffnen Sie das Originalfoto in Camera Raw.

SCOTT KELBY

Schritt 2:
Lassen Sie uns zunächst den »Effekt des Sonnenuntergangs« verstärken. Ziehen Sie dazu den Farbtemperaturregler nach rechts in Richtung Gelb (hier 8100).

Schritt 3:

Verstärken wir nun einige Lichter und hellen das gesamte Bild auf, indem wir den Belichtungsregler etwas nach rechts verschieben, auf etwa +0,65. (Werfen Sie bei Einstellungen wie diesen einen Blick auf das Histogramm – in den Lichtern sollten keine Details verloren gehen.)

Schritt 4:

Um die Farbsättigung wieder ins Bild zu bringen und die Tiefen zu verstärken, ziehen Sie den Schwarzregler nach rechts (wie in der Abbildung zu sehen, wo ich einen Wert von 22 wählte). Weil das Auto selbst schwarz ist, achten Sie darauf, dass es nicht zu dunkel wird und Details verliert.

Schritt 5:

Dieses Bild eignet sich perfekt, um etwas Klarheit hinzuzufügen, denn es ist mit vielen deutlichen Kanten ausgestattet. Ziehen Sie den Klarheitregler nach rechts auf etwa 35.

Schritt 6:

Bei dieser Einstellung wurden die Lichter im roten Kanal etwas beschnitten (werfen Sie einen Blick in das Histogramm in Schritt 5, Sie sehen, dass die Beschneidungswarnung rot ist). Das lässt sich jedoch leicht korrigieren: Ziehen Sie einfach den Wiederherstellungsregler nach rechts, bis die Beschneidungswarnung verschwindet (hier 8). Um die Farben stärker leuchten zu lassen, ziehen Sie den Dynamikregler ebenfalls nach rechts (auf +18).

Schritt 7:

Klicken Sie auf den Gradationskurven-Reiter (den zweiten von links) und aktivieren Sie die Punktkurve mit der Vorgabe STARKER KONTRAST (wie in der Abbildung zu sehen).

Schritt 8:

Da es sich hier um eine Sorte Foto handelt, die stark scharfgezeichnet werden kann, lassen Sie uns die Scharfzeichnung bereits in diesem Stadium verstärken. Klicken Sie auf den Detailreiter und erhöhen Sie den Betrag auf 90. Ziehen Sie im Anschluss den Detailregler nach rechts, auf etwa 50. Dieser Regler kontrolliert, wie stark der »Halo-Schutz« aktiviert wird. Die glatten Lackflächen des Autos können wir vor der Scharfzeichnung schützen. Ziehen Sie dazu den Maskieren-Regler auf 50.

Schritt 9:

Wir werden jetzt hier, direkt in Camera Raw, eine Vignette erstellen. Warum ich das gleich hier in Camera Raw und nicht erst später in Photoshop mache, wie an anderen Stellen in diesem Buch? Weil ich gerade jetzt sehe, dass dieser Effekt ganz sinnvoll wäre. Es gibt keine großen Vorteile, außer dass es hier vielleicht etwas einfacher ist. Klicken Sie auf den Reiter OBJEKTIVKORREKTUREN und dann MANUELL und ziehen Sie den Stärkeregler unter OBJEKTIV-VIGNETTIERUNG nach links auf –68. Verschieben Sie anschließend den Mittenwert (der die Ausdehnung der eingebrannten Kanten in das Bild hinein bestimmt) nach links auf 7. Das war's. (Ich sagte ja, es ist ganz einfach.)

Schritt 10:

Klicken Sie auf BILD ÖFFNEN. Ich würde zuerst die Fenster abdunkeln, damit man nicht mehr hineinsehen kann und sie nicht so sehr vom Auto ablenken. Aktivieren Sie das Schnellauswahl-Werkzeug  und malen Sie über die Windschutzscheibe, um diese auszuwählen. Wird die Auswahl zu groß, ist das kein Problem, denn schließlich dunkeln Sie den Bereich nur etwas ab.

Schritt 11:

Klicken Sie auch in die Seitenfenster, um diese ebenfalls auszuwählen. Wahrscheinlich wird auch das Stück zwischen vorderem und hinterem Fenster ausgewählt, aber wie gesagt, das ist an dieser Stelle kein Problem. Wird deutlich mehr ausgewählt, drücken Sie einfach die Alt-Taste und malen Sie über den Bereich, den Sie aus der Auswahl entfernen wollen.

Schritt 12:

Sind die Fenster ausgewählt, wählen Sie die TONWERTKORREKTUR im Korrekturen-Bedienfeld. Ziehen Sie den unteren rechten Regler (TONWERTUMFANG) nach links (wie hier zu sehen, wo ich einen Wert von 184 wählte), um die Auswahl abzudunkeln.

Hinweis: Wir verwenden diesen Regler, statt die Tiefen oder Mitteltöne abzudunkeln, weil dadurch nicht gleichzeitig die Farben stärker gesättigt werden. Mit dieser Variante bleiben die Farben unangetastet.

Gefällt Ihnen das Ergebnis, drücken Sie ⌈Strg⌉/⌈⌘⌉+⌈D⌉, um die Auswahl aufzuheben.

Schritt 13:

Reduzieren Sie nun auf die Hintergrundebene. Jetzt wollen wir das Chrom aufleuchten lassen (ich nutze diesen Trick immer dann, wenn ich hellere Bereiche eines Fotos noch heller machen will – es muss nicht immer Chrom sein). Duplizieren Sie die Hintergrundebene und ändern Sie die Füllmethode der Ebenenkopie in NEGATIV MULTIPLIZIEREN.

Schritt 14:

Wir wollen jetzt nur die Chromteile des Autos einblenden, deshalb müssen Sie die helle Ebene zunächst hinter einer schwarzen Maske verbergen. Drücken Sie die ⌥Alt-Taste und klicken Sie unten im Ebenen-Bedienfeld auf EBENENMASKE HINZUFÜGEN.

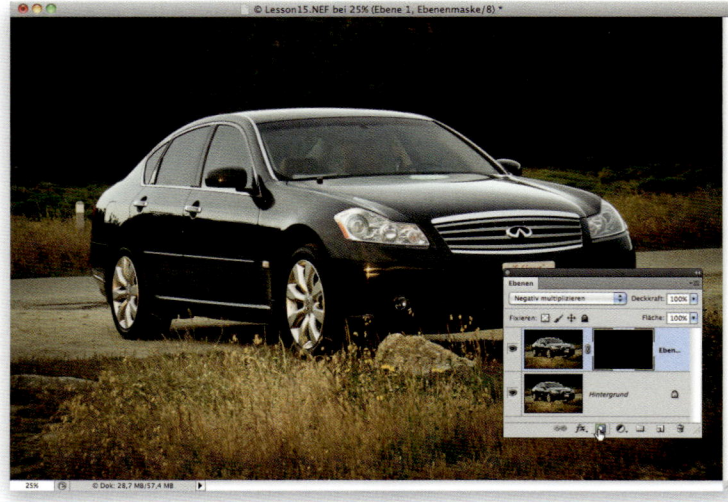

Schritt 15:

Stellen Sie Weiß als Vordergrundfarbe ein, aktivieren Sie den Pinsel ⌐B⌐ mit einer weichen Werkzeugspitze und malen Sie über die Räder, Schein- werfer und den Kühlergrill – über alles, was deutlich heller hervorstechen soll.

Schritt 16:

Verringern Sie anschließend die Deck-kraft dieser helleren Ebene, bis das Ergebnis realistisch aussieht. (Ich wähl-te eine Deckkraft von 50%. Das Auto soll jetzt natürlich nicht aussehen, als hätten Sie diese Bereiche bearbeitet. Übertreiben Sie es also nicht mit der Retusche, indem Sie alle Einstellungen bei 100% belassen.)

Schritt 17:

Treten Sie einen Schritt zurück und sehen Sie sich das Foto aus der Ferne an. Muss noch etwas verändert werden? Mir gefällt beispielsweise nicht, dass die Räder so gelb ausse-hen. Wahrscheinlich haben Sie zum Zeitpunkt der Aufnahme so ausge-sehen, aber das gefällt mir nicht. Aktivieren Sie deshalb die Auswahl-ellipse (drücken Sie *Umschalt+M*, bis sie aktiv ist) und erstellen Sie eine ovale Auswahl der vorderen Felge (wie hier zu sehen). Es gibt einen Trick, um die Auswahl besser zu positionieren. So-bald Sie sehen, dass sich die Auswahl nicht direkt über dem Rad befindet – bevor Sie die Maustaste loslassen –, drücken Sie mit dem Daumen die Leer-taste auf Ihrer Tastatur. Jetzt können Sie das Oval passend positionieren.

LEKTION 15

Schritt 18:

Sobald Sie die erste Felge ausgewählt haben, halten Sie die ⇧-Taste
gedrückt und wählen auch die Hinter-
räder aus. Denken Sie an den Trick mit
der Leertaste. Haben Sie die Auswahl
erstellt, klicken Sie auf die Miniatur
der oberen Bildebene (nicht auf die
Ebenenmaske) und wählen Sie im
Korrekkturen-Bedienfeld FARBTON/
SÄTTIGUNG. Wählen Sie aus dem zweiten Popup-Menü von oben GELBTÖNE
und ziehen Sie den Sättigungsregler
auf –51, um die gelbe Farbe aus den
Felgen zu entfernen (wie hier zu
sehen). Heben Sie die Auswahl mit
Strg/⌘+D auf und reduzieren Sie
auf die Hintergrundebene.

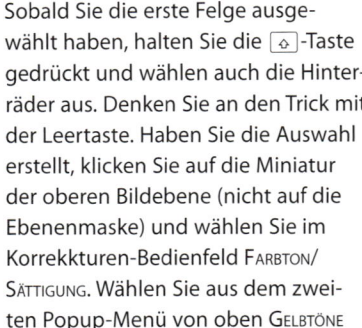

Schritt 19:

Retuschieren wir das Bild noch etwas,
um störende Elemente aus dem
Foto zu entfernen. Entfernen Sie den
störenden Pfeiler hinter dem Auto.
Hier können Sie einmal das neue
inhaltssensitive Füllen von Photoshop
CS5 ausprobieren: Umfahren Sie den
Pfeiler mit dem Lasso-Werkzeug und
wählen Sie BEARBEITEN/FLÄCHE FÜLLEN. Im
Dialogfenster stellen Sie im oberen
Popup-Menü INHALTSSENSITIV ein und
bestätigen mit OK. Der Pfeiler wird
nun durch Umgebungsmuster (Gras
und Büsche) nahtlos ersetzt. Wenn das
nicht Magie ist …

Schritt 20:

Lassen Sie uns das Gras unten links im Bild noch etwas ausdehnen, wofür sich das inhaltssensitive Füllen ebenfalls anbietet. Umfahren Sie den Bereich mit dem Lasso (fangen Sie oben rechts im Bild an und fahren Sie mit dem Lasso über die Bildränder). Rufen Sie nun BEARBEITEN/FLÄCHE FÜLLEN auf, aktivieren Sie das inhaltssensitive Füllen und bestätigen Sie mit OK. Entfernen Sie genauso auch den Felsbrocken vor dem Auto.

Schritt 21:

Ich würde jetzt noch das Nummernschild entfernen – das passt jetzt irgendwie nicht mehr ins Bild. Nutzen Sie dieses Mal den Kopierstempel und nehmen Sie einen Bereich rechts neben dem Nummernschild auf – malen Sie dann über den unteren Teil. Warum nur über den unteren? Weil der obere etwas breiter ist.

LEKTION 15

Schritt 22:

Den oberen Bereich des Nummern-schilds müssen Sie etwas sorgfältiger überdecken. Nehmen Sie einen Bereich entlang der horizontalen Reflexionslinie links daneben auf. Verschieben Sie den Zeiger dann vorsichtig entlang der Linie nach rechts und malen Sie. Die Reflexionslinie wird kopiert. Dabei kön-nen Sie die Kopie an der Quellbereich-Vorschau in der Kopierstempel-Werkzeugspitze ausrichten, damit die Reflexionslinie nahtlos fortgesetzt wird. Die rechte Seite müssen Sie jedoch noch einmal separat bearbeiten.

Schritt 23:

Um diese Bearbeitung abzuschlie-ßen, nehmen Sie einen Bereich rechts neben der oberen Hälfte des Nummernschilds auf – mit einer mittleren, weichen Werkzeugspitze vermeiden Sie eine harte Linie. So, die störenden Elemente haben wir entfernt. Jetzt gilt es nur noch, den scharfen Hintergrund etwas unscharf zu machen.

Schritt 24:

Duplizieren Sie die Hintergrundebene und wählen Sie FILTER/WEICHZEICHNUNGS-FILTER/TIEFENSCHÄRFE ABMILDERN. Erhöhen Sie in dem Dialogfeld den Radius (die Stärke der Weichzeichnung) auf 50 und klicken Sie auf OK, um das gesamte Bild weichzuzeichnen. Bei der Zahl 50 handelt es sich nicht um eine magische Zahl für die Weichzeichnung – es ist einfach der Wert, der dieses Bild ausreichend weichzeichnet. Der Wert unterscheidet sich von Bild zu Bild und ist vom Motiv und der Bildauflösung abhängig. Gering auflösende Bilder erfordern keinen so hohen Wert wie höher auflösende Bilder. Was ist der richtige Wert? Sie sind der Fotograf (oder Retuscheur), Sie müssen entscheiden, was gut aussieht und was nicht. Es gibt keine allgemeinen Regeln, es liegt ganz bei Ihnen.

Schritt 25:

Da wir nur den Hintergrund weichzeichnen wollten (um einen Schärfentiefe-Effekt zu erzeugen), müssen Sie die weichgezeichnete Ebene hinter einer schwarzen Ebenenmaske verstecken. Klicken Sie mit gedrückter Alt-Taste unten im Ebenen-Bedienfeld auf das Symbol EBENENMASKE HINZUFÜGEN.

Schritt 26:

Wählen Sie Weiß als Vordergrundfarbe, aktivieren Sie den Pinsel B mit einer weichen Werkzeugspitze und malen Sie über die Hintergrundbereiche, die unscharf erscheinen sollen (wie in der Abbildung zu sehen).

Schritt 27:

Das Gras auf der anderen Straßenseite darf natürlich nicht so stark weichgezeichnet sein wie die Bäume im Bild ganz hinten. Verringern Sie deshalb die Deckkraft des Pinsels auf etwa 50% (oder weniger) und malen Sie über diese Bereiche, um sie nicht ganz so stark weichzuzeichnen. Reduzieren Sie anschließend auf die Hintergrundebene.

Schritt 28:

Zeichnen Sie das Bild mit der starken Scharfzeichnungsaktion (Lektion 1) scharf. Unten sehen Sie das Auto einmal vor und nach unserer Bearbeitung.

Vorher

Nachher

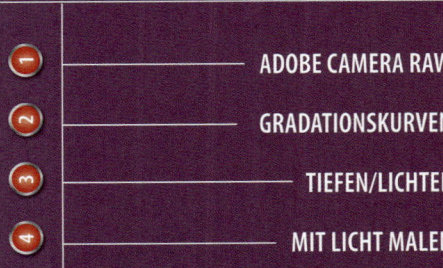

ADOBE CAMERA RAW

GRADATIONSKURVEN

TIEFEN/LICHTER

MIT LICHT MALEN

KANÄLE ANPASSEN

FÜLLMETHODEN & EBENENMASKEN

SCHARFZEICHNUNGSTECHNIKEN

LEKTION 16

Sie haben bereits 15 Lektionen hinter sich, deshalb werde ich in den einzelnen Schritten jetzt nicht mehr jede Kleinigkeit erwähnen – schließlich wissen Sie schon, wo es in etwa lang geht. In den nächsten Lektionen führe ich Sie direkter von einem Schritt zum nächsten. Das Foto aus dieser Lektion stammt aus meinem Buch *The iPhone Book* und wurde vor einem weißen Hintergrund aufgenommen. Ich zeige Ihnen hier, wie wir das Bild so herrichten, dass es im Buch erscheinen kann.

LEKTION 16

Schritt 1:
Öffnen Sie das Originalfoto in Camera Raw.

SCOTT KELBY

Schritt 2:
Korrigieren Sie zunächst den Weißabgleich. Das Bild wurde zwar vor einem weißen Hintergrund aufgenommen, allerdings sieht dieser hier eher gelb aus. Das lässt sich ganz einfach korrigieren – aktivieren Sie das Weißabgleich-Werkzeug [I] und klicken Sie in den Hintergrund (wie hier zu sehen). Der Weißabgleich wird korrigiert.

Schritt 3:

Hellen Sie das gesamte Bild etwas auf, indem Sie den Belichtungsregler nach rechts auf etwa +1,05 ziehen.

Schritt 4:

Die Schwarzwerte in den tiefsten Tiefen verstärken wir, indem wir den Schwarzregler nach rechts auf 8 ziehen. Klicken Sie dann auf BILD ÖFFNEN, um das Foto in Photoshop zu öffnen und dort noch einige Retuschearbei-ten vorzunehmen und das Bild scharfzu-zeichnen.

Schritt 5:

Ein paar kleine Retuschearbeiten neh-men wir im Gesicht vor. Duplizieren Sie zunächst die Hintergrundebene [Strg]/ [⌘]+[J]. Wir werden einen kleinen Fleck über der Oberlippe entfernen. Aktivieren Sie deshalb das Zoom-Werkzeug und zoomen Sie in das Bild hinein. Aktivieren Sie den Bereichsreparatur-Pinsel [J] und klicken Sie auf den Fleck (wie hier zu sehen), um ihn wegzuretuschieren.

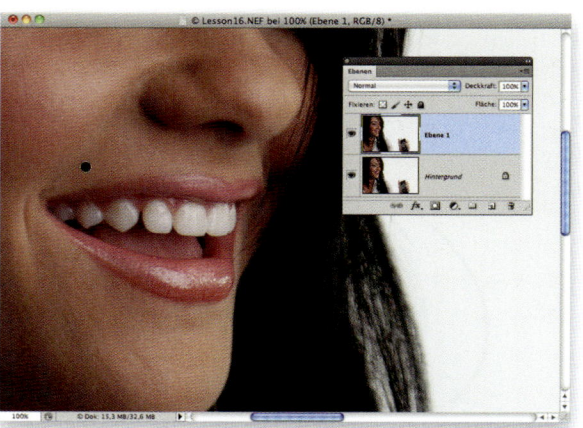

LEKTION 16

Schritt 6:
Entfernen Sie auf diese Art weitere Schönheitsflecken im Gesicht (das sollte maximal eine Minute dauern).

Schritt 7:
Sobald Sie die Schönheitsfehler entfernt haben (das mache ich immer zuerst), sollten Sie die Haut glätten. Wählen Sie aus dem Menü des Ebenen-Bedienfelds AUF HINTERGRUNDEBENE REDUZIEREN und duplizieren Sie die Hintergrundebene im Anschluss erneut. Wählen Sie FILTER/WEICHZEICHNUNGSFILTER/GAUSSSCHER WEICH-ZEICHNER. Erhöhen Sie in dem Dialogfeld den Radius auf 20 Pixel (so dass das Foto deutlich weichgezeichnet ist) und klicken Sie auf OK.

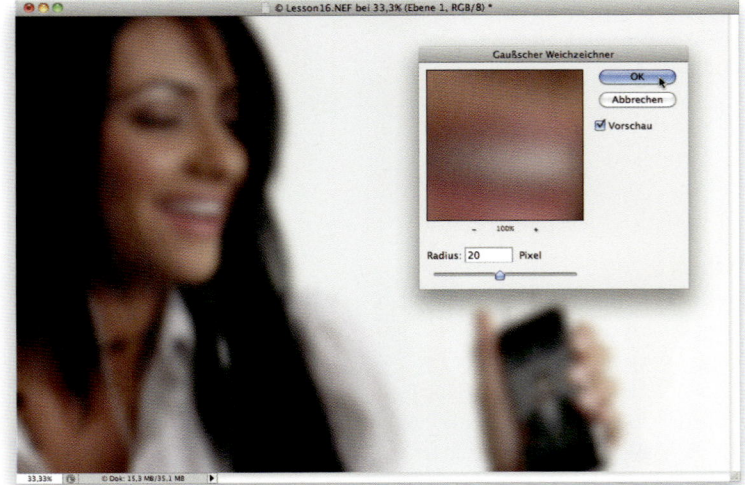

Schritt 8:

Verringern Sie die Deckkraft der weich-gezeichneten Ebene auf 40%. Dadurch wird jedoch nicht nur die Haut geglät-tet, sondern alles andere auch – aller-dings wollten wir nur die Haut weich-zeichnen. Im nächsten Schritt werden wir die Weichzeichnung auf die Haut beschränken.

Schritt 9:

Halten Sie die [Alt]-Taste gedrückt und klicken Sie unten im Ebenen-Bedienfeld auf die Schaltfläche EBENENMASKE HINZUFÜGEN, um die weichge-zeichnete Ebene hinter der schwarzen Maske zu verbergen. Stellen Sie Weiß als Vordergrundfarbe ein, aktivieren Sie den Pinsel [B] mit einer weichen Werkzeugspitze und malen Sie über die Haut (wie hier zu sehen). Malen Sie nicht über Bereiche, die Details ent-halten – z.B. Augenlider, Augenbrauen, Lippen, Zähne etc. Passen Sie die Größe der Werkzeugspitze an die ent-sprechenden Bereiche an.

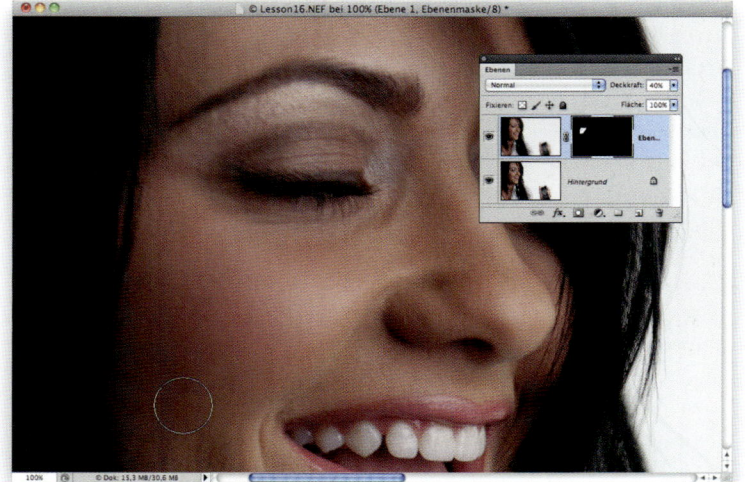

Schritt 10:

Malen Sie so lange, bis alle Hautbereiche geglättet sind. Wenn Sie denken, dass die Haut noch weicher aussehen sollte, erhöhen Sie einfach die Deckkraft auf beispielsweise 50%. (Bei diesem Bild ist das nicht nötig, wie ich finde. Im Gegenteil, hier könnte man die Deckkraft sogar noch weiter verringern, auf 30% oder sogar 20%, ich behielt die 40% jedoch bei.) Gefällt Ihnen das Ergebnis, reduzieren Sie die Ebenen.

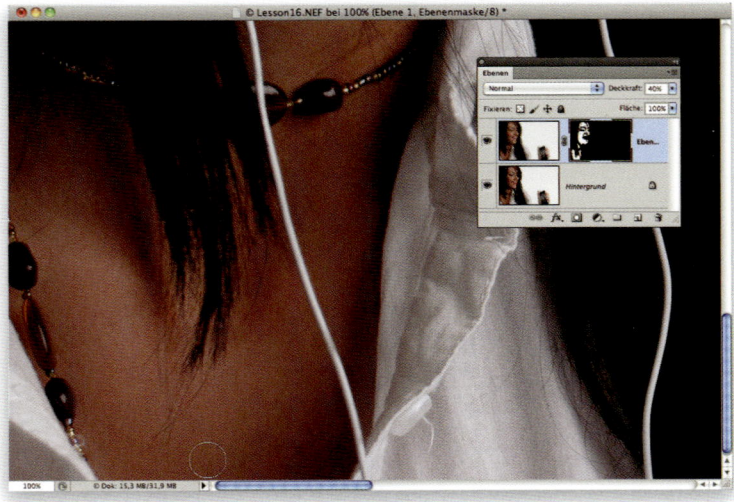

Schritt 11:

Was kommt nun? Lassen Sie uns einige Details in den Haaren betonen. Duplizieren Sie die Hintergrundebene und wählen Sie aus dem Menü des Ebenen-Bedienfelds IN SMART-OBJEKT KONVERTIEREN.

Hinweis: Der Grund, warum ich die Hintergrundebene immer erst dupliziere und dann in ein Smart Objekt wandle, ist, dass sich der TIEFEN/LICHTER-Befehl dann wie eine Einstellungsebene anwenden lässt. So können Sie die Einstellungen im Nachhinein ändern, den Effekt ausblenden und Sie erhalten außerdem eine Ebenenmaske.

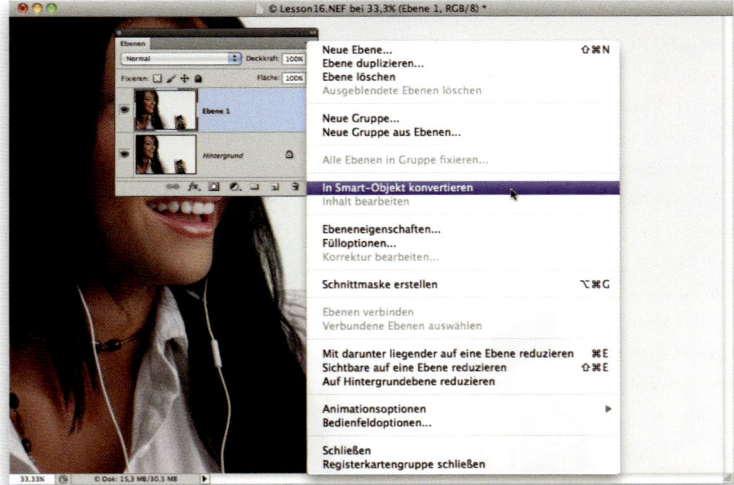

Schritt 12:

Wählen Sie BILD/KORREKTUREN/TIEFEN/
LICHTER. Standardmäßig werden die
Tiefen um 35% aufgehellt – das ist in
der Regel jedoch zu viel (wie auch in
diesem Fall). Ziehen Sie deshalb den
Stärkeregler auf etwa 18%, bis die
Haare mehr Details und Lichter aufwei-
sen (wie hier zu sehen). Klicken
Sie im Anschluss auf OK.

Schritt 13:

Eine weitere Funktion von Einstel-
lungsebenen ist, dass sich die Tiefen/
Lichter-Einstellung mithilfe der Deckkraft kontrollieren lässt (hier verringerte ich die Deckkraft auf 68%, damit
das Ergebnis natürlicher aussieht).
Sobald Sie mit dem Ergebnis zufrieden
sind, können Sie die Ebenen auf den
Hintergrund reduzieren. Sehen Sie sich
das Foto an. Was sollte noch anders
sein? Ich hoffe, Sie finden auch, dass
das iPhone, ein wichtiger Bestandteil
dieses Fotos, etwas verwaschen aussieht (zumindest das Foto, das im
iPhone zu sehen ist).

Schritt 14:

Wir werden das Foto im iPhone mit einer Gradationskurven-Einstellung etwas abdunkeln. Wählen Sie im Korrekturen-Bedienfeld die Gradationskurven und dann im oberen Popup-Menü STARKER KONTRAST (RGB), um die steile Kurve anzuwenden und dem Bild deutlich mehr Kontrast zu verleihen (wir wollen zwar nur den Bildschirm des iPhone bearbeiten, aber deshalb haben wir uns ja für eine Einstellungsebene entschieden).

Schritt 15:

Drücken Sie Strg/⌘+I, um die Ebenenmaske umzukehren und den starken Kontrast zunächst auszublenden. Stellen Sie Weiß als Vordergrundfarbe ein, aktivieren Sie den Pinsel und malen Sie über den Bildschirm des iPhone (nicht über die schwarzen Bereiche oben und unten – nur über den farbigen Monitor; Sie werden die schwarzen Bereiche gleich noch richtig schwarz färben und die Details erhalten).

Schritt 16:

Der Kontrast in den schwarzen Bereichen des iPhone soll zwar auch etwas verstärkt werden, jedoch nicht so sehr. Verringern Sie deshalb in der Optionsleiste die Deckkraft des Pinsels auf 70% (oder noch weniger). Malen Sie über diese Bereiche (wie hier zu sehen).

Schritt 17:

Stellen Sie sich selbst die Frage, ob der Bildschirm des iPhone gut aussieht. Könnte er nicht noch etwas mehr Kontrast vertragen? (Antworten Sie mit »Ja« oder das Projekt ist an dieser Stelle beendet.) Da Sie die Gradationskurve als Einstellungsebene angewendet haben, ist das ganz einfach. Wählen Sie im Ebenen-Bedienfeld einfach die Einstellungsebene an, um das Korrekturen-Bedienfeld mit den angewendeten Einstellungen zu aktivieren. Um den Kontrast in den Tiefen zu verstärken, klicken Sie auf den zweituntersten Punkt in der Kurve und ziehen Sie ihn nach unten – werfen Sie dabei einen Blick auf das iPhone.

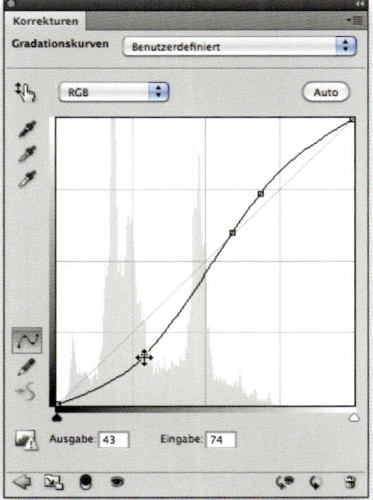

Schritt 18:
Reduzieren Sie die Ebenen und wenden Sie eine mittlere Scharfzeichnung auf das gesamte Bild an.

Schritt 19:
Jetzt wollen wir das iPhone und seinen Bildschirm richtig hervorstechen lassen. Duplizieren Sie die Hintergrundebene und wenden Sie ein- oder zweimal die mittlere Unscharf-maskieren-Aktion auf die Ebene an. Blenden Sie die scharfgezeichnete Ebene hinter einer schwarzen Maske aus, indem Sie die Alt-Taste drücken und auf die Schaltfläche EBENENMASKE HINZUFÜGEN klicken.

Schritt 20:

Aktivieren Sie den Pinsel (die Vordergrundfarbe sollte noch Weiß sein)
und malen Sie nur über das iPhone.
Sie können es nicht zu stark scharfzeichnen, da es metallisch ist und
glänzend. Sobald Sie über das iPhone
(und den Kopfhöreranschluss) gemalt
haben, reduzieren Sie das Bild auf die
Hintergrundebene, wir sind jetzt fertig.
Unten sehen Sie einen Vorher-Nachher-
Vergleich.

Vorher

Nachher

LEKTION 17

Diese Lektion macht echt Spaß, denn nachdem wir so viel von den Glorreichen 7 angewandt haben, wie nötig, zeige ich Ihnen noch einen netten »Hollywood-Effekt«. Dieser Cowboy sitzt auf einem Pferd (was nichts mit unserer Bildbearbeitung zu tun hat – ich dachte nur, es interessiert Sie) und befindet sich vor einem grauen Himmel. Es gibt also genug Herausforderungen, die Sie auf Trab halten werden. Mit einem Reflektor konnte ich das Gesicht etwas aufhellen, aber das reichte noch nicht. Deshalb hat Adobe vermutlich Photoshop erfunden.

LEKTION 17

Schritt 1:

Öffnen Sie das Originalfoto in Camera Raw. Entfernen Sie etwas Gelb aus dem Foto, indem Sie den Farbtemperaturregler nach links (in Richtung Blau) ziehen. Ich verringerte hier die Farbtemperatur des Weißabgleichs auf 5100.

SCOTT KELBY

Schritt 2:

Werfen Sie einen Blick in das Histogramm aus dem vorhergehenden Schritt – Sie sehen, dass die Lichterwarnung aktiv ist (oben rechts in der Ecke des Histogramms), es also einige beschnittene Lichter gibt (in diesen Bereichen sind Details verloren gegangen). Um diese Lichter wieder ins Bild zu bringen, ziehen wir den Wiederherstellungsregler nach rechts, bis die Lichterwarnung wieder schwarz ist (hier 19).

Schritt 3:

Um etwas Fülllicht in sein Gesicht zu bringen, ziehen Sie den Aufhelllichtregler etwas nach rechts (hier 13), um die Tiefenbereiche ein bisschen auszuleuchten.

Hinweis: Er ist von hinten beleuchtet, so dass das Gesicht recht dunkel ist, allerdings konnte ich ihm mit einem Reflektor Licht ins Gesicht zaubern.

Schritt 4:

Jetzt werden wir die tiefsten Schatten etwas bearbeiten, indem wir den Schwarzregler nach rechts auf etwa 13 ziehen.

Schritt 5:

Ziehen Sie den Klarheitregler nach rechts auf 40. Um den Effekt besser sehen zu können, zoomen Sie auf 100% in das Bild hinein (wie hier zu sehen).

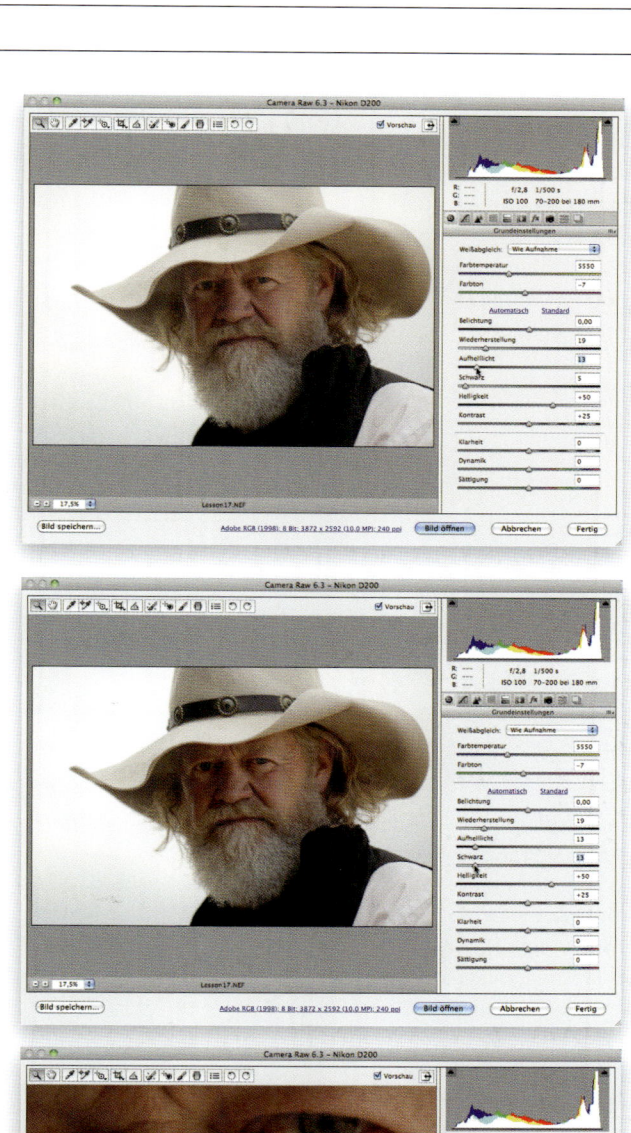

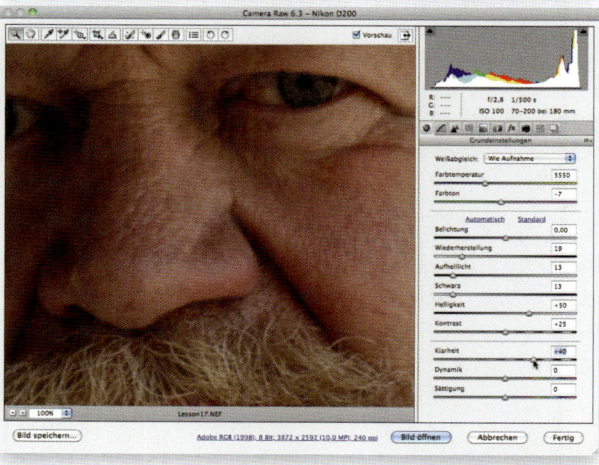

Schritt 6:

Passen Sie die Ansicht anschließend wieder ins Fenster ein (unten links in der Ecke finden Sie ein passendes Popup-Menü oder Sie klicken doppelt auf das Hand-Werkzeug) und lassen Sie uns den Kontrast des Bilds verbessern. Wechseln Sie dazu zum Reiter GRADATIONSKURVE (das zweite Symbol von links). Aktivieren Sie die Punktkurve und die Vorgabe STARKER KONTRAST.

Schritt 7:

Klicken Sie im Anschluss auf den Detail-Reiter (den dritten von links) und erhöhen Sie den Scharfzeichnungsbetrag auf 75. Wenn es sich um ein Porträt einer Frau handelte, würde ich auch den Wert für die Maskierung erhöhen, damit nur die Konturen und nicht die Haut selbst scharfgezeichnet werden. Aber im Fall unseres Cowboys wollten wir die Struktur seiner Haut betonen. Deshalb beließen wir den Maskierungswert bei 0. Klicken Sie auf BILD ÖFFNEN, um es in Photoshop zu öffnen.

Schritt 8:

Sein Gesicht ist jetzt immer noch etwas dunkel. Der Grund, warum ich nicht einfach zu Camera Raw zurückgehe und den Betrag für das Aufhelllicht erhöhe, ist, dass sich das nur auf die Tiefenbereiche, nicht aber auf sein gesamtes Gesicht auswirkt. Es gibt keine Kontrolle über die Anwendung des Aufhelllichts – es wird auf das gesamte Foto angewendet. In Photoshop können Sie jedoch eine Smartfilter-Ebene mit einer Tiefen/Lichter-Einstellung anwenden und genau kontrollieren, wo das Licht angewendet wird. Drücken Sie deshalb Strg/⌘+J, um die Hintergrundebene zu duplizieren. Wählen Sie aus dem Menü des Ebenen-Bedienfelds IN SMART-OBJEKT KONVERTIEREN.

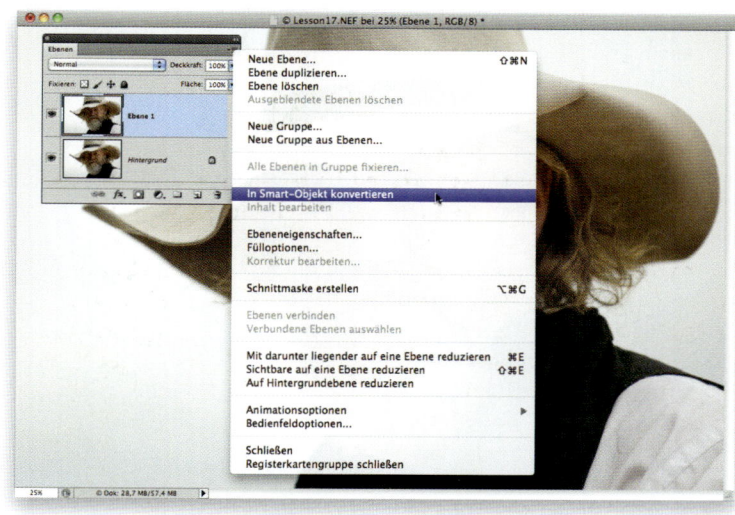

Schritt 9:

Im Anschluss wählen Sie BILD/ KORREKTUREN/TIEFEN/LICHTER. Verringern Sie in dem Dialogfeld die Stärke für die Tiefen auf 20% (wie hier zu sehen). Natürlich wird das Licht jetzt auf das gesamte Foto angewendet (inklusive Jacke, Hut etc.), aber das korrigieren wir im nächsten Schritt. Klicken Sie erst einmal auf OK.

Schritt 10:

Ein Nachteil der Tiefen/Lichter-Einstellung ist, dass nicht nur die Tiefen aufgehellt, sondern in vielen Fällen auch die Farben in diesen Bereichen intensiviert werden, was meistens nicht so gut aussieht. Sollten Sie diesen Effekt feststellen, ändern Sie im Ebenen-Bedienfeld die Füllmethode dieser Ebene in LUMINANZ (wie hier zu sehen). So wird die Einstellung nur auf die Details des Bilds (die Luminanz) angewendet, nicht aber auf die Farbkanäle. So lässt sich das besagte Problem umgehen (wie beim Filter UNSCHARF MASKIEREN).

Schritt 11:

Sie haben soeben einen Vorteil kennengelernt, die Tiefen/Lichter-Einstellung als Smartfilter anzuwenden – die Füllmethode lässt sich in LUMINANZ ändern, um Farbprobleme zu vermeiden. Ein weiterer Vorteil ist, dass Sie die Smartfilter-Ebene automatisch mit einer Ebenenmaske ausstatten, um die Änderungen nur in den gewünschten Bereichen ins Bild zu malen. Aktivieren Sie dazu zunächst die Maskenminiatur der Smartfilter-Ebene und drücken Sie [Strg]/[⌘]+[I], um die Maske umzukehren und die Einstellung dahinter zu verbergen. Malen Sie anschließend mit einem großen weichen Pinsel und Weiß als Vordergrundfarbe über sein Gesicht, um die Tiefeneinstellung einzublenden.

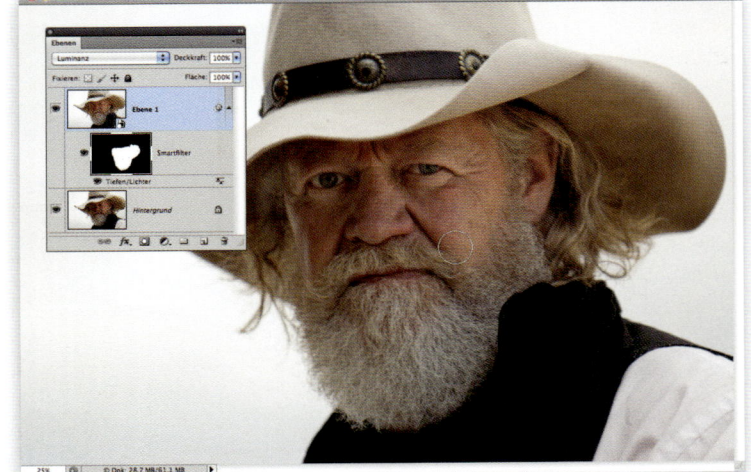

Schritt 12:

Ein weiterer Vorteil ist, dass Sie die Stärke der Einstellung mithilfe der Ebenendeckkraft kontrollieren können. Verringern Sie die Deckkraft hier auf etwa 51%, um das Fülllicht mit dem Rest des Fotos auszubalancieren (die Bearbeitung soll schließlich nicht zu offensichtlich sein). Reduzieren Sie die Ebenen auf den Hintergrund.

Schritt 13:

Wir werden jetzt den »Hollywood-Effekt« anwenden – dieser ist bei Filmplakaten sehr beliebt. Duplizieren Sie dazu zunächst die Hintergrund-ebene und entfernen Sie die Farbe aus der Ebenenkopie, indem Sie Strg/⌘+⇧+U) drücken – das Tastenkürzel für SÄTTIGUNG VERRINGERN.

Schritt 14:

Klicken Sie auf die farbige Hintergrundebene und erstellen Sie eine
weitere Kopie – ziehen Sie diese im
Ebenenstapel nach ganz oben (Ihr
Ebenen-Bedienfeld sollte aussehen
wie in der Abbildung). Ändern Sie
die Füllmethode der obersten Ebene
von NORMAL in WEICHES LICHT, um den
Hollywood-Look zu erzielen (wie hier
zu sehen). Ein weiterer Schritt ist noch
nötig, um den Effekt zu vervollstän-
digen – die Grundlage ist erst einmal
geschaffen.

Schritt 15:

Ein Bestandteil des Effekts ist, dass die
Augen der Person ihre Originalfarbe
beibehalten. (In diesem Fall Blau. Die
Augen sind zwar immer noch blau,
aber deutlich dunkler als im Original.)
Um die Originalfarbe zurückzubringen, klicken Sie unten im Ebenen-
Bedienfeld auf EBENENMASKE HINZUFÜGEN,
drücken Sie die Taste ⓧ, um Schwarz
als Vordergrundfarbe einzustellen, und
zoomen Sie in das Bild hinein. Malen
Sie mit dem Pinsel über die Augen –
allerdings nur über die Iris (warum,
sehen Sie im nächsten Schritt).

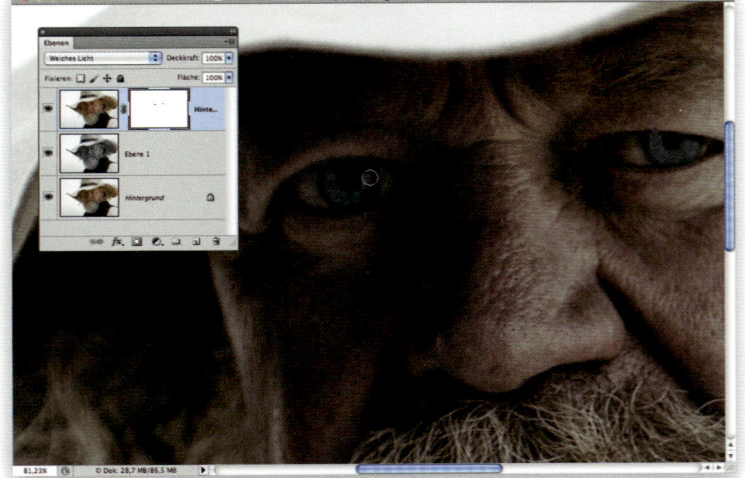

Schritt 16:

Die Iris sollte schwarzweiß sein, weil Sie die farblose mittlere Ebene sehen. Um die Originalfarbe wiederherzustellen, halten Sie die [Alt]-Taste gedrückt, klicken auf die Maske der obersten Ebene und ziehen diese auf die mittlere Ebene. Die Ebenenmaske wird kopiert, so dass jetzt die originale Hintergrundebene zu sehen ist.

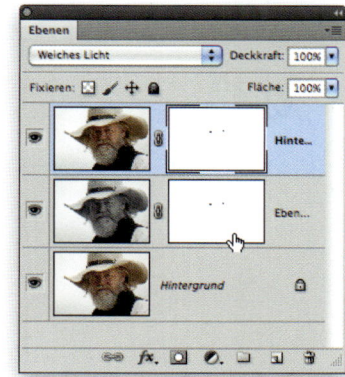

Schritt 17:

Reduzieren Sie die Ebenen, lehnen Sie sich kurz zurück und überlegen Sie, was im Foto noch getan werden muss. Es könnte beispielsweise sein, dass das Gesicht immer noch etwas zu dunkel ist. Erstellen Sie deshalb eine Gradationskurven-Einstellungsebene und wählen Sie im Popup-Menü oben im Korrekturen-Bedienfeld die Option HELLER (RGB). Dadurch werden die Mitteltöne des gesamten Bilds aufgehellt (aber noch einmal, wir wollen nur, dass das Gesicht etwas heller wird – deshalb haben wir auch eine Einstellungsebene erstellt). Wünschen Sie sich die Mitteltöne noch heller, klicken Sie auf den mittleren Punkt der Kurve und drücken Sie auf Ihrer Tastatur die Taste [↑].

Schritt 18:

Ändern Sie die Füllmethode der Einstellungsebene in LUMINANZ. Drücken Sie dann Strg/⌘+I, um die Ebenenmaske umzukehren und die Einstellung auszublenden. Stellen Sie Weiß als Vordergrundfarbe ein, aktivieren Sie den Pinsel und malen Sie über sein Gesicht (wie hier zu sehen), um die hellere Version wieder ins Bild zu bringen. Auch hier können Sie im Anschluss die Intensität des Effekts mithilfe der Deckkraft regulieren (ich habe die Deckkraft hier jedoch nicht verändert).

Schritt 19:

Reduzieren Sie die Ebenen erneut. Wir wollen etwas Rauschen anwenden (der letzte Schritt unseres Hollywood-Effekts). Wählen Sie FILTER/RAUSCHFILTER/ RAUSCHEN HINZUFÜGEN. Wählen Sie in dem Dialogfeld eine Stärke von 6% (für ein hoch auflösendes Bild wie dieses) und aktivieren Sie die Option GAUSSSCHE NORMALVERTEILUNG. Da Sie graues Rauschen erzeugen wollen (und keine roten, grünen und blauen Punkte, die so manche Digitalkamera bei hohen ISO-Werten erzeugt), aktivieren Sie unten in dem Dialogfeld das Kontrollkästchen MONOCHROMATISCH und klicken Sie auf OK.

Hinweis: Fügen Sie nicht zu viel Rauschen hinzu, denn Sie zeichnen das Bild im nächsten Schritt ja noch scharf.

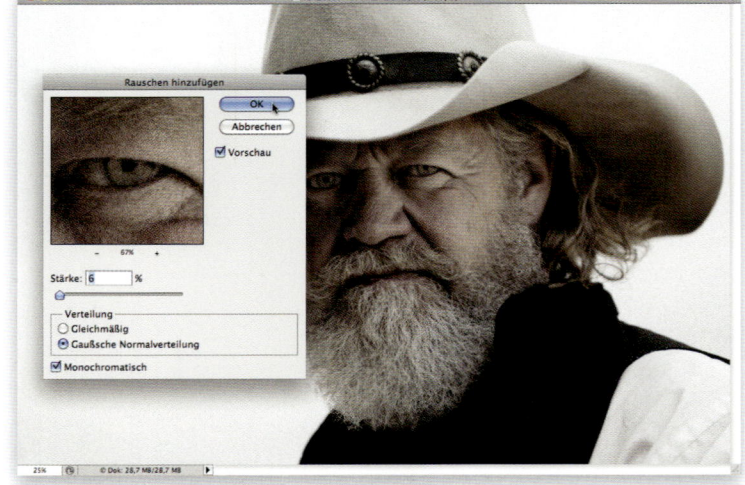

Schritt 20:

Wenden Sie jetzt eine starke Scharfzeichnung an (die Aktion, die Sie in Lektion 1 erstellt haben), um das Bild fertigzustellen. Unten sehen Sie eine Vorher-Nachher-Version.

Vorher

Nachher

LEKTION 18

Wie bereits erwähnt, werde ich jetzt nicht mehr alles bis ins Detail erklären, denn Sie wissen mittlerweile, was zu tun ist. Dieses Bild fotografierte ich, als ich von einem Shooting auf Coco Cay, Bahamas, zurückkehrte. Das Boot hat sich bewegt, deshalb ist das Bild nicht ganz scharf. Ich will hier den Himmel einfach dramatischer aussehen lassen. Zum Zeitpunkt der Aufnahme schoben sich gerade einige Regenwolken ins Bild, von denen jedoch viele bei der Belichtung untergingen. Wir werden sie jetzt zurückholen.

Schritt 1:

Öffnen Sie das Originalfoto in Camera Raw (wie hier zu sehen).

SCOTT KELBY

Schritt 2:

Im Moment ist es schwierig einzu-
schätzen, ob der Weißabgleich angepasst werden muss oder nicht. Lassen
Sie uns deshalb zunächst den Himmel
abdunkeln und dann noch einmal
einen Blick auf den Weißabgleich werfen. Verringern Sie also zunächst die
Belichtung (hier –1,40).

Schritt 3:

Es gibt noch einige kritische Stellen
im Himmel – erhöhen Sie deshalb den
Wert für den Wiederherstellungsregler
(ich wählte 53).

Schritt 4:
Erhöhen Sie den Schwarzwert auf 27, damit Ozean und Himmel reichhaltige Tiefen aufweisen.

Schritt 5:
Verstärken Sie den Effekt, indem Sie den Klarheitregler etwas nach rechts ziehen (hier auf 54).

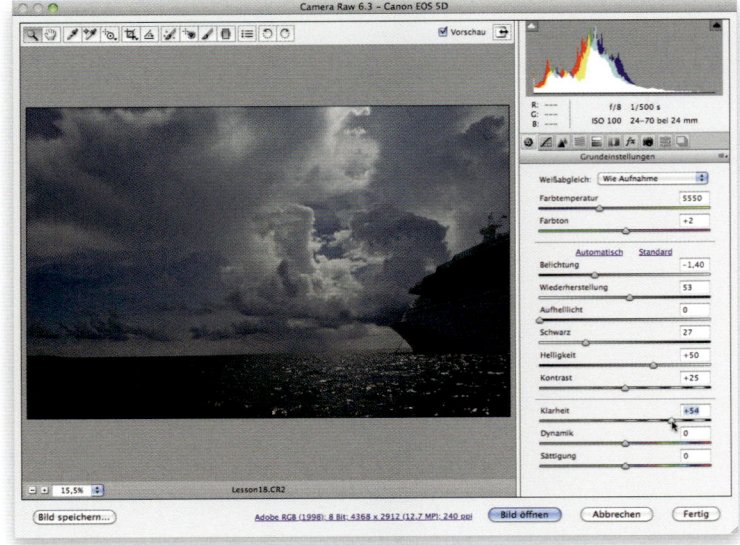

Schritt 6:

Damit die Farben noch stärker hervorstechen, ziehen Sie den Dynamikregler
nach rechts (auf +28).

Schritt 7:

Klicken Sie oben auf den Reiter
GRADATIONSKURVEN (der zweite von links)
und öffnen Sie die Punktkurve. Wählen
Sie aus dem Vorgabe-Menü STARKER
KONTRAST, um den Kontrast des Fotos zu
verstärken. (Beachten Sie, wie sich die
dunklen Wolken zu formen beginnen.
Es sieht aus, als braue sich ein Sturm
zusammen. Lassen Sie uns diesen
Sturm im nächsten Schritt noch etwas
näher heranholen.)

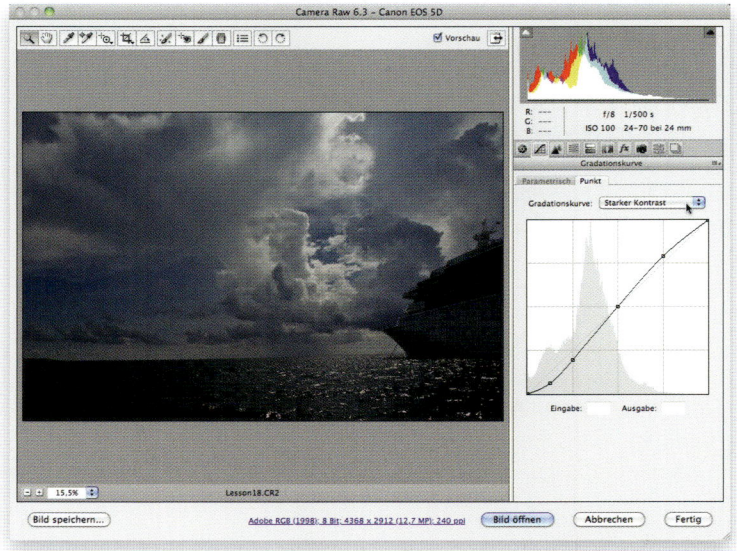

Schritt 8:

Klicken Sie auf den zweiten Punkt von oben rechts und verschieben Sie ihn noch etwas weiter nach oben (nutzen Sie die Pfeiltaste auf Ihrer Tastatur), um die Lichter noch heller, die Kurve noch steiler und das Foto kontrastreicher zu gestalten. Wiederholen Sie das Vorgehen für die Tiefen, indem Sie auf den dritten Punkt von unten klicken und ihn noch etwas weiter nach unten verschieben. Halten Sie die ⇧-Taste gedrückt und klicken Sie auf die Schaltfläche OBJEKT ÖFFNEN, um das Bild in Photoshop als Smart Objekt zu öffnen.

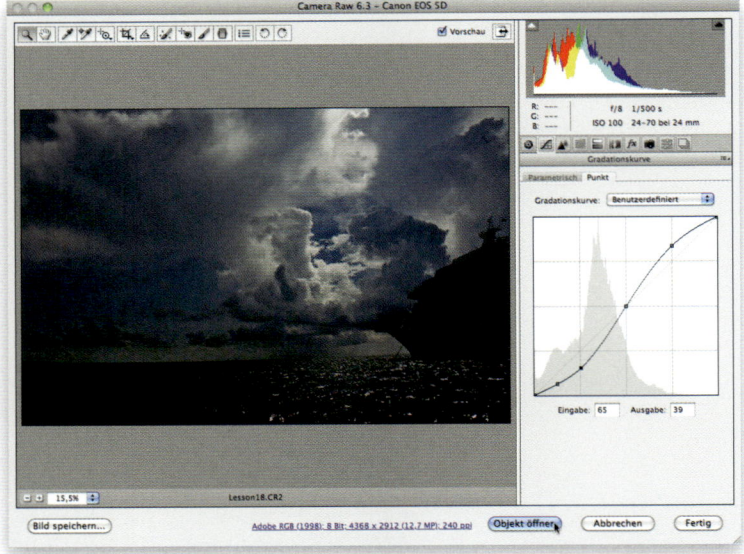

Schritt 9:

Das tun wir (das Öffnen als Smart Objekt), um das Foto zweimal entwickeln zu können. Duplizieren Sie deshalb die Smart-Objekt-Ebene, indem Sie mit gedrückter Ctrl -Taste (PC: Rechtsklick) auf die Ebene klicken und NEUES SMART OBJEKT DURCH KOPIE wählen.

Hinweis: Nur zur Erinnerung: Falls Sie sich hier etwas verloren vorkommen oder das alles nicht vertraut klingt, sind Sie für diese Lektion wahrscheinlich nicht bereit – denn hier erkläre ich das Vorgehen nicht noch einmal im Detail wie in der vorhergehenden Übung. Es ist nicht schlimm, wenn Sie noch nicht bereit sind – sehen Sie sich einfach noch einmal die früheren Lektionen an und kehren Sie dann wieder hierher zurück.

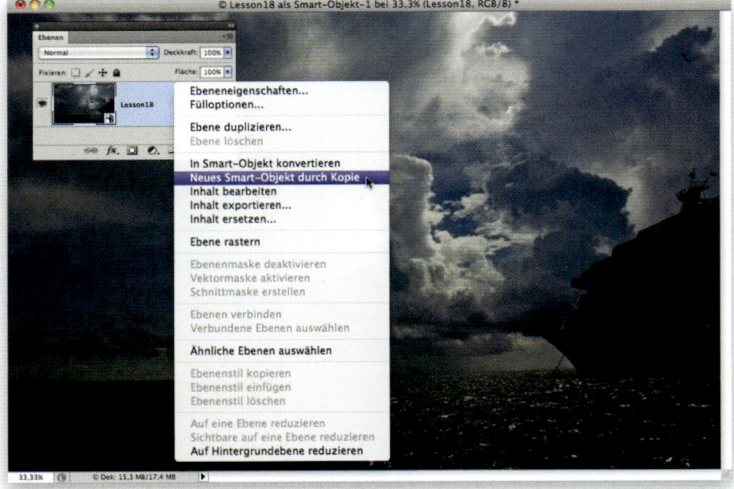

Schritt 10:

Sobald die duplizierte Smart-Objekt-
Ebene im Ebenen-Bedienfeld erscheint,
klicken Sie direkt doppelt auf die
Ebenenminiatur, um diese Ebene in
Camera Raw zu öffnen. Wir müssen
jetzt das Schiff und das Wasser etwas
aufhellen. Dazu werden wir etwas
tun, was wir im gesamten Buch noch
nicht getan haben – klicken Sie auf die
AUTOMATISCH-Schaltfläche (wie hier zu
sehen). Der Grund, warum wir den bisher noch nicht genutzt haben, ist der:
Ich denke, dass das Bild dadurch in der
Regel überbelichtet wird (die Lichter
werden zwar nicht ausgewaschen,
aber die Belichtung wird so sehr verstärkt, dass das Foto aussieht wie überbelichtet). Sehen Sie sich den Himmel
an – er ist nicht beschnitten, sieht aber
so aus. Wir nutzen die Auto-Korrektur
jedoch nur als Ausgangspunkt.

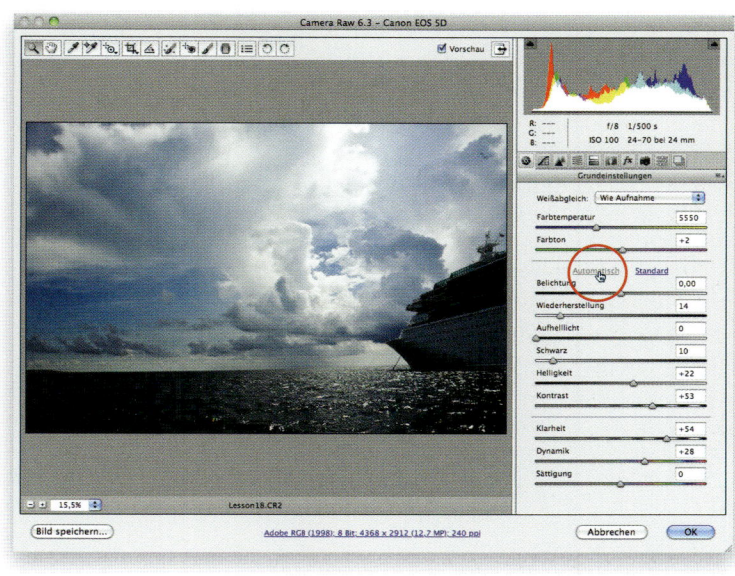

Schritt 11:

Wir wollen die Lichter auf dem Schiff
und im Wasser nicht verwerfen, wählen Sie für den Wiederherstellungsregler deshalb einen Wert von 0 und
erhöhen Sie das Aufhelllicht, um die
Tiefen in diesen Bereichen etwas aufzuhellen (hier 30). Klicken Sie auf OK,
um die Änderungen auf die Ebenenkopie in Photoshop anzuwenden.

Schritt 12:

Verbergen Sie die hellere Smart-Objekt-Ebene hinter einer schwarzen Ebenenmaske. Erzeugen Sie mit dem Schnellauswahl-Werkzeug eine Auswahl der Wasserfläche (wie hier zu sehen). Aktivieren Sie den Pinsel mit einer weichen Werkzeugspitze und wählen Sie Weiß als Vordergrundfarbe. Malen Sie über das Meer, um die hellere Ebene einzublenden (wie ich es hier tue).

Schritt 13:

Heben Sie die Auswahl der Wasserfläche auf und verfahren Sie wie in Schritt 12 für das Schiff: Sie treffen eine Auswahl mit dem Schnellauswahl-Werkzeug und malen die helle obere Ebene ein. Heben Sie die Auswahl auf und erledigen Sie die letzte Feinarbeit für die restlichen Bereiche von Schiff und Meer. Ich musste deutlich in das Bild hineinzoomen und mit einer kleineren Werkzeugspitze arbeiten, um über die Oberkante und die Spitze des Schiffs zu malen.

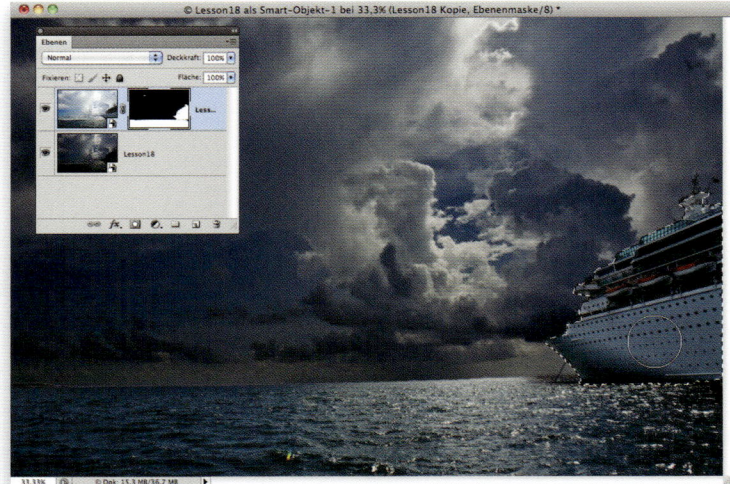

Schritt 14:

Klicken Sie wieder auf die Ebenenminiatur, um im Camera-Raw-Dialog die Belichtung nachzuregeln und Schiff und Wasserfläche so in der Helligkeit anzupassen. Ich wählte eine Belichtung von +0,55. Bestätigen Sie mit OK.

Schritt 15:

Fügen Sie eine Gradationskurven-Einstellungsebene hinzu und wählen Sie die Vorgabe MITTLERER KONTRAST (RGB), um den Kontrast etwas zu verbessern.

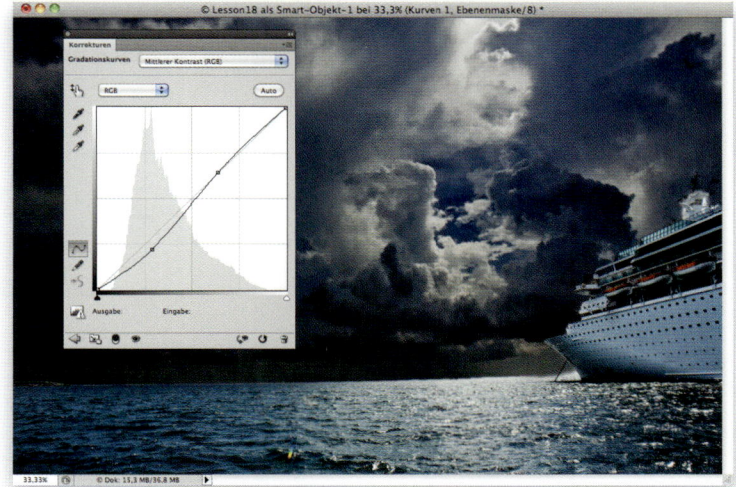

Schritt 16:

Die Gradationskurveneinstellung eignet sich gut für den Himmel und das Meer, das Schiff wird dadurch jedoch etwas zu dunkel. Nutzen Sie deshalb die eingebaute Maske der Gradationskurvenebene und malen Sie mit einem schwarzen Pinsel über das Schiff, um die kontrastreiche Einstellung in diesem Bereich auszublenden (wie hier zu sehen).

Schritt 17:

Erstellen Sie eine neue Ebene – eine reduzierte Version des Dokuments –, auf die Sie eine Tiefen/Lichter-Einstellung anwenden, um den Himmel ganz leicht aufzuhellen. Drücken Sie Strg/⌘+Alt+⇧+E, um eine reduzierte Ebene ganz oben im Ebenenstapel zu erstellen.

Schritt 18:

Wählen Sie dann FILTER/FÜR SMARTFILTER KONVERTIEREN und im Anschluss BILD/KORREKTUREN/TIEFEN/LICHTER. Aktivieren Sie das Kontrollkästchen MEHR OPTIONEN wie in der Abbildung zu sehen.

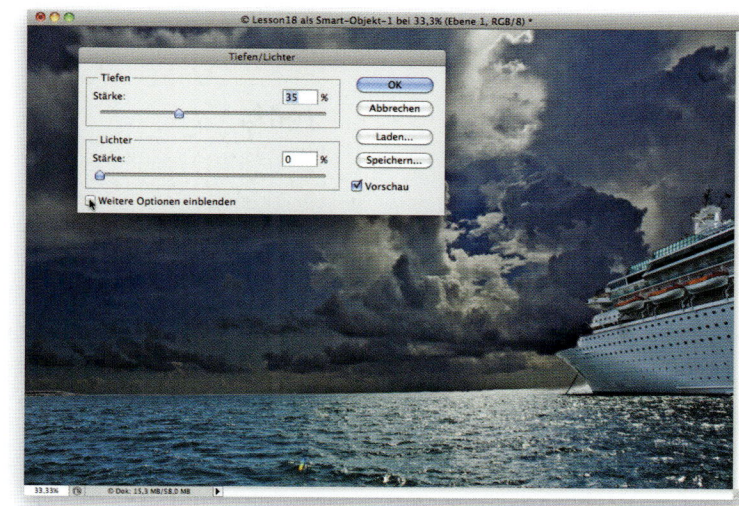

Schritt 19:

Der Hauptgrund, warum ich diese erweiterten Optionen nutze, ist, dass es manchmal (okay, eigentlich ziemlich oft) etwas künstlich aussieht, wenn die Tiefen aufgehellt werden. Durch die Verringerung der Stärke (hier auf 25%) und der Erhöhung der Tonbreite auf etwa 60% sowie des Radius auf einen Wert zwischen 250 und 300 Pixel in den erweiterten Optionen sieht das Ergebnis deutlich realistischer aus. Das mache ich nicht immer – nur in Situationen, die es wirklich erfordern. Klicken Sie an dieser Stelle auf OK. Vergessen Sie nicht, dass Sie die Füllmethode der Smartfilter-Ebene in LUMINANZ ändern können, um nicht die Farben, sondern nur die Luminanz zu bearbeiten.

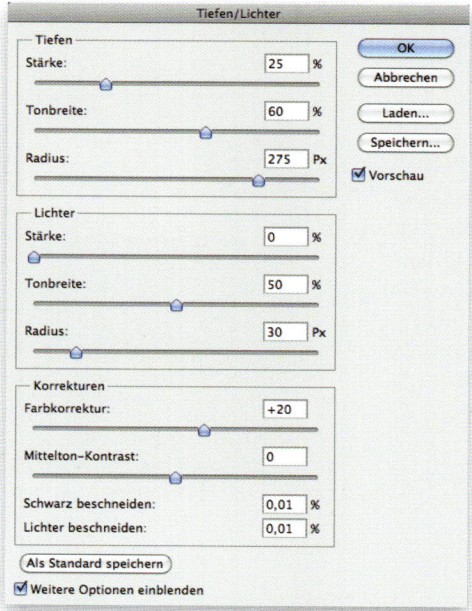

LEKTION 18

Schritt 20:

Klicken Sie auf die Maskenminiatur der Smartfilter-Ebene und drücken Sie `Strg`/`⌘`+`I`, um die Maske umzukehren und die Ebene zunächst auszublenden. Aktivieren Sie den Pinsel mit einer großen Pinselspitze sowie Weiß als Vordergrundfarbe und malen Sie über die Wolken im oberen Bereich des Himmels, um sie etwas aufzuhellen. Malen Sie nicht in der Nähe des Horizonts – nur weiter oben.

Schritt 21:

Reduzieren Sie das Bild auf die Hintergrundebene und wenden Sie die mittlere Scharfzeichnung an. Wir werden dieses Bild ausdrucken. Duplizieren Sie deshalb die Hintergrundebene und zeichnen Sie diese noch einmal scharf (das ist die Scharfzeichnung für den Druck). Sollte das Bild auf dem Bildschirm etwas zu scharf aussehen, ist es gerade richtig – denn beim Übertrag auf das Papier geht ein Teil der Schärfe verloren. Reduzieren Sie das Bild im Anschluss erneut.

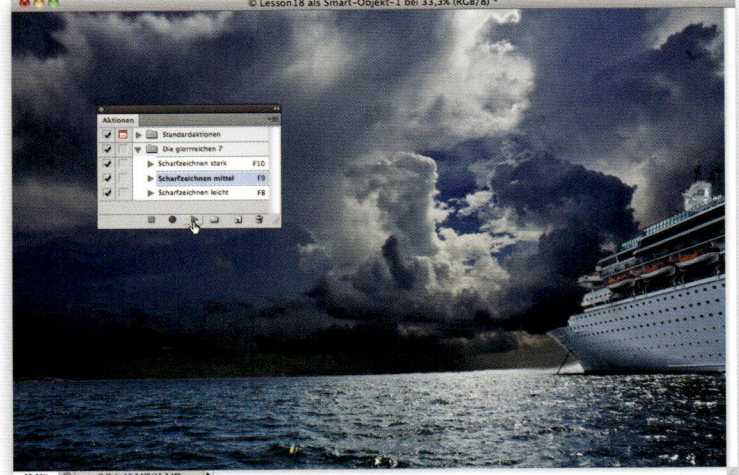

Schritt 22:

Wir werden für unser Bild jetzt ein Posterlayout erstellen. Drücken Sie [Strg]/[⌘]+[N], um ein neues Dokument zu erstellen – 40 x 50 cm mit einer Auflösung von 240 ppi.

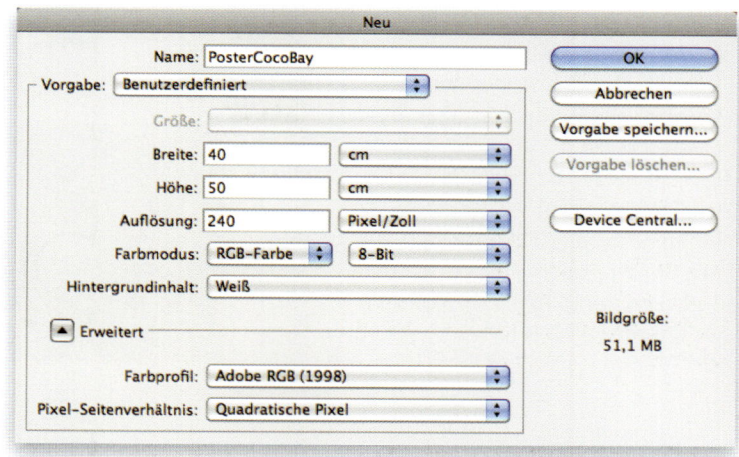

Schritt 23:

Blenden Sie mit [Strg]/[⌘]+[R] die Lineale ein. Klicken Sie in das Lineal links und ziehen Sie zwei Hilfslinien heraus, platzieren Sie diese wie in der Abbildung. Ziehen Sie im Anschluss eine Hilfslinie aus dem oberen Lineal, ebenfalls wie hier zu sehen.

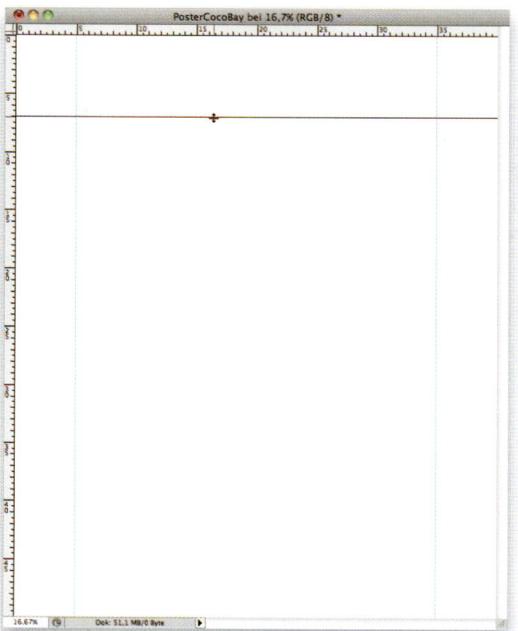

Schritt 24:

Aktivieren Sie das Verschieben-Werkzeug und ziehen Sie das Foto in dieses Dokument. Skalieren Sie es mit Frei transformieren (Strg/⌘+T), so dass es zwischen die Hilfslinien passt (siehe Abbildung). Bestätigen Sie die Transformation durch Drücken der ↵-Taste. Um die Proportionen des Bilds zu erhalten, müssen Sie beim Skalieren die ⇧-Taste gedrückt halten.

Schritt 25:

Aktivieren Sie das Text-Werkzeug, um dem Poster den letzten Schliff zu verleihen. Ich wählte hier die Schriftart Trajan Pro, die automatisch zusammen mit Photoshop CS5 oder der gesamten Creative Suite installiert wird. Ich vergrößerte den Abstand zwischen den Buchstaben zusätzlich, um das Design noch etwas eleganter zu machen (erhöhen Sie im Zeichen-Bedienfeld einfach die Laufweite). Die Vorher-Nachher-Version des eigentlichen Bilds sehen Sie auf der nächsten Seite.

Vorher

Nachher

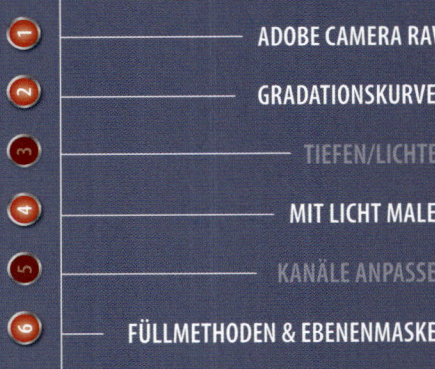

GRADATIONSKURVEN

TIEFEN/LICHTER

MIT LICHT MALEN

KANÄLE ANPASSEN

FÜLLMETHODEN & EBENENMASKEN

SCHARFZEICHNUNGSTECHNIKEN

LEKTION 19

Diese Boote habe ich auf einem Teich in Maine fotografiert – es handelt sich um ein wenig beachtenswertes Foto (vor allem die beiden Boote). Ein Boot wäre sehr langweilig, zwei sind es erst recht, aber das lässt sich leicht beheben. Dieses Foto ist außerdem schlecht belichtet, hat einen schlechten Weißabgleich und die Bildkomposition lässt zu wünschen übrig.

Schritt 1:
Öffnen Sie das Originalfoto in Camera Raw (wie hier zu sehen).

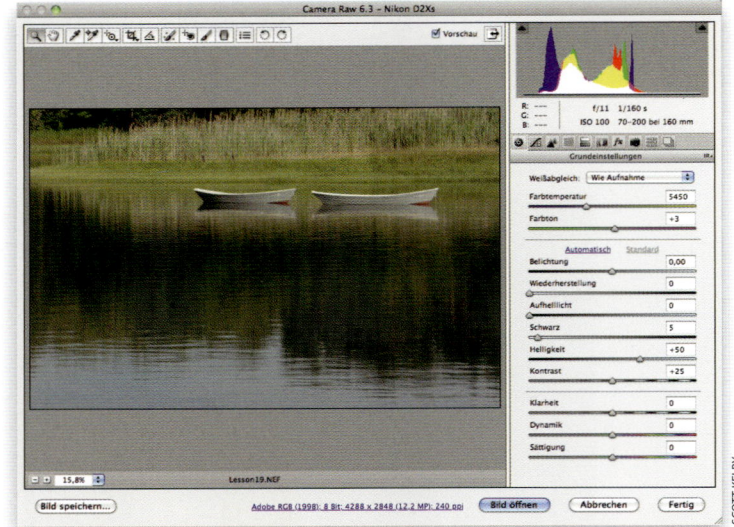

SCOTT KELBY

Schritt 2:

Wir wollen das Foto so aussehen lassen, als wäre es kurz vor Sonnenuntergang aufgenommen – der Weißabgleich muss also etwas aufgehellt werden. Ziehen Sie den Farbtemperaturregler auf 7350, um die Gelbtöne im Bild zu verstärken.

Schritt 3:

Korrigieren Sie die Belichtung, so dass das Bild nicht so aussieht, als wäre es mitten am Nachmittag aufgenommen. Ziehen Sie den Belichtungsregler nach links auf –0,60.

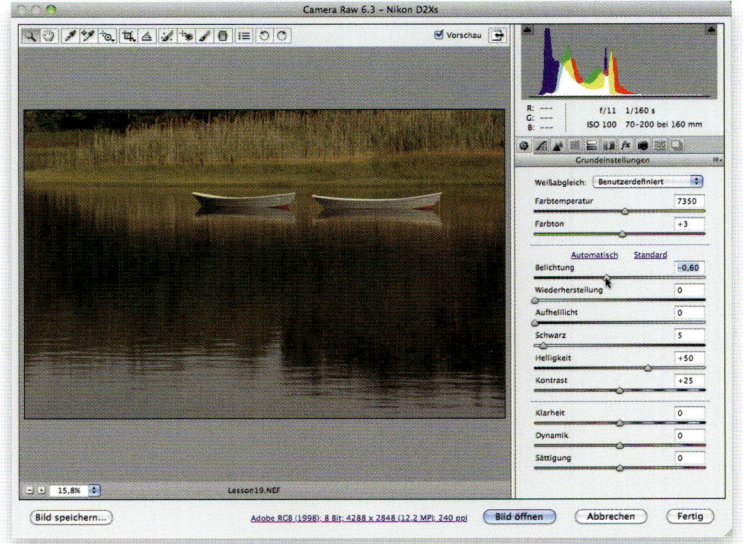

Schritt 4:
Lassen Sie uns die extremen Lichter abschwächen und dem gesamten Bild etwas mehr Atmosphäre verleihen. Ziehen Sie dazu den Wiederherstellungsregler auf etwa 51. Das Foto sieht jetzt schon deutlich besser aus.

Schritt 5:
Erhöhen Sie den Schwarzwert auf 27 (oder höher, das liegt ganz bei Ihnen), um das Wasser etwas abzudunkeln und die Farben in den Tiefen mehr zu sättigen. Jetzt kommt schon eher das Gefühl eines späten Nachmittags auf.

Schritt 6:

Bevor wir dem Foto in Sachen Sonnenuntergang jedoch den letzten Schliff geben, werden wir den Mitteltonkontrast deutlich verbessern. Erhöhen Sie dazu die Klarheit auf etwa 29.

Hinweis: Vergessen Sie nicht, auf 100% in das Bild hineinzuzoomen, um die Änderungen besser zu sehen.

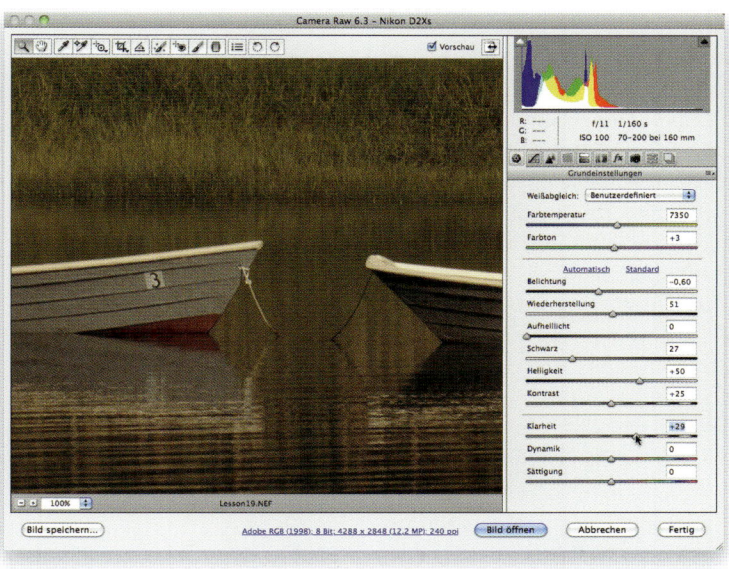

Schritt 7:

Jetzt wollen wir die Farben zum Leuchten bringen (so wie sie aussehen würden, wenn sie das Sonnenlicht nicht ausgewaschen hätte), indem wir den Dynamikregler auf +19 ziehen.

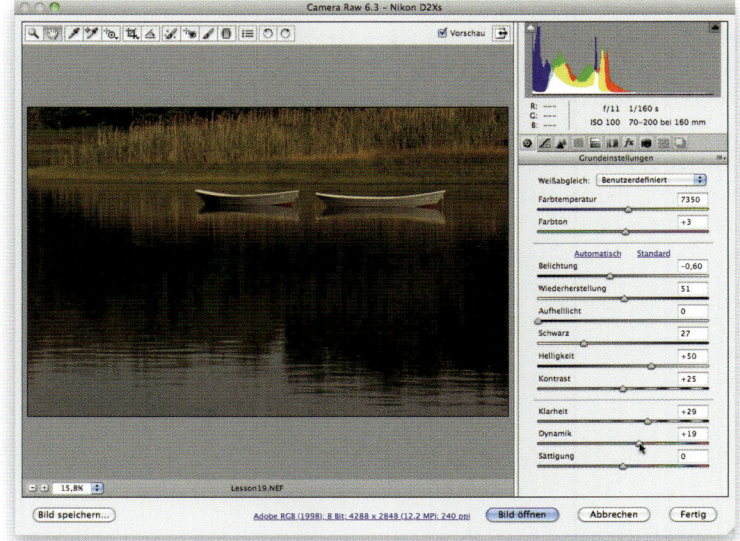

Schritt 8:

Um die Abendstimmung noch zu verstärken, klicken Sie auf das Symbol OBJEKTIVKORREKTUREN und dann MANUELL; verringern Sie die Stärke der Objektivvignettierung auf –49, um die Ecken des Bilds abzudunkeln. Ziehen Sie anschließend den Mittenwertregler ganz nach links. Mit dieser Reglerkombination brennen Sie die Bildkanten ein – der Übergang zur Mitte ist jedoch sanft, so dass es aussieht, als ob ein weiches Licht auf die Bildmitte fällt (wie hier zu sehen). Klicken Sie auf die Schaltfläche BILD ÖFFNEN, um es in Photoshop zu öffnen.

Schritt 9:

Das Foto sieht durch den großen Abstand der Boote nach links nicht ausbalanciert aus (neben der Tatsache, dass eine gerade Anzahl von Gegenständen immer etwas langweilig wirkt). Wenn doch dort nur ein drittes Boot wäre. (Moment … ein drittes Boot könnte die Lücke ausfüllen … ich glaube, da kommt gerade eines.) Aktivieren Sie das Lasso (L) und erstellen Sie eine lose Auswahl um das Boot in der Mitte des Bilds (wie in der Abbildung zu sehen).

Schritt 10:

Um die Auswahlkanten etwas unauffälliger zu machen (und die Kopie besser in das Bild einzufügen), wählen Sie Auswahl/Auswahl verändern/Weiche Kante. Stellen Sie einen Radius von 10 Pixel ein und klicken Sie auf OK.

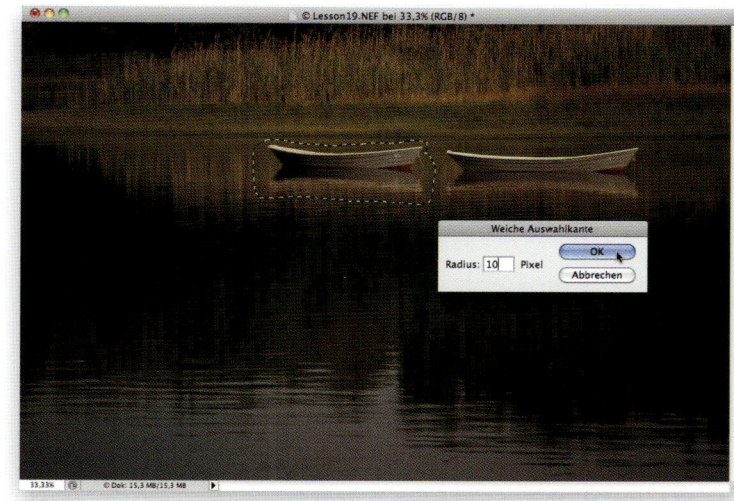

Schritt 11:

Drücken Sie Strg/⌘+J, um die Auswahl (das Boot) in eine eigene Ebene zu kopieren.

Schritt 12:

Aktivieren Sie das Verschieben-Werkzeug V und ziehen Sie die Bootkopie nach links, um die Lücke zu schließen (siehe Abbildung). Verkleinern Sie dieses Boot etwas, um es vom mittleren Boot zu unterscheiden. Drücken Sie Strg/⌘+T, um den Befehl FREI TRANSFORMIEREN aufzurufen, halten Sie die ⇧-Taste gedrückt und ziehen Sie zum Verkleinern einen der Eckpunkte nach innen. Klicken Sie im Anschluss doppelt in den Transformationsrahmen, um die Transformation zu bestätigen.

Schritt 13:

Fügen Sie eine Ebenenmaske hinzu, wählen Sie Schwarz als Vordergrundfarbe und malen Sie über die überstehenden Bereiche des kopierten Boots, um es besser in das Foto überzublenden. Das ist einfacher, als es klingt, denn Sie müssen eigentlich nur die helleren Bereiche des Wassers am Ende des Boots entfernen. Das sollte nicht viel länger als zwei Minuten dauern.

Schritt 14:

Auch direkt unterhalb der Reflexion des Boots müssen Sie etwas korrigieren. Sie sehen eine kleine Linie, wählen Sie deshalb eine recht große Werkzeugspitze (wie die in der Abbildung) und malen Sie sie einfach weg. Reduzieren Sie im Anschluss die Ebenen auf eine.

Schritt 15:

Sie werden die Boote jetzt mit einem Seil verbinden (wie es die ersten beiden bereits sind). Klicken Sie zunächst auf die Hintergrundebene, aktivieren Sie das Lasso und erstellen Sie eine Auswahl um das Seil am Ende des ersten Boots (das ganz rechts). Wenden Sie eine weiche Auswahlkante mit einem 2-Pixel-Radius an und klicken Sie in dem Dialogfeld auf OK.

Schritt 16:

Drücken Sie Strg/⌘+J, um die Seilauswahl in eine eigene Ebene zu kopieren. Ziehen Sie diese Kopie dann an das hintere Ende des mittleren Boots. Damit es etwas anders aussieht, können Sie das Seil leicht drehen (wie hier zu sehen, wo ich den Befehl FREI TRANSFORMIEREN nutzte). Es ist eine kleine Sache, aber eigentlich sind das alles nur Kleinigkeiten, oder? Bestätigen Sie die Drehung mit einem Doppelklick in den Transformationsrahmen.

Schritt 17:

Sie müssen das Bild jetzt etwas bereinigen – wie beim dritten Boot –, also das überschüssige Wasser um das kopierte Seil entfernen. Und das ist noch einfacher: Fügen Sie einfach eine Ebenenmaske hinzu und malen Sie mit Schwarz um das Seil, um es noch besser in das Bild überzublenden.

Schritt 18:

Es gibt noch eine kleine Sache, die Sie korrigieren sollen, damit niemandem auffällt, dass es sich beim dritten Boot um eine Kopie handelt. Auf dem zweiten und dritten Bild sind exakt dieselben Nummern zu sehen (die Zahl 3). Das muss geändert werden (es geht ganz einfach). Reduzieren Sie die Ebenen zunächst auf eine und zoomen Sie in die Zahl des neuen Boots hinein. Aktivieren Sie das Polygon-Lasso und erstellen Sie eine geradlinige Auswahl um die Zahl und deren Kasten. Sie schließen auch den Kasten mit ein, um nicht versehentlich darüber hinaus zu malen.

Schritt 19:

Aktivieren Sie den Kopierstempel $\boxed{\text{S}}$, halten Sie die $\boxed{\text{Alt}}$-Taste gedrückt und klicken Sie links neben die Nummer, um die helle Farbe des Hintergrunds aufzunehmen. Malen Sie mit dem Kopierstempel dann über die Nummer, um sie zu entfernen, wie in der Abbildung zu sehen.

Schritt 20:

Ist die Nummer nicht mehr zu sehen, heben Sie die Auswahl auf, stellen Sie Schwarz als Vordergrundfarbe ein und aktivieren Sie das Text-Werkzeug. Geben Sie die Zahl 4 ein (Arial ist in diesem Fall geeignet). Passen Sie anschließend Größe und Position der Nummer an. Passt alles, drücken Sie Strg/⌘+↵, um die Ebene zu fixieren, und drehen Sie die Zahl mit dem Befehl FREI TRANSFORMIEREN, um den Winkel an den der Originalziffer anzupassen. Bestätigen Sie die Änderungen.

Schritt 21:

Aktivieren Sie die Pipette I, scrollen Sie zum ersten Boot und klicken Sie mit dem Werkzeug in die Zahl 2, um deren exakte Farbe aufzunehmen (diese Farbe wird zur Vordergrundfarbe). Scrollen Sie wieder zurück zur schwarzen 4 und drücken Sie Alt+Entf, um diese mit der aufgenommenen Farbe zu füllen. Duplizieren Sie die Zahlenebene, drücken Sie die Taste D, dann X und drücken Sie erneut Alt+Entf, um das Duplikat mit Weiß zu füllen. Ziehen Sie diese Ebene im Ebenen-Bedienfeld unter die originale 4, aktivieren Sie das Verschieben-Werkzeug und drücken Sie sowohl die ←-Taste als auch die ↓-Taste einmal. Verringern Sie die Deckkraft der weißen Ebene auf 65%. Das war's – Sie haben das Nummernproblem gelöst.

Schritt 22:

Lassen Sie uns das Foto jetzt noch etwas stärker aufwärmen. Klicken Sie auf die obere Textebene und wählen Sie aus dem Popup-Menü NEUE FÜLL- ODER EINSTELLUNGSEBENE ERSTELLEN die Option FOTOFILTER. Behalten Sie im Korrekturen-Bedienfeld die Standard-einstellung bei (Warmfilter 85), erhöhen Sie jedoch die Dichte auf etwa 60%, um das Foto noch wärmer zu machen.

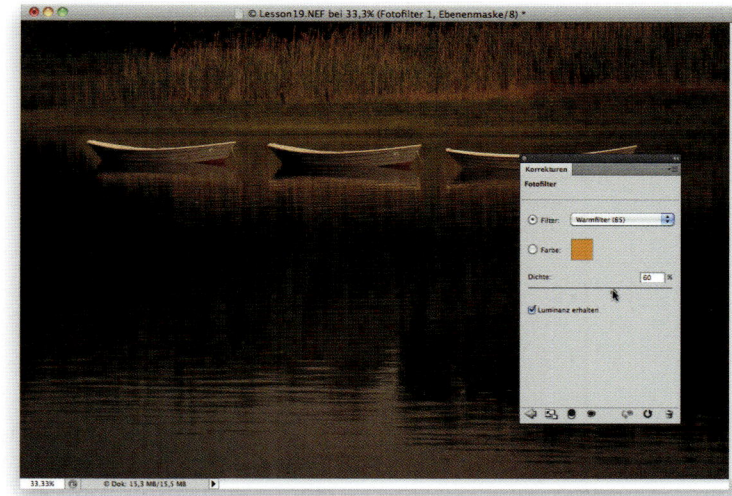

Schritt 23:

Sollten die Boote zu gelb aussehen (wie ich finde), probieren Sie es damit: Fügen Sie eine Gradationskurven-Einstellungsebene hinzu, aktivieren Sie im Korrekturen-Bedienfeld die Pipette für die Lichter (die unterste) und klicken Sie einmal in den oberen Bereich des mittleren Boots (der Teil, der weiß sein sollte) – die gelbe Farbe wird großflächig entfernt. Wenn Ihnen das Foto so gefällt (jetzt, da der Farbstich korrigiert ist), reduzieren Sie die Ebenen auf eine. Zeichnen Sie das Bild dann noch scharf, fertig. Ansonsten fahren mit dem nächsten Schritt fort.

Schritt 24:

Wir werden jetzt die Ebenenmaske der Einstellungsebene nutzen. Drücken Sie `Strg`/`⌘`+`I`, um die Maske umzukehren und die farbkorrigierte Bildversion auszublenden. Aktivieren Sie den Pinsel und malen Sie mit Weiß über die Boote und deren Reflexionen im Wasser (vergessen Sie auf keinen Fall die Reflexionen, die werden Sie sonst verraten).

Schritt 25:

Malen Sie wirklich vollständig über alle drei Boote und deren Reflexionen (wie hier zu sehen). Beachten Sie, dass jetzt nur die Boote grau sind, der Rest bleibt unverändert.

Schritt 26:

Falls Sie einen Teil der gelben Umgebungsfarbe in die Boote überblenden wollen (ich denke, dass das ganz passend wäre), verringern Sie einfach die Ebenendeckkraft auf 68%. So erscheinen die Boote nicht so grau, sie haben aber auch keinen gelben Farbstich. Sie können das Bild jetzt auf die Hintergrundebene reduzieren, es wird Zeit fürs Scharfzeichnen.

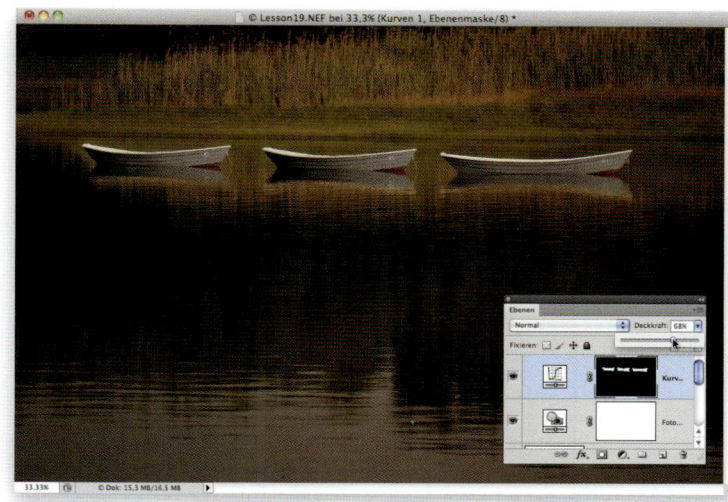

Schritt 27:

Wenden Sie die mittlere Scharfzeichnungsaktion auf das gesamte Bild an.

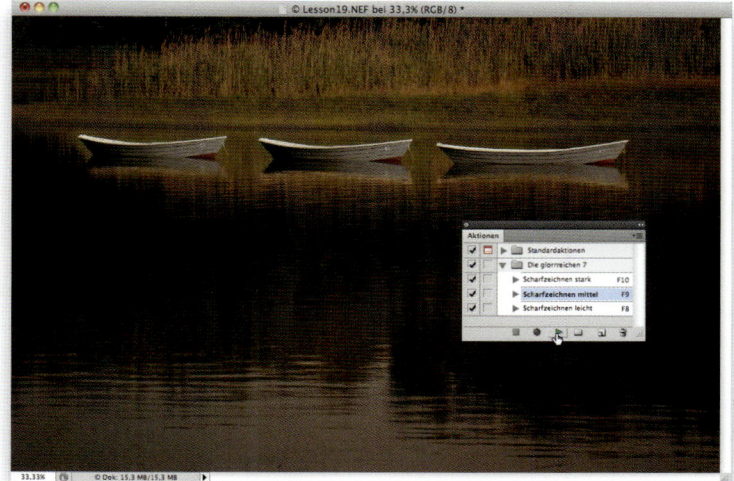

Schritt 28:

Technisch gesehen sind wir jetzt fertig – ich biete Ihnen hier jedoch noch eine Option, die Sie in Betracht ziehen sollten: das Freistellen für ein Panorama. Richtig, stellen Sie das Foto so frei, dass es wie ein Panorama aussieht. Aktivieren Sie dazu das Freistellungswerkzeug (C) und ziehen Sie einen Freistellungsrahmen auf (wie in der Abbildung zu sehen). Mit den Drittel-Regel-Hilfslinien können Sie die Boote schön mittig ausrichten. Drücken Sie dann die ⏎-Taste, um das Bild freizustellen. Im nächsten Schritt werden wir ein Posterlayout erstellen.

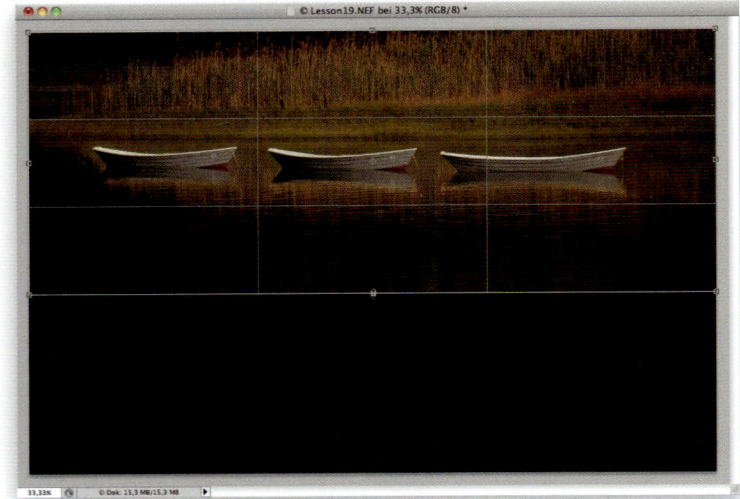

Schritt 29:

Wählen Sie BILD/ARBEITSFLÄCHE. Aktivieren Sie die Kontrollkästchen RELATIV und geben Sie für die Höhe und Breite 6 cm ein, wählen Sie Weiß als Farbe für die erweiterte Arbeitsfläche und klicken Sie auf OK. Öffnen Sie das Dialogfeld im Anschluss erneut und geben Sie für die Höhe dieses Mal 10 cm ein und klicken Sie auf das obere Quadrat in der mittleren Spalte. Jetzt können Sie noch etwas Text hinzufügen. Ich wählte die Schriftart Trajan Pro mit einer großen Laufweite für die obere Textzeile; für die untere wählte ich Minion Pro Italic (beide Schriften sind in Photoshop CS5 enthalten), ebenfalls mit einer großen Laufweite und in Großbuchstaben. Das ist das finale Layout. Auf der nächsten Seite sehen Sie eine Gegenüberstellung mit dem Original.

Vorher

Nachher

LEKTION 20

Das ist eines meiner Lieblingsfotos in diesem Buch. Zum einen mag ich die Reflexionen des Himmels im Wasser, zum anderen gefällt mir, was die Umwandlung in den Lab-Modus bewirkt. Außerdem habe ich die Klettertour durch das Gelände inklusive meiner Fotoausrüstung überstanden (was niemals zu schaffen gewesen wäre, wenn ich im letzten Jahr nicht einige Kilo abgenommen hätte). Es war ein echter Meilenstein für mich und ich hoffe, dass dieses Kapitel ein Meilenstein für Sie wird.

Schritt 1:
Öffnen Sie das unbearbeitete Raw-Foto in Adobe Camera Raw (wie hier zu sehen).

SCOTT KELBY

Schritt 2:

Da das Foto draußen unter hellem Sonnenlicht aufgenommen wurde, gibt es hier keine Probleme mit dem Weißabgleich. Selbst wenn in der Kamera der automatische Weißabgleich eingestellt war, kann er kaum falsch sein. Falls Sie dem Foto etwas mehr Wärme verleihen wollen, ziehen Sie den Farbtemperaturregler nach rechts auf etwa 5900 – ich würde nicht über diesen Wert hinausgehen (auch, weil wir Farbe und Kontrast später in Photoshop weiterbearbeiten wollen).

Schritt 3:

Wir haben einige Lichter in den Wolken beschnitten (oben rechts im Histogramm des vorherigen Schritts sehen Sie ein weißes Dreieck). Ziehen Sie deshalb den Wiederherstellungsregler nach rechts, bis das weiße Dreieck verschwindet und es sich wieder schwarz färbt. Ziehen Sie den Regler ruhig etwas weiter als unbedingt nötig (auf etwa 34), um den gesamten Himmel etwas abzuschwächen.

Schritt 4:

Lassen Sie uns nun das verwaschene Aussehen korrigieren und einige kräftige, gesättigte Farben in die Tiefen bringen, indem wir den Schwarz-regler auf etwa 20 ziehen. Das Bild sieht schon gleich deutlich besser aus.

Schritt 5:

Werfen wir einen Blick auf die Mittel-töne. Zoomen Sie auf 100% in das Bild hinein (klicken Sie einfach dop-pelt auf das Zoom-Werkzeug) und ziehen Sie den Klarheitregler nach rechts, bis die Mitteltöne richtig gut aussehen (hier 34).

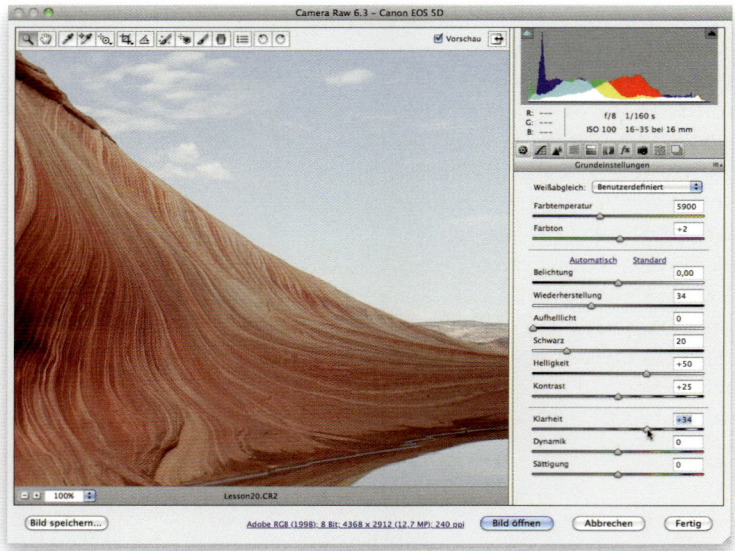

Schritt 6:

Klicken Sie doppelt auf das Hand-Werkzeug (das zweite von links in der Werkzeugleiste), um wieder aus dem Bild herauszuzoomen. Ziehen Sie den Dynamikregler auf etwa +13, um die Farben noch stärker leuchten zu lassen.

Schritt 7:

Wechseln Sie jetzt in das Detail-Bedienfeld, dort werden wir die Landschaft etwas scharfzeichnen. Erhöhen Sie den Betrag auf 60 (die Steine und das Wasser können ruhig eine etwas stärkere Scharfzeichnung vertragen) und die Details auf etwa 50. Die glatten Flächen von Himmel und Wasseroberfläche schützt der Maskieren-Regler, hier mit einem Wert von 25. Klicken Sie im Anschluss auf die Schaltfläche BILD ÖFFNEN, um das Foto in Photoshop zu öffnen.

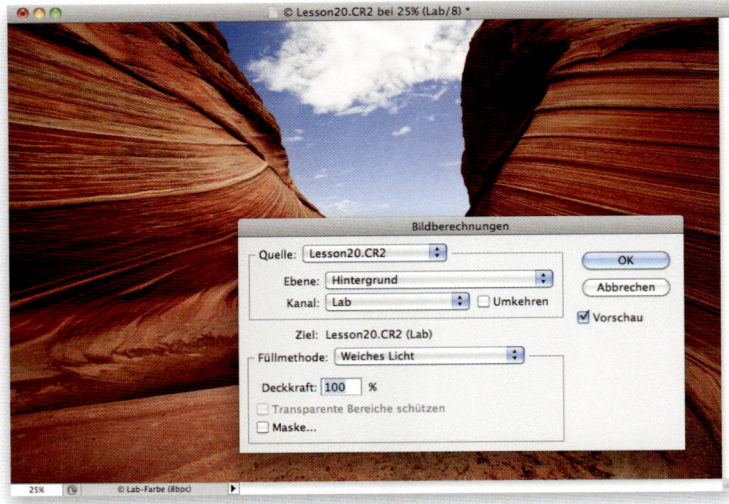

LEKTION 20

Schritt 8:

Jetzt werden wir die Farben wirklich hervorstechen lassen, indem wir eine Lab-Umwandlung vornehmen. Wählen Sie BILD/MODUS/LAB-FARBE und direkt im Anschluss BILD/BILDBERECH-NUNGEN. Ändern Sie in dem Dialogfeld die Füllmethode in WEICHES LICHT (wie hier zu sehen) und sehen Sie sich das Bild an. Die Farben stechen jetzt richtig hervor, vielleicht etwas zu stark, aber das werden wir im nächsten Schritt korrigieren.

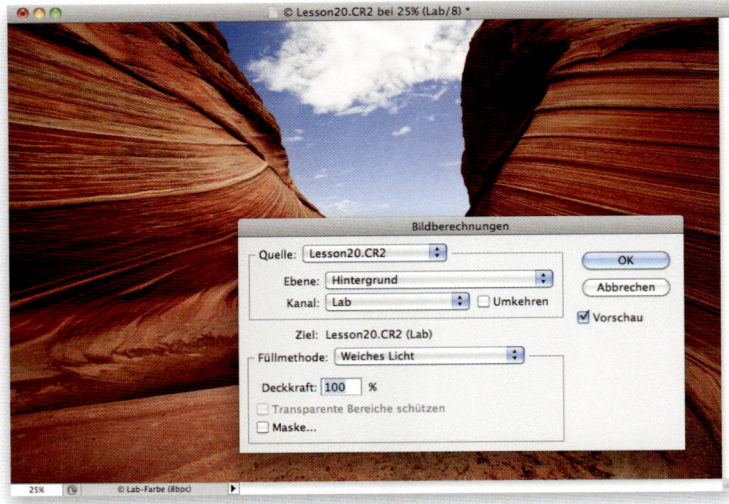

Schritt 9:

Verringern Sie die Deckkraft auf 50%, um den Effekt etwas abzuschwächen, aber trotzdem ein schönes Ergebnis zu erzielen. Klicken Sie in dem Dialogfeld auf OK und wandeln Sie das Foto wieder in den RGB-Modus um.

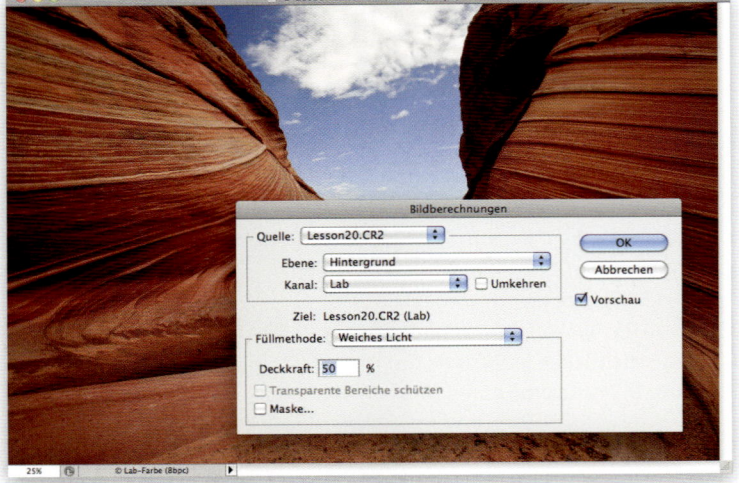

Schritt 10:

Die Felsen oben rechts im Bild sind nach all diesen Einstellungen etwas dunkel geworden, so dass wir sie wieder etwas aufhellen und einige Details zurück ins Bild bringen müssen. Drücken Sie zunächst ⎡Strg⎤/ ⎡⌘⎤+⎡J⎤, um die Hintergrundebene zu duplizieren, und wählen Sie aus dem Menü des Ebenen-Bedienfelds IN SMART-OBJEKT KONVERTIEREN. So können wir den Befehl TIEFEN/LICHTER als eine Art Einstellungsebene anwenden.

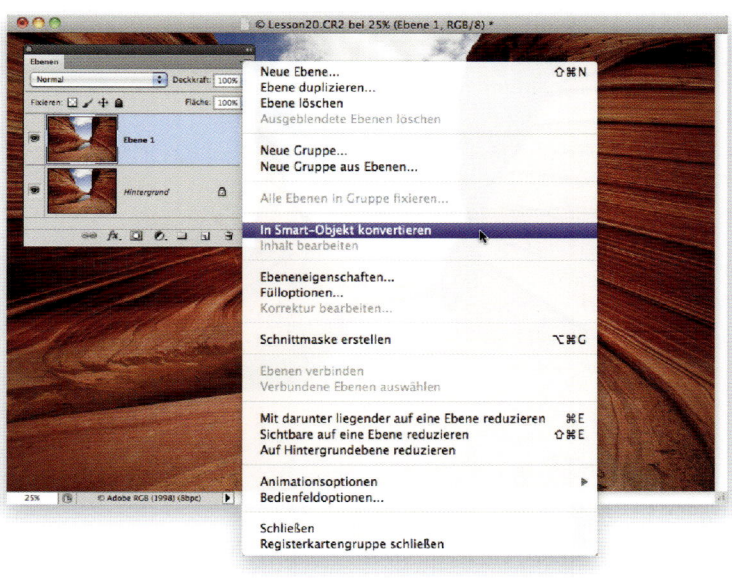

Schritt 11:

Wählen Sie BILD/KORREKTUREN/TIEFEN/ LICHTER. Aktivieren Sie in der Dialog-box das Kontrollkästchen MEHR OPTIONEN. Wir werden die oberen drei Regler (Tiefen) anpassen: Verringern Sie die Stärke auf 41%, erhöhen Sie die Tonbreite auf etwa 65% und den Radius auf 208 Pixel, um die Tiefen in den Felsen oben rechts aufzuhellen, ohne sie künstlich aussehen zu lassen. Klicken Sie im Anschluss auf OK.

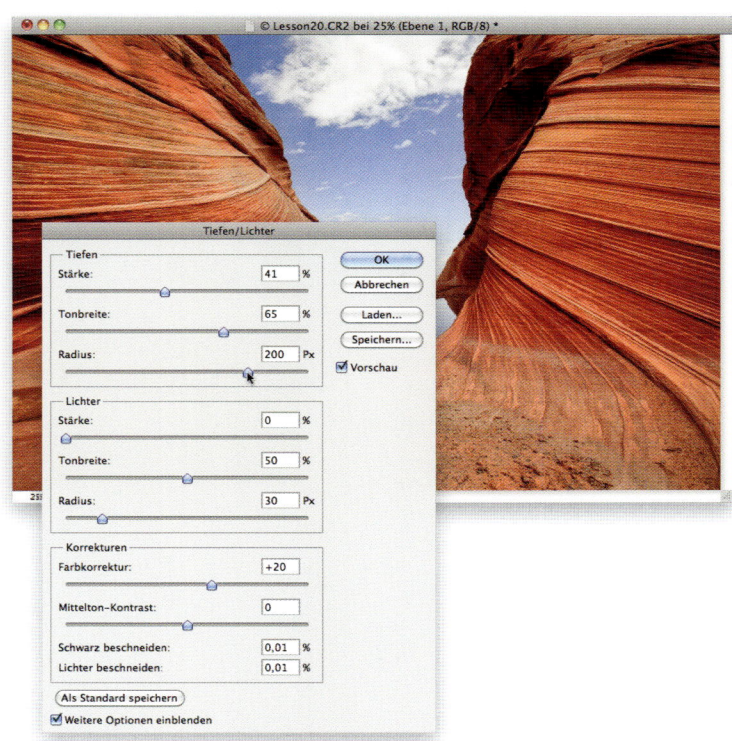

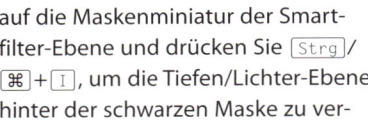

Schritt 12:
Klicken Sie im Ebenen-Bedienfeld auf die Maskenminiatur der Smart-filter-Ebene und drücken Sie ⌂Strg⌂/⌘+⌂I⌂, um die Tiefen/Lichter-Ebene hinter der schwarzen Maske zu verbergen (wie hier zu sehen).

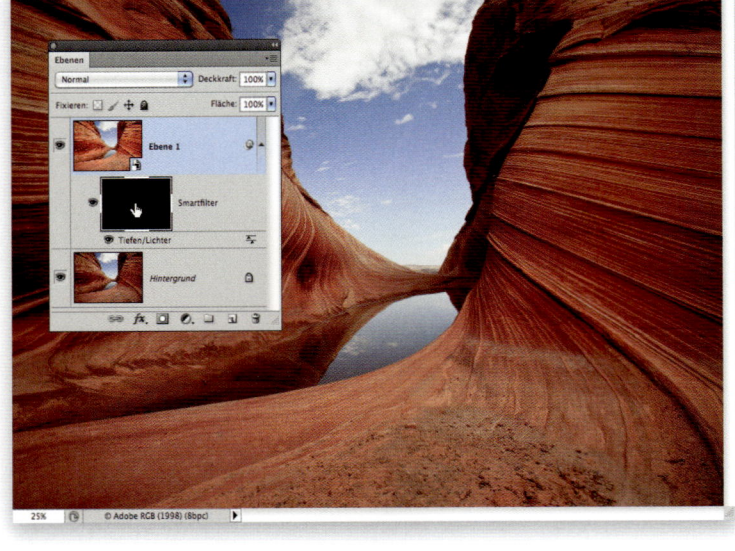

Schritt 13:
Aktivieren Sie den Pinsel mit einer kleinen, weichen Pinselspitze und stellen Sie Weiß als Vordergrundfarbe ein. Malen Sie über die Felsen oben rechts, um die aufgehellte Version ins Bild zu bringen (Sie sehen hier, dass die Felsen wesentlich mehr Details aufweisen als vorher). Es gibt jedoch noch ein Problem, ein weit verbreitetes, beim Befehl TIEFEN/LICH-TER: Das Rot der Felsen ist jetzt sehr intensiv. Die Farben wurden also gleichzeitig auch stärker gesättigt.

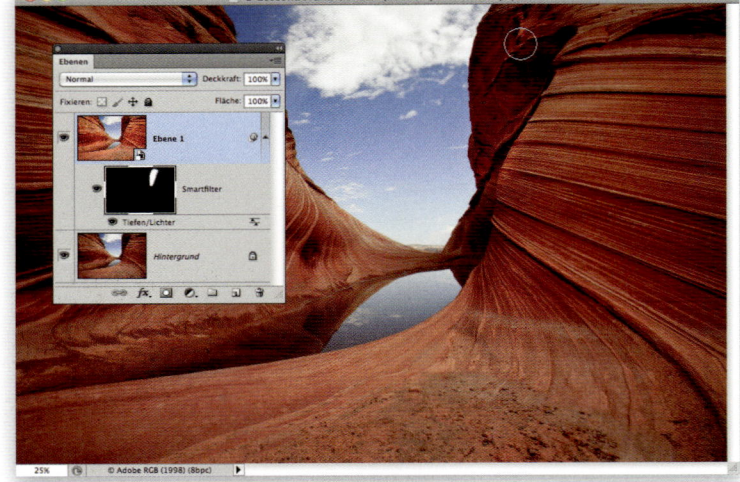

Schritt 14:

Zum Glück könnte es nicht einfacher sein, dieses Problem zu beheben. Ändern Sie einfach die Füllmethode dieser Ebene von Normal in Luminanz, um die Einstellung nicht auf die Farbkanäle, sondern nur auf die Luminanz des Bilds (die Details) anzuwenden. Eine einfache Korrektur, oder?

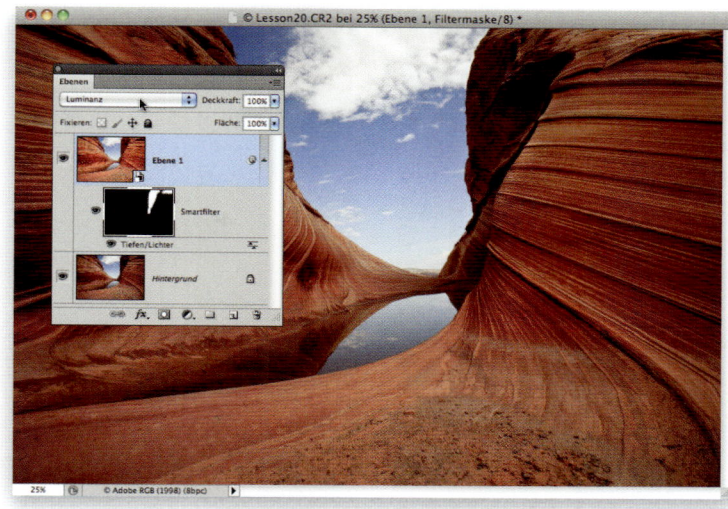

Schritt 15:

Die Felsen sehen jetzt richtig gut aus. Der Himmel und die Reflexionen auf dem Wasser müssen nachziehen. Fügen Sie eine Gradationskurven-Einstellungsebene hinzu. Klicken Sie im Korrekturen-Bedienfeld in die Mitte der Kurve, um einen Punkt zu setzen, den Sie dann gerade nach unten ziehen, um die Mitteltöne des Bilds abzudunkeln und stärker zu sättigen.

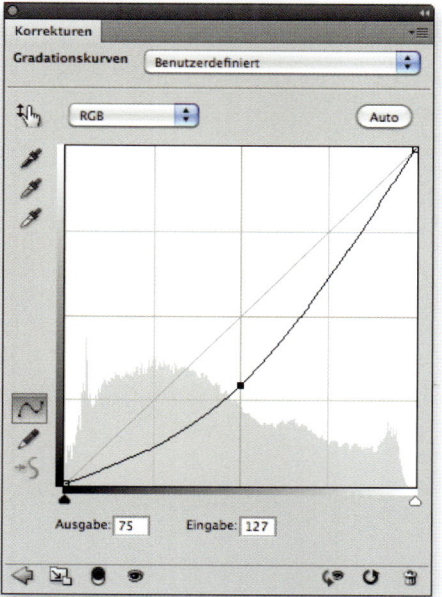

Schritt 16:

Die Mitteltöne des gesamten Bilds sind jetzt deutlich dunkler. Sie ahnen jetzt, was wir vorhaben, oder? Ein Schlüsselelement im letzten Satz war »des gesamten Bilds« – Sie und ich wissen jedoch, dass nur der Himmel und die Reflexionen im Wasser dunklere und intensivere Mitteltöne erhalten sollten. Also …

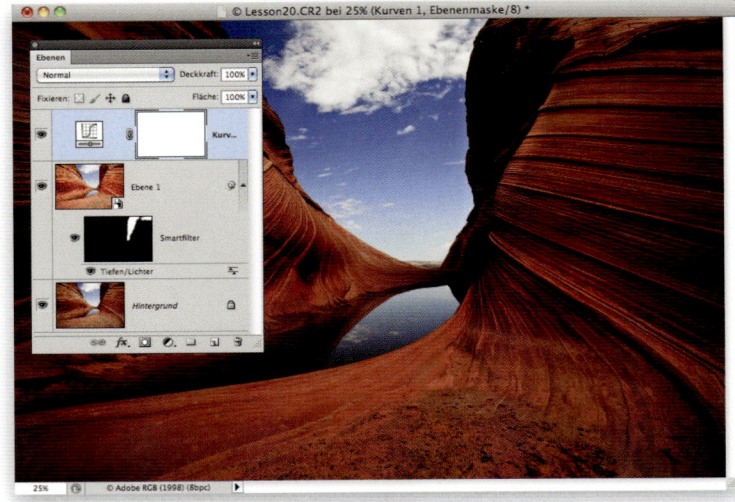

Schritt 17:

Drücken Sie [Strg]/[⌘]+[I], um die Ebenenmaske der Gradations-kurve umzukehren und die dunkleren Mitteltöne auszublenden. Aktivieren Sie den Pinsel, stellen Sie Weiß als Vordergrundfarbe ein und malen Sie über das Wasser (wie hier zu sehen), um die dunkleren Mitteltöne einzublenden.

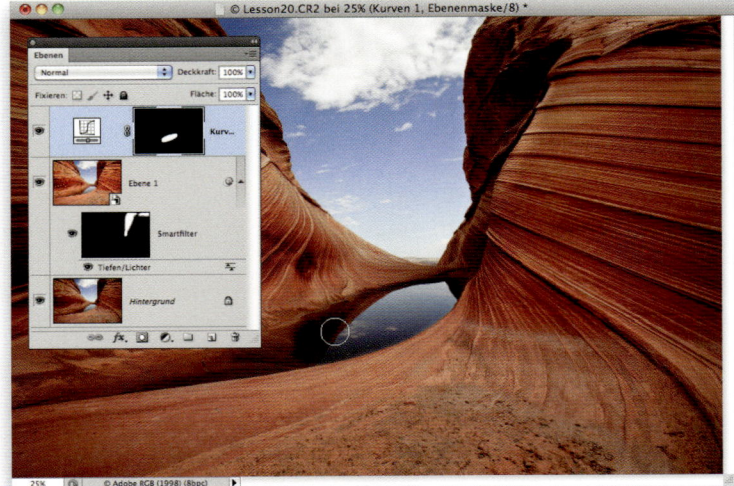

Schritt 18:

Dasselbe müssen wir für den Himmel wiederholen. Statt jedoch zu malen, aktivieren Sie das Schnellauswahl-Werkzeug (Taste W) und klicken Sie in den Himmel, um ihn auszuwählen (wie hier zu sehen). So vermeiden Sie versehentliches Übermalen der Felsen.

Schritt 19:

Wählen Sie eine weiche Auswahl-kante mit einem Radius von 2 Pixel, um die Kanten besser zu überblen-den. Klicken Sie im Anschluss auf OK.

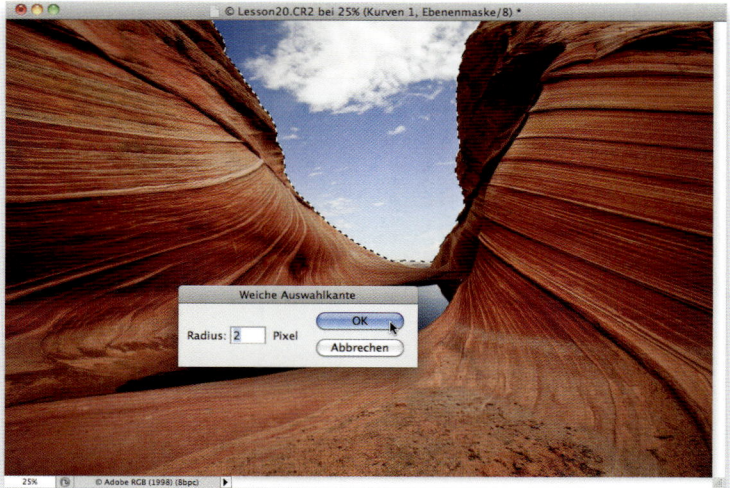

LEKTION 20

Schritt 20:

Drücken Sie [Alt]+[Entf], um den ausgewählten Bereich der Maske mit Weiß zu füllen und die dunkleren Mitteltöne im Himmel einzublenden. Sobald Sie die Auswahl erstellt haben, können Sie darin auch einfach mit dem Pinsel malen, ein versehentliches Übermalen der Kanten wird verhindert. Ich fülle den Bereich jedoch einfach mit Weiß, weil es schneller geht. Heben Sie die Auswahl mit [Strg]/[⌘]+[D] auf.

Schritt 21:

Reduzieren Sie die Ebene auf die Hintergrundebene und wenden Sie Ihre Aktion mit der starken Scharfzeichnung an, um die Bearbeitung abzuschließen. Auf der nächsten Seite sehen Sie einen Vorher-Nacher-Vergleich der Bilder.

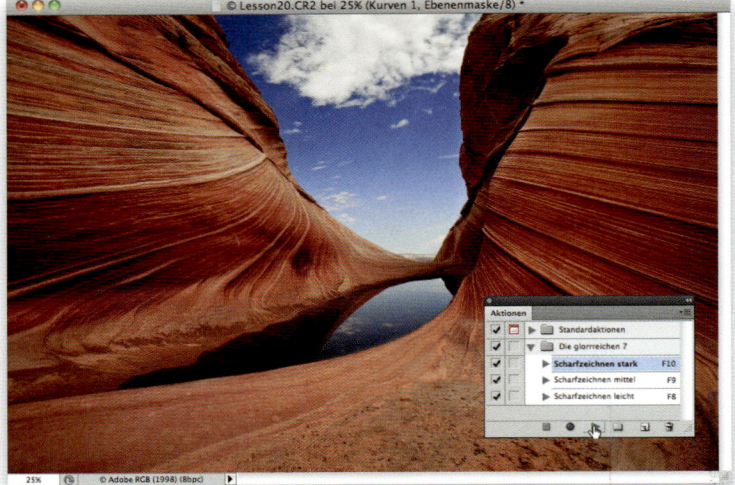

Vorher

Nachher

AUFFRISCHUNGSKURS
LEKTION 21

Diese Lektion sollten Sie sich ansehen, wenn Sie schon eine Zeitlang nicht mehr mit Photoshop gearbeitet haben. Ich rede nicht von zwei oder drei Wochen, sondern von zwei oder drei Monaten. Wenn Sie sich Frust ersparen wollen, fangen Sie ganz am Anfang an. Dann ist dieser Auffrischungskurs auch wirklich sinnvoll – alles geht schneller (es ist wie Radfahren, ein Fahrrad mit vielen komisch aussehenden Reglern und Knöpfen). Am Ende dieser Lektion finden Sie auch einen kurzen Spickzettel.

LEKTION 21

Schritt 1:

In diesem ersten Schritt öffnen Sie ein Foto in Adobe Camera Raw. Dabei ist es egal, ob es sich um ein JPEG, TIFF oder Raw-Bild handelt. Wir beginnen immer damit, ein Bild im Camera-Raw-Zusatzmodul zu öffnen, weil dort am einfachsten die Tonwerte, Farben und der Kontrast des Bilds angepasst werden können.

Hinweis: Handelt es sich um ein Foto im Raw-Format, öffnen Sie es durch einen einfachen Doppelklick in Camera Raw. Ist es ein JPEG oder TIFF, wählen Sie in Photoshop DATEI/ÖFFNEN ALS (Windows) bzw. ÖFFNEN (Mac OS). In dem sich öffnenden Dialogfeld müssen Sie das Format CAMERA RAW auswählen. Sobald Sie auf ÖFFNEN klicken, wird das Bild in Adobe Camera Raw geöffnet.

SCOTT KELBY

Schritt 2:

Ich passe fast immer zu allererst den Weißabgleich des Bilds an (damit lassen sich die meisten, wenn nicht alle, Farbprobleme im Bild beheben). Wenn Sie ein Raw-Bild anpassen, wählen Sie einfach eine der Vorgaben aus dem Popup-Menü (oben im Bedienfeld GRUNDEINSTELLUNGEN). Anschließend können Sie die Farben bearbeiten, indem Sie den Farbtemperaturregler nach links verschieben, um die Farben abzukühlen, oder nach rechts, um sie aufzuwärmen. Handelt es sich um ein JPEG oder TIFF, überspringen Sie den Weißabgleich (die Vorgaben sind für diese Formate nur sehr begrenzt) und nutzen Sie nur den Farbtemperatur-regler.

Schritt 3:

Passen Sie im Anschluss die Belichtung mit dem Belichtungsregler an (dieser hat den deutlichsten Einzeleffekt auf das Foto, weil er die Lichter im Bild kontrolliert). Ziehen Sie ihn nach rechts (wie hier zu sehen), wird das Foto heller; nach links verschoben wird es dunkler. Falls Sie nach rechts ziehen, sollten Sie auf die Beschneidung der Lichter achten – das kleine Warndreieck oben rechts im Histogramm; es sollte schwarz sein. Wird es rot (wie hier zu sehen) oder weiß oder verfärbt es sich anderweitig, gehen Details in den Lichtern verloren. Um den beschnittenen Bereich zu sehen, klicken Sie auf das Dreieck – die entsprechenden Bereiche werden im Bild rot angezeigt.

Schritt 4:

Sollte das Dreieck für die Beschnei-dungswarnung eine andere Farbe als Schwarz annehmen (wie in Schritt 3), müssen Sie die Belichtung jedoch nicht zurückkorrigieren. Ziehen Sie einfach den Wiederherstellungsregler nach rechts, um die beschnittenen Lichter zu reparieren. Stellen Sie des-halb zunächst immer die Belichtung ein und nutzen Sie, wenn nötig, den Wiederherstellungsregler. Ich verwen-de den Regler nicht nur, um Lichter wiederherzustellen, sondern auch, um sehr helle Himmel etwas abzudunkeln (ziehen Sie den Regler deutlich nach rechts – das Ergebnis ist erstaunlich).

Schritt 5:

Wir haben jetzt also Weißabgleich und Belichtung eingestellt und die beschnittenen Lichter wiederherge-stellt. Und jetzt kommt's: Das Bild wurde direkt nach der Morgendämme-rung aufgenommen. Wenn Sie sich das Bild jedoch in Schritt 4 ansehen, dann stellen Sie fest, dass es so hell ist, dass es aussieht wie Nachmittag. Deshalb sollten wir die Belichtung etwas abdun-keln, indem wir den Belichtungsregler wieder nach links verschieben (+0,15). Jetzt ist das Bild heller als das Original, jedoch nicht ganz so hell wie nach der ersten Einstellung. Dunkeln Sie den Himmel ab, indem Sie den Wiederher-stellungsregler nach rechts auf 55 ziehen.

Schritt 6:

Sieht das Bild ausgewaschen aus, lässt sich das leicht und schnell korrigieren – verstärken Sie einfach die Tiefen, indem Sie den Schwarzregler nach rechts ziehen (hier auf 30), bis die Farbe im Bild gesättigt und ausbalanciert aussieht.

Schritt 7:

Lassen Sie uns etwas Kontrast in den Mitteltönen hinzufügen und diese auch scharfzeichnen. Dazu erhöhen wir einfach den Wert für die Klarheit. Aktivieren Sie jedoch zunächst das Zoom-Werkzeug (die Lupe) und zoomen Sie auf 100% in das Bild hinein, um den Effekt besser sehen zu können. Ziehen Sie den Regler nach rechts und achten Sie dabei auf das Bild (Sie müssen selten über 50 hinausgehen; hier wählte ich 28).

Schritt 8:

Klicken Sie auf den Reiter DETAILS (das dritte von links), damit wir dem Bild etwas Schärfe verleihen können und das High-ISO-Rauschen (die Aufnahme hat 1600 ISO) reduzieren. Erhöhen Sie den Betrag auf 70 und den Detailwert auf rund 35 (das funktioniert bei Landschaftsaufnahmen wie diesen sehr gut, denn die können viel Schärfe vertragen). Das Rauschen ist schon bei einem Betrag von 30 des Luminanz-Reglers deutlich reduziert – weiter gehen wir nicht, um die Schärfe zu erhalten. Farbe und Belichtung des Bilds sind ausbalanciert, klicken Sie jetzt also auf BILD ÖFFNEN, um das Bild in Photoshop zu öffnen und dort weiter-zubearbeiten.

Schritt 9:

Hier sehen Sie das Bild in Photoshop. Das Bild sieht jetzt schon deutlich bes-ser aus als zu Beginn, könnte jedoch noch kontrastreicher sein. Nutzen Sie dazu am besten die Gradationskurve.

Hinweis: Die Farbe ist okay, deshalb setzen wir die Kurve nur für den Kontrast ein. Klicken Sie unten im Ebenen-Bedienfeld auf die Schaltfläche NEUE FÜLL- ODER EINSTELLUNGSEBENE ERSTELLEN und wählen Sie GRADATIONSKURVEN (das ist der zweite Punkt der Glorreichen 7).

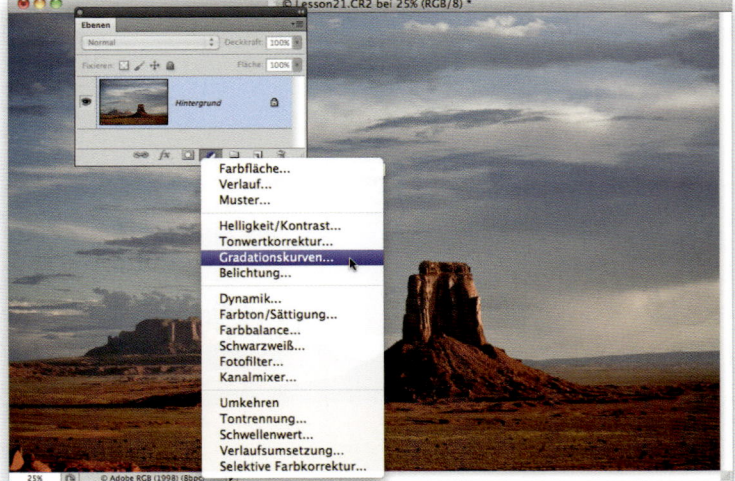

Schritt 10:

Im Korrekturen-Bedienfeld nutzen wir einfach eine der Vorgaben, die den Kontrast erhöht. Wählen Sie MITTLERER KONTRAST (RGB). Wählen Sie aus dem Menü des Ebenen-Bedienfelds im Anschluss den Befehl AUF HINTERGRUNDEBENE REDUZIEREN.

Hinweis: Da wir das Bild ohnehin auf die Hintergrundebene reduzieren (das liegt am nächsten Schritt), könnten wir die Gradationskurveneinstellung auch direkt auf das Bild anwenden, statt eine Einstellungsebene zu wählen. Ich habe mich hier jedoch trotzdem für die Einstellungsebene entschieden, weil das einfach die gebräuchlichere Methode ist – Sie können die eingebaute Maske nutzen und Ihre Meinung später ändern, auch wenn das in diesem Beispiel keine Rolle spielt.

Schritt 11:

Jetzt werden wir die Farben im Bild wirklich aufleben lassen (und noch etwas mehr Kontrast hinzufügen), indem wir die Lab-Farbkanäle nutzen (das ist Punkt 5 der Glorreichen 7). Wählen Sie BILD/MODUS/LAB-FARBE (das Aussehen des Bilds ändert sich nicht, es wird auch nicht beschädigt). Wählen Sie im Anschluss BILD/BILDBERECHNUNGEN. Im Popup-Menü FÜLLMETHODE wählen Sie die Einstellung WEICHES LICHT (unsere bevorzugte Füllmethode, um Farben aufleuchten zu lassen). Klicken Sie noch nicht auf OK.

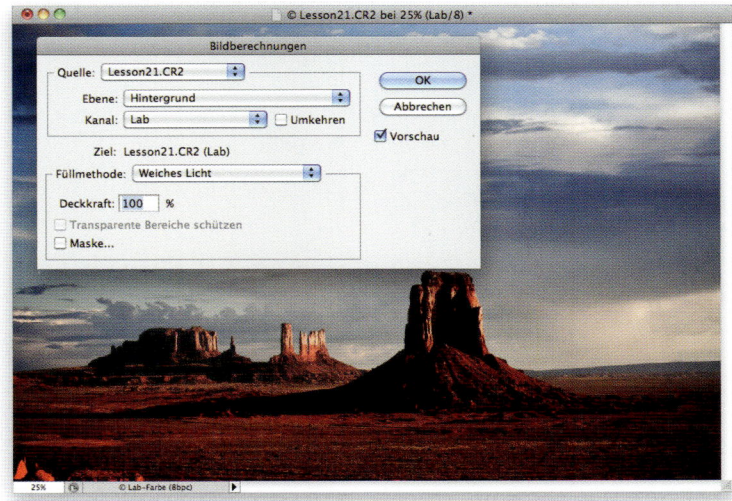

Schritt 12:

Sie können nun zwischen drei verschiedenen Stimmungen wählen – Sie entscheiden, welche Version Ihnen am besten gefällt. Stellen Sie die bevorzugte Version im Popup-Menü KANAL ein. Standardmäßig ist der Lab-Kanal gewählt, stellen Sie deshalb zunächst »a« und dann »b« ein und entscheiden Sie. Mir persönlich gefällt meistens der Lab-Kanal am besten (er erzeugt die besten Farben und den stärksten Kontrast). Meine zweite Wahl ist in der Regel der »a«-Kanal (und bei diesem Bild die erste), manchmal sieht aber auch der »b«-Kanal am besten aus. Es gibt an dieser Stelle kein Richtig oder Falsch – Sie entscheiden. Kontrollieren Sie die Intensität des Effekts mithilfe der Deckkraft. Ich wählte hier einen Wert von 70% und klickte dann auf OK.

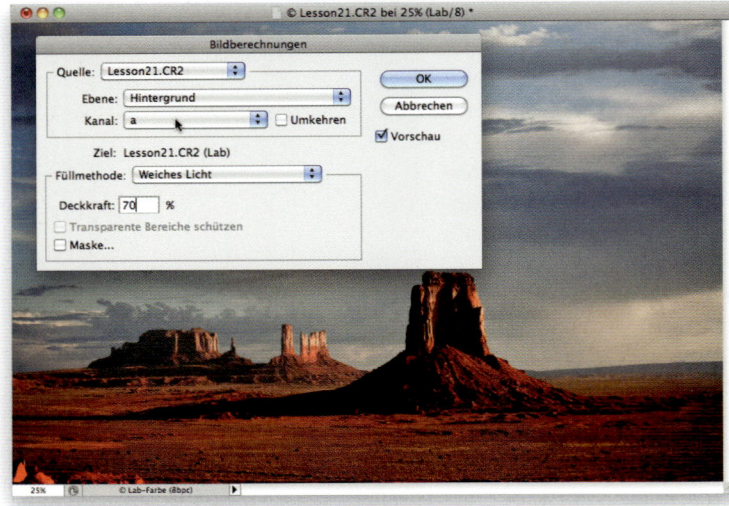

Schritt 13:

Durch die Verstärkung des Kontrasts sieht der Vordergrund jetzt etwas zu dunkel aus, deshalb müssen wir diesen Bereich mit einer Tiefen/Lichter-Einstellung etwas aufhellen (Punkt 3 der Glorreichen 7). Drücken Sie zunächst Strg/⌘+J, um die Hintergrundebene zu duplizieren (wandeln Sie dieses Mal nicht in ein Smart Objekt, sonst funktioniert der nächste Schritt nicht). In einem so farbenfrohen Bild wie diesem werden mit TIEFEN/LICHTER jedoch nicht nur die dunklen Tiefenbereiche aufgehellt. Die Farben in diesem Bereich werden auch stärker gesättigt (dabei sind sie schon sehr farbig). Um das zu umgehen, klicken Sie im Kanäle-Bedienfeld einfach auf den Helligkeitskanal.

Schritt 14:

Sie werden die Tiefen/Lichter-Ein-
stellung jetzt nur auf den Helligkeitskanal anwenden. So hellen Sie nur
die nicht farbigen Bereiche auf (die
Luminanz des Fotos, in der sich die
Details befinden). So lassen sich Tiefen
aufhellen, ohne die Farben zu stark zu
sättigen (das funktioniert wirklich gut).
Da Sie den Helligkeitskanal aktiviert
haben, wählen Sie nun BILD/KORREKTUREN/
TIEFEN/LICHTER. Die Standardeinstellungen
hellen die Tiefenbereiche zu stark
auf und sehen sehr künstlich aus.
Aktivieren Sie deshalb das Kontrollkästchen MEHR OPTIONEN (wie hier zu
sehen), um weitere Optionen einzublenden.

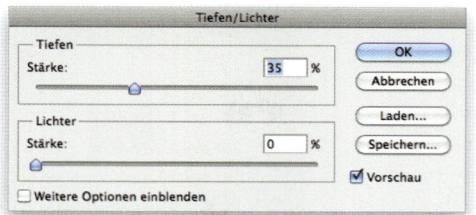

Schritt 15:

Ziehen Sie im Abschnitt TIEFEN des
erweiterten Dialogfelds den Stärkeregler auf etwa 25%, erhöhen Sie die
Tonbreite etwas und ziehen Sie den
Radius auf einen Wert zwischen 250
und 300 Pixel. Diese Zahlen sind gute
Ausgangswerte – die Tiefen werden
aufgehellt, ohne dass das Ergebnis
zu künstlich aussieht. Sie können die
Tonbreite auf etwa 70 erhöhen, wenn
Sie wollen. Gefällt Ihnen das Ergebnis,
klicken Sie auf OK.

Schritt 16:

Wählen Sie nun wieder BILD/MODUS/ RGB-FARBE. In einem Dialogfeld müssen Sie sich entscheiden, ob Sie die Ebenen reduzieren wollen. Klicken Sie auf NICHT REDUZIEREN. Halten Sie die Alt-Taste gedrückt und klicken Sie im Ebenen-Bedienfeld auf die Schaltfläche EBENENMASKE HINZUFÜGEN (wie hier zu sehen). Die Ebene, auf die Sie die Tiefen/Lichter-Einstellung angewendet haben, wird mit einer schwarzen Maske versehen. Diese obere Ebene ist die hellere Ebene (auch wenn sie momentan hinter der schwarzen Maske verborgen ist; Ebenenmasken sind Teil von Punkt 6 der Glorreichen 7).

Schritt 17:

Da wir nicht die gesamte aufgehellte Ebene sehen wollen, sondern nur den unteren Teil, drücken Sie die Taste B, um den Pinsel zu aktivieren, und dann X, um Weiß als Vordergrundfarbe einzustellen. Malen Sie dann mit dem weißen Pinsel über den unteren Bildbereich (wie hier zu sehen), um die helleren Tiefenbereiche einzublenden und einige nette Details wieder ins Bild zu bringen. Dieses »Malen mit Licht« ist Punkt 4 der Glorreichen 7.

Schritt 18:

Sollte das Bild nach dem Hineinmalen der helleren Version zu hell aussehen (oder die Bearbeitung zu offensichtlich sein), verringern Sie einfach die Deckkraft der oberen Ebene, bis das Bild wieder natürlich aussieht (hier wählte ich eine Deckkraft von 76%). Jetzt können Sie aus dem Menü des Ebenen-Bedienfelds den Befehl Auf Hintergrundebene reduzieren wählen.

Schritt 19:

Um den Himmel noch etwas dramatischer aussehen zu lassen, wenden wir einen schnellen Füllmethodentrick an (Füllmethoden sind auch Teil von Punkt 6 der Glorreichen 7). Drücken Sie Strg/⌘+J, um die Hintergrundebene zu duplizieren. Ändern Sie die Füllmethode der neuen Ebene in Multiplizieren, um den Himmel (und das gesamte Foto) deutlich abzudunkeln.

Hinweis: Zum Aufhellen benutzen Sie einfach Negativ multiplizieren.

Schritt 20:

Um nur den oberen Bereich des Himmels abzudunkeln, den Rest des Fotos jedoch unangetastet zu lassen, werden wir erneut mit Licht im Bild malen. Statt die dunklere Ebene jedoch mit dem Pinsel einzublenden, werden wir dieses Mal das Verlaufswerkzeug verwenden, um vom normalen Bild in die dunklere Version überzublenden. Klicken Sie mit gedrückter Alt-Taste auf die Schaltfläche EBENENMASKE HINZUFÜGEN, um eine schwarze Maske hinzuzufügen und die dunklere Ebene auszublenden. Aktivieren Sie mit der Taste G das Verlaufswerkzeug, wählen Sie den Schwarzweißverlauf und klicken Sie in den unteren Bereich des Himmels – ziehen Sie dann nach oben (wie hier zu sehen). Die dunklere Ebene wird langsam eingeblendet, der Himmel wird nach oben dunkler.

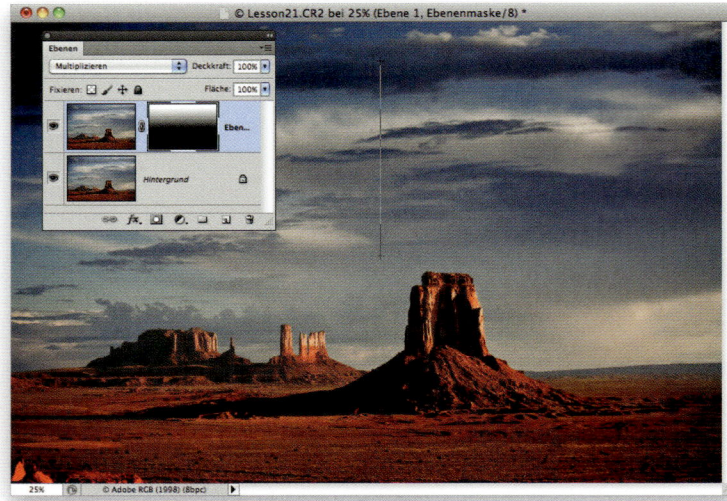

Schritt 21:

Sollte das Ergebnis zu dunkel aussehen (was es tut, wie ich finde), verringern Sie einfach die Ebenendeckkraft, bis Ihnen das Ergebnis gefällt (hier wählte ich eine Deckkraft von 79%). Reduzieren Sie das Bild auf die Hintergrundebene, Sie können es jetzt scharfzeichnen – Punkt 7 der Glorreichen 7. Ein Bild wird im letzten Schritt immer scharfgezeichnet (das ist zumindest das Ziel – die Scharfzeichnung erst im letzten Schritt direkt vor dem Speichern vorzunehmen).

Hinweis: Bildschirmbilder zeichne ich weniger stark scharf als Bilder, die für den Druck bestimmt sind (im Labor oder auf Ihrem eigenen Drucker).

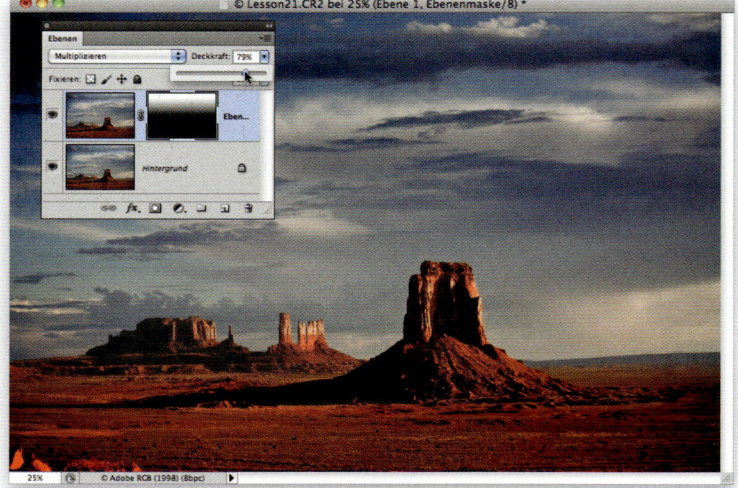

Schritt 22:

In Lektion 1 habe ich Ihnen gezeigt, wie Sie drei verschiedene Aktionen erstellen, mit denen Sie Ihre Fotos mit nur einem Klick scharfzeichnen. Falls Sie diese Aktionen nicht erstellt haben, werfen Sie einen Blick in Lektion 1, dort finden Sie die passenden Einstellungen.

Vorher

Nachher

1 Adobe Camera Raw

Beginnen Sie mit der Entwicklung Ihrer Bilder immer im Camera-Raw-Zusatzmodul (JPEG, TIFF oder Raw). Stellen Sie zunächst den Weißabgleich ein, passen Sie die Belichtung an und stellen Sie beschnittene Lichter wieder her. Nutzen Sie die Schwarzregler, um die Farben in den Tiefen des Bilds stärker zu sättigen. Zoomen Sie auf 100% in das Bild hinein und erhöhen Sie die Klarheit (solange es sich um kein weiches Motiv handelt). Falls das Foto noch etwas Kontrast benötigt, wechseln Sie ins Bedienfeld GRADATIONSKURVE und passen Sie die Punktkurve entsprechend an. Für Schärfe wechseln Sie in DETAILS. Bei Landschaftsaufnahmen sollten Sie den Betrag der Details erhöhen. Bei Porträts von Frauen oder Kindern erhöhen Sie stattdessen den Maskieren-Betrag.

2 Gradationskurven

An dieser Stelle werden Sie es wahrscheinlich noch nicht mit Farbproblemen zu tun haben (sofern Sie in Camera Raw den richtigen Weißabgleich gewählt haben). Sie können jedoch die Vorgaben in dem Gradationskurven-Dialogfeld nutzen, um den Kontrast zu verstärken. Sollten Sie mit einer Gradationskurven-Einstellungsebene arbeiten, haben Sie die Möglichkeit, mit dem Pinsel über die Bereiche zu malen, in denen der Kontrast nicht verstärkt werden soll.

3 Tiefen/Lichter

Falls Ihr Motiv von hinten beleuchtet wird oder sich wichtige Details im Schatten befinden, wechseln Sie in den Lab-Farbmodus und klicken Sie im Kanäle-Bedienfeld auf den Helligkeitskanal. Duplizieren Sie die Hintergrundebene, wandeln Sie diese für Smartfilter um und wählen Sie TIEFEN/LICHTER. Aktivieren Sie das Kontrollkästchen WEITERE OPTIONEN EINBLENDEN, verringern Sie die Stärke, erhöhen Sie den Schwellenwert sowie den Radius auf einen Wert zwischen 250 und 300. Wechseln Sie dann wieder in den RGB-Modus.

4 Mit Licht malen

Wollen Sie, dass einige Bereiche in Ihrem Bild heller oder dunkler sind, fügen Sie einfach eine Gradationskurven-Einstellungsebene hinzu. Setzen Sie in der Mitte der Kurve einen Punkt und ziehen Sie nach oben, um das Bild aufzuhellen bzw. nach unten, um es abzudunkeln. Kehren Sie die Maske mit Strg/⌘+I um – malen Sie auf der Maske, um die helleren oder dunkleren Bereiche ins Bild zu malen.

5 Kanäle anpassen

Um die Farben im Bild richtig leuchten zu lassen, wechseln Sie in den Lab-Farbmodus und wählen Sie BILD/BILDBERECHNUNGEN. Wählen Sie die Füllmethode WEICHES LICHT, sehen Sie sich die einzelnen Kanäle an und wählen Sie den aus, der am besten aussieht. Ist der Effekt zu intensiv, verringern Sie einfach die Deckkraft.

6 Füllmethoden & Ebenenmasken

Um ein Objekt aufzuhellen oder andere Bildbereiche abzudunkeln bzw. Tonwerte auszubalancieren: Duplizieren Sie die Hintergrundebene; wählen Sie den Ebenenmodus NEGATIV MULTIPLIZIEREN zum Aufhellen oder MULTIPLIZIEREN zum Abdunkeln, fügen Sie eine Ebenenmaske hinzu und malen Sie mit Schwarz, um den Effekt einzublenden, oder kehren Sie die Maske um (Strg/⌘+I), um ihn auszublenden; mit Weiß blenden Sie den Effekt ein.

7 Scharfzeichnungstechniken

Zeichnen Sie Ihr Foto mit dem Filter UNSCHARF MASKIEREN scharf, wählen Sie anschließend BEARBEITEN/VERBLASSEN: UNSCHARF MASKIEREN mit dem Modus LUMINANZ, um Farbprobleme zu vermeiden. Probieren Sie: Stärke: 85%, Radius: 1,0 und Schwellenwert: 4 für eine mittlere Scharfzeichnung.

DIGITALE FOTOGRAFIE

Scott Kelby
ISBN 978-3-8273-2967-7
29.80 EUR [D], 30.60 EUR [A], 47.50 sFr*
464 Seiten
http://www.awl.de/2967

In diesem Buch ist das Beste aus den drei erfolgreichen Bänden des "Digitalen Fotografiebuchs" von Scott Kelby in einem Gesamtband vereint. Erfahren Sie mehr über die nützliche Ausrüstung, wie Blitz, Speicherkarten, Objektive und Stative. Lassen Sie sich zeigen, weshalb die Grundlagen der digitalen Fotografie, wie Belichtung, Verschlusszeit, Blende, Schärfentiefe und Auflösung, so wichtig sind, um gute Aufnahmen zu machen. Pro Seite wird immer genau ein Trick, ein Konzept vorgestellt, wie aus Schnappschüssen Galeriefotos werden.

Mehr Informationen zu
Büchern & Video-
Trainings auf
www.addison-wesley.de

TIPP

[The Sign of Excellence]
ADDISON-WESLEY

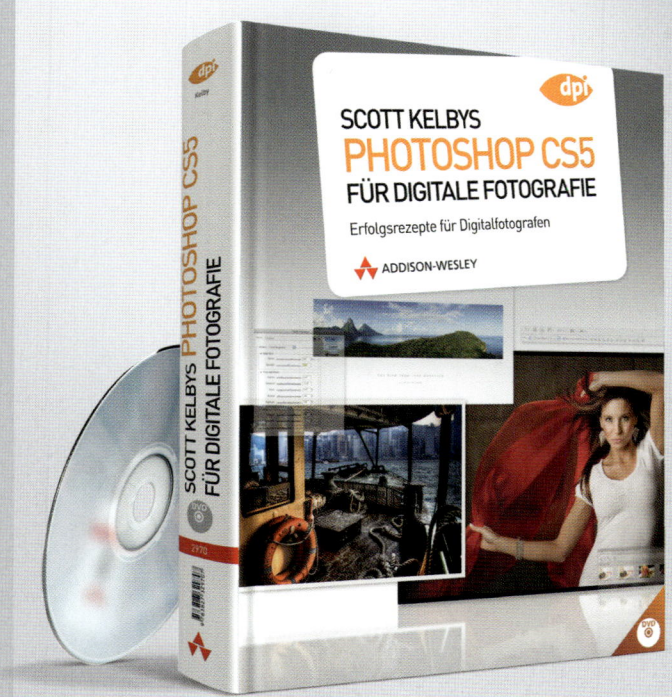

SCOTT KELBYS PHOTOSHOP CS5 FÜR DIGITALE FOTOGRAFIE

Scott Kelby
ISBN 978-3-8273-2970-7
39.80 EUR [D], 40.90 EUR [A], 61.90 sFr*
416 Seiten
http://www.awl.de/2970

Vergessen Sie trockene Theorie, dieses Buch ist Praxis pur! Es geht in die Tiefe und zeigt Ihnen genau, was Sie tun müssen. Logische Schritt-für-Schritt-Anleitungen führen Ihnen die Techniken vor, die führende Fotografen und Grafiker verwenden, um zu korrigieren, editieren, schärfen, retuschieren und präsentieren. Und Sie erfahren nicht nur wie, sondern auch wann und warum Sie bestimmte Settings einsetzen. Diese Neuauflage präsentiert Ihnen nicht nur die gesamte Bandbreite der neuen Layout- und Bildbeispiele, sondern auch alle Neuheiten von Photoshop CS5 speziell für Digitalfotografen. Auf der beiliegenden DVD befindet sich das Original-Bildmaterial der Workshops zum Ausprobieren.

[The Sign of Excellence]

SCOTT KELBYS LIGHTROOM 3 FÜR DIGITALE FOTOGRAFIE

Scott Kelby
ISBN 978-3-8273-2975-2
39.80 EUR [D], 40.90 EUR [A], 61.90 sFr*
464 Seiten
http://www.awl.de/2975

In insgesamt 14 Kapiteln deckt Kelby den gesamten Lightroom-Workflow ab und zwar in seiner charakteristischen Art der "Schritt für Schritt"-Anweisungen. Er zeigt Ihnen die Einstellungen, die er persönlich gerne verwendet, und erklärt bis ins Detail die im Studio getesteten Abläufe. Er weiß, was wirklich geht und was nicht und verrät Ihnen gleichermaßen, was funktioniert, was Sie vermeiden sollten und warum. Auch beschreibt er Fotosessions vor Ort, mit allen Details über Ausrüstung, Kameraeinstellungen und Beleuchtungstechniken.

Mehr Informationen zu
Büchern & Video-
Trainings auf
www.addison-wesley.de

TIPP

*unverbindliche Preisempfehlung

[The Sign of Excellence]
ADDISON-WESLEY

PHOTOSHOP EBENEN

Matt Kloskowski
ISBN 978-3-8273-3059-8
29.80 EUR [D], 30.60 EUR [A], 47.50 sFr*
320 Seiten
http://www.awl.de/3059

Ebenen sind der Schlüssel zum Verständnis von Photoshop. Matt Kloskowski erklärt Ihnen in einfachen Worten und Schritt-für-Schritt-Anleitungen, wie Sie mit Ebenen arbeiten, Bilder aus mehreren Ebenen aufbauen, Ebenen miteinander mischen und vieles mehr. Außerdem geht es darum, wie Sie Ihre Fotos mit pfiffigen Ebentricks verbessern und retuschieren können und Sie lernen jede Menge Tricks kennen, die Ihr (Photoshop-)Leben erleichtern.

Mehr Informationen zu
Büchern & Video-
Trainings auf
www.addison-wesley.de

TIPP

[The Sign of Excellence]
ADDISON-WESLEY